Special Purpose Dog
Comprehensive Training

• 경찰특공대 실무자가 쓴 •

특수목적견
종합훈련학

Prologue

반려견 천만 시대에 우리는 또 하나의 가족을 통해 기쁨과 슬픔, 따뜻함과 사랑이라는 감정을 느끼며 살아간다. 사람과 더불어 살아가는 동물은 동물이라는 표현을 넘어 인간의 가족으로서 정서적인 교류를 통해 사람들의 삶의 일부분이 되어가고 있다.

이 책은 단순한 훈련서가 아니다. 동물에 대한 특성, 습성, 행동에 따른 교정과 특수한 목적에 맞는 훈련법을 중점적으로 다루었다.

책을 집필한 저자들은 경찰 특공대 탐지견 훈련을 전문으로 한 실무자들이다. 이 책에서는 이들이 그동안 실무에서 축적한 특수 목적견 훈련 노하우와 훈련 방법을 제공하며, 대한민국에서 특수 목적견을 운용하는 국가 기관과 경찰견이라는 특수한 임무에 대해서도 설명하고 있다.

그 외에도 폭발물 탐지견, 인명 구조견, 사체 수색견, 추적견 등 경찰견 기초 훈련의 전 과정과 교정 훈련, 아울러 현재까지 소개되지 않은 훈련법을 소개하여 특수 목적견 훈련의 초석이 되었으면 한다. 또한 반려동물과 함께하는 학생에서부터 전문가까지 폭넓은 독자층을 위한 훈련 지침서가 되길 바란다.

특히 경찰 직렬의 특수한 임무 수행에서 경찰견이 맡는 역할과 혹독한 훈련의 전 과정을 실어 경찰견 업무에 많은 도움이 될 것으로 믿는다. 실제 경찰견은 실종자 수색, 증거 채취, 폭발물 신고 출동 등 다양한 임무 수행을 하고 있다. 경찰견의 역할은 현장 근무자 외에는 잘 알기 어렵고 그 중요성에 대해서도 일반인들은 인지하기 어렵다. 이 책이 다양하고 중요한 역할을 수행하는 경찰견을 홍보하는 데에도 어느 정도 역할을 해주기를 바라는 마음이다. 아울러 지금까지는 몰랐던 난해하고 궁금했던 특수 목적견의 세계와 이 구역의 '미친 사람들'의 이야기도 전해 보려 한다.

부디 이 책을 읽는 모든 분에게 현장의 살아 있는 이야기가 전해지길 바라며, 더불어 이 책을 통해 반려견을 더욱 사랑할 수 있기를 기대한다.

2025년 7월
저자 일동

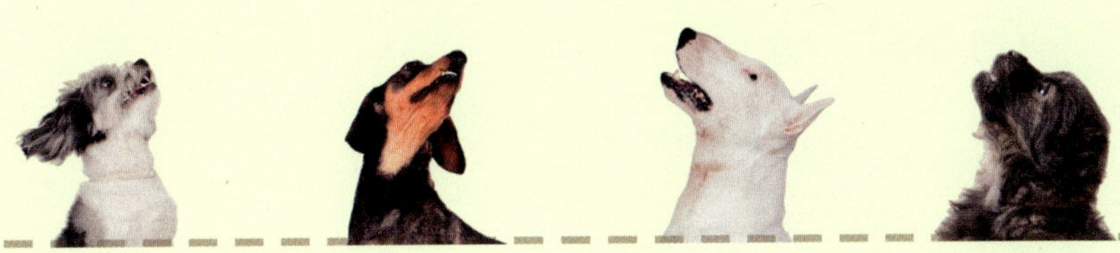

Contents

Contents

Contents

PART 9

전술견 양성 및 심화 훈련 253

저먼 셰퍼드(German Shepherd)

1
동물 행동학

인간과 함께 일하는 동물
특수목적견의 세계

동물은 이제 단순한 반려를 넘어 인간과 함께 다양한 임무를 수행하는 중요한 존재로 자리 잡고 있습니다. 이 책은 동물 행동학의 이론과 훈련 원리를 바탕으로, 구조견, 탐지견, 치료견 등 특수목적견의 역할과 그 가능성을 과학적으로 조명합니다. 인간과 동물이 상호 신뢰를 쌓으며 함께 성장하는 훈련의 여정을 안내합니다.

1 동물 행동의 정의

동물학, 반려동물, 사역견, 특수목적견 등 현대 사회에서는 동물에 대한 용어가 다양하게 정립되어 있다.

동물이란 과연 무엇일까? 본능적으로 살아가는 생명체? 혹은 스스로 진화하는 생명체? 확실한 것은, 동물이 우리 인간의 일상생활에서 무수히 많은 도움을 주며 인간과 공생 관계에 있다는 것이다.

동물이 가축이 되어 인간과 함께하면서 누군가에게는 친구로, 가족으로, 사역견으로, 특수한 임무를 수행하는 파트너로 다양하게 역할이 분화되었다.

1900년대 이전에는 동물과 사람의 관계가 지금처럼 밀접하지 않았다. 말 그대로 그냥 가축이나 짐승 취급을 받았다. 그러다 1914년 세계 1차 대전에서 저먼 셰퍼드(German Shepherd)가 군견으로 활약한 것이 특수목적견의 계기가 되었고, 이것이 지금까지 많은 발전을 거듭해 왔다.

동물 훈련은 인간과 동물이 서로 윈-윈하는 방향으로 발전되어 왔다. 20세기 이후부터는 각 연구 기관, 훈련 기관 등의 노력으로 특수목적견의 훈련 방법이 나날이 진화되었는데, 사냥물을 쫓던 사냥견이 인간을 구조하는 인명 구조견, 사체 수색견, 폭발물 탐지견 등으로 재탄생하게 되었다.

모든 동물은 본능적 감각 기능을 가지고, 운동성을 발달시키고 자극에 반응을 보이며 반응을 통해 보상을 받게 된다. 이러한 과정을 통해 행동이 강화되며 환경에 맞게 진화하고 적응한다. 그러므로 동물은 내적(inner), 외적(external) 자극 요인에 민감한 생물체라고 할 수 있다.

선천적인 본능에 충실하기 때문에 자극에 따라 행동하며, 인간들은 이러한 메커니즘을 훈련에 응용하여 사역견으로 또는 특수목적견으로 변화시켰다.

동물 행동 연구는 행동의 인과관계 분석, 행동의 생존 값, 행동의 개체 발생 및 계

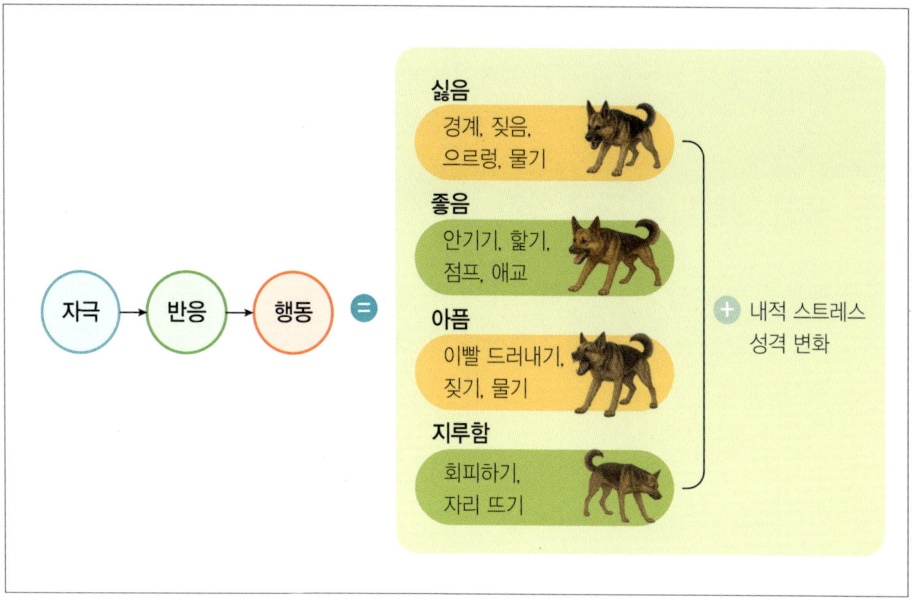

그림 1-1_ 외부 영향에 의한 동물 행동 변화 과정

통 발생 검토, 네 가지의 주요 과제로 나뉜다. 이를 연구하기 위해 유전학, 생리학, 신경생물학 등의 관점을 결합하여 총체적으로 동물 행동을 이해하고자 한다. 이러한 연구는 다양한 최첨단 장비와 수학적 통계 분석이 필수적으로 수반되는 정밀 학문으로 발전했다.

동물 행동학에서는 행동을 정밀하게 관찰하는 것이 중요하다. 예를 들어, '우리 집 개가 주변을 어슬렁거리고 있다'라는 관찰은 충분치 않다. '우리 개는 초당 한 걸음씩 성큼성큼 걷고 있다. 머리는 어깨 관절 높이와 수평을 이루고 있으며, 긴장이 풀린 듯 귀가 옆으로 40° 각도로 처져 있는데, 그렇다고 완전히 뒤로 넘어간 것은 아니다'와 같이 구체적이고 정확한 관찰을 해야 한다.

동물은 아주 짧은 순간에도 수많은 의식적, 무의식적인 행동을 한다. 이러한 수많은 행동들을 관찰해야 하는 학문이 동물 행동학이다.

본능은 동물 행동학의 가장 근본적인 관찰 대상이다. 동물 행동학은 이외에도 생태학적인 관점뿐만 아니라 진화와 발달에 영향을 주는 '기능(function)'에 초점을 두는 사회 행동과 생물학적 메커니즘을 다루기도 한다. 한편 비교 심리학(Comparative psychology)은 인간과 여러 동물의 행동을 비교·연구하는 심리학의 한 분야이자 교차 학문이다. 이는 동물 심리학과 같은 맥락에서 언급되기도 한다.

① 동물 행동학의 대표 학자

동물 행동을 논할 때 빠질 수 없는 것이 20세기 초 행동주의 이론의 대두이다. 이 시기를 기점으로 행동학자의 연구 분야와 그 대상이 주목을 받기 시작했으며, 이러한 흐름은 현재까지도 이어지고 있다. 대표적인 행동학자는 콘라트 로렌츠(Konrad Zacharias Lorenz)이다.

② 동물 행동의 방법론적 접근의 해석

인간과 자연을 따로 분리해서 보는 시각은 있지만, 인간 외의 다른 동물들을 자연과 아주 별개의 것으로 보는 사람들은 그리 많지 않다. 그만큼 동물이 자연과 떼려야 뗄 수 없는 존재이고 대부분의 동물 행동 학자들이 여기에 동의한다. 그들은 동물을 관찰하는 여러 방법 중 자연에서의 동물 행동 양상을 관찰하는 방법이 가장 타당하다는 데에 의견을 모으고 있다.

동물학자들이 자연환경에서 나타나는 동물 행동에 집착하는 가장 큰 이유들 중 하나가 본능이라는 개념 때문이다. 본능이란 하나의 개체로 태어나서 학습하지 않아도

콘라트 로렌츠
(Konrad Zacharias Lorenz, 1903~1989)

동물의 본능이 개별적·사회적 행동 패턴의 구조와 형성에 중요한 역할을 한다고 보았다. 그는 이러한 이론을 '각인설'을 통해 설명했다.

출처: 위키백과(wikipedia)

발현되는 고유한 형질이나 행동 양상을 말한다. 이러한 본능은 대부분의 경우 그 동물의 생존 방식과 밀접하게 연관되어 있으며, 이 생존 방식은 자연 상태에서 나타나는 동물 행동을 의미한다. 따라서 본능과 관련된 연구를 충실하게 이행하기 위해서는 자연 상태에서의 관찰이 필수불가결한 것이다.

동물 행동학자들의 연구는 관찰로부터 시작된다. 이러한 관찰은 충분한 양과 질의 자료가 모였을 때, 다른 동물들의 행동 양상과 비교하고 분석함으로써 보다 일반적인 명제나 법칙을 수립하는 단계로 나아간다.

3 본능적 접근의 해석

본능은 동물 행동학자들에게 중요한 주제들 중 하나이다. 일상적인 의미에서 본능이라 함은 학습되지 않은 행동 모두를 일컫는다. 그러나 동물 행동학자들에게 있어서 본능이란 이보다 조금 더 특별한 행동들을 말한다.

본능은 대개 특수한 외부 자극에 의해 발현되고 자극이 주어졌을 때 거의 동일한 방식으로 반복적으로 나타난다. 예를 들어, 산란기에 있는 암컷이 수컷의 영역에 들어오면 수컷의 행동은 평소와 달라진다. 수컷이 암컷을 향해 움직이면 암컷은 볼록한 배를 내보이며 몸을 위로 뒤집는다. 이 자극은 수컷으로 하여금 지그재그 춤을 추게 하는데, 이 춤은 암컷이 접근해도 좋다는 신호가 된다. 암컷이 접근하면 수컷은 둥지로 되돌아가는데, 둥지에서 다시 한번 암컷에게 들어오라는 신호를 보낸다. 이처럼 복잡한 의식은 알이 부화될 때까지 계속되며, 의식의 각 부분은 특수한 유발 자극(specific releasing stimulus)에 의해 좌우된다.

본능의 특성은 크게 몇 가지로 요약할 수 있다. 특수한 유발 자극이 필요하다는 것과 종 특유의 것이며(종에 의존하며) 고정된 행위 양상을 보이고 진화의 산물로서 생존가치를 보인다는 것이다. 여기서 '특수한' 유발 자극이라 함은 일대일 대응, 즉 한 가지의 작용이 상당히 선택적으로 특정 행위를 이끌어낸다는 의미를 내포하고 있다. 예를 들어 눈 깜박임은 먼지, 바람, 빛 등 여러 요인으로 인해 일어날 수 있다. 그러나 배고픔과 같은 일반적인 추동은 여러 종에서 공통적으로 일어나므로 종에 의존한다고 할 수 없다.

본능에는 또 하나의 중요한 원리가 있다. 바로 본능을 유발시키는 배후의 추동 요소(drive component)인데, 본능적 행동을 하게 하는 내적 충동이라고 할 수 있다. 만약 특정 본능적 행위가 오랫동안 자극되지 않으면 내적인 추동 요소가 점차 축적되어 비교적 덜 확실한 자극에도 반응하게 된다. 예를 들어 특수한 유발 자극을 갖추지 않은 암컷에게 수컷이 구애하는 행동을 보이는 경우를 들 수 있다.

이런 현상은 내적 추동 압력이 충분히 높을 때 나타난다. 심지어 어떤 경우에는 내적 압력이 매우 높아져서 아무런 자극이 없는 '진공 상태'에서도 고정 행동 패턴이 나타나기도 한다.

특수한 유발 자극에 있어서 초기의 결정적 시기에 자극이 제공될 때 이를 '각인(imprinting)'이라고 한다. 특히 조류나 포유류의 많은 새끼 동물들은, 유발 자극에 대한 불완전한 지식을 갖춘 채 세상에 태어난다. 이들은 생애 초기의 결정적 시기에 처음 본 움직이는 물체를 따라가는 특성을 보이는데, 이것이 바로 조류에게서 관찰되는 각인 현상이다.

보통의 경우 이 움직이는 첫 번째 물체는 어미이다. 그러나 어미 대신에 사람이 새끼들을 키웠더니, 새끼들은 사람을 '어미'로 인식하고 따라다녔다. 로렌츠는 거위로 조류의 각인 현상을 실험했다.

로렌츠가 각인을 관찰한 최초의 연구자는 아니지만, 그는 각인이 결정적 시기(critical period) 동안에 일어난다는 사실을 최초로 언급했다. 각인은 어린 동물이 생후 초기의 특정한 시기 동안 어떤 대상에 노출되어 따르고 애착을 형성하는 현상을 의미

카를 폰 프리슈
(Karl von Frisch, 1886~1982)

꿀벌의 집단 행동을 통해 동물의 행동학을 연구한 오스트리아의 동물학자이다..

출처: 위키백과(wikipedia)

니콜라스 틴베르헌
(Nikolaas Tinbergen, 1907~1988년)

네덜란드의 생물학자, 조류학자로 동물 행동학의 기초를 정립한 대표적 학자 중 한 사람이다.

출처: 위키백과(wikipedia)

한다. 만약 결정적 시기 이전이나 이후에 대상에 노출되면 애착은 형성되지 않는다. 일단 결정적 시기가 경과해 버리면 그 동물이 다른 대상에게 애착을 형성하는 것이 거의 불가능해진다.

④ 동물 행동의 본능적 접근의 해석

틴베르헌(Niko Tinbergen)은 다음과 같은 질문들을 통해 동물 행동을 진화적 관점과 개체 발생 및 발달 과정을 바탕으로 설명하고자 했다.

1. 어떻게 유기물 개체의 구조가 기능하는가에 대한 근접 설명
2. 왜 종 또는 개체는 적응성을 통해 여러 세대를 거쳐 진화했는가에 대한 진화적 설명
3. 유전자가 현재의 상태에 이르기까지 각 개체가 어떻해 변화했는지에 대한 발달 과정
4. 과거의 환경에서 생존과 번식의 문제를 해결하며 진화한 형질의 적응성 등에 관한 질문

2 동물 행동 개념

동물의 본능은 동물 행동학의 가장 근본적인 관찰 대상이다. 그러나 동물 행동학은 이외에도 생태학적인 관점뿐만 아니라 진화와 발달에 영향을 주는 '기능(function)'에 초점을 두는 사회 행동과 생물학적 메커니즘을 함께 다룬다.

한편, 비교 심리학(Comparative psychology)은 인간과 여러 동물의 행동을 비교·연구하는 심리학의 한 분야이자 교차 학문이다. 이는 동물 심리학과 같은 맥락에서 언급되기도 한다.

행동(behavior)은 인간을 포함한 동물의 활동과 반응 전반을 가리키는 말이며, 영어 낱말 'behavior'는 물체나 기계 등 무생물에서도 사용될 수 있다.

유사한 용어로 행위(act)와 활동(activity)이 있다. '행위'가 일반적으로 의도나 목적을 가지는 인간의 활동을 가리킨다면 '행동'은 무의식의 활동(조건 반사 등)까지 포함한 보다 폭넓은 개념으로 본다.

무엇보다 이 두 용어의 구분에 대해 통일된 견해가 있는 것은 아니고, 분야나 연구자에 따라 호환적으로 사용되고 있다. 생물학이나 심리학 분야에서는 자유 의지의 문제를 회피하기 위해서 '행동'이라는 말을 많이 쓰지만, 사회학 분야에서는 '행동'과 '행위'를 구별해 쓰는 경우가 많다.

1 동물 행동의 진화설

동물 행동은 여러 가지 연결 구조 형태로 이루어져 있다. 예를 들면, 동물은 행동을 통해 먹이를 찾고 적이나 위기 상황을 피하며, 수면을 하고 배설 활동을 통해 영역을 표시한다. 또한 번식과 육아를 통해 생명을 유지하고 종의 영속을 이루어간다. 이처

찰스 로버트 다윈(Charles Robert Darwin, FRS, 1809~1882)

영국의 생물학자이자 지질학자로 1859년에 저술한 《종의 기원》에서 진화론을 체계적으로 제시했다. 그는 변이, 생존 경쟁, 유전의 세 가지 중심 개념으로 자연 토태설 이론을 설명했다.

출처: 위키백과(wikipedia)

럼 동물 행동은 생존과 종족 보존을 위한 필수적인 활동으로 다음과 같은 전문적인 연구 분야로 구분하여 설명할 수 있다.

(1) 행동 생태학(Behavioral ecology)

행동힉, 생내학, 진화 생물학이 결합된 종합 과학으로 생물 종의 행동 양식과 이의 진화 과정을 연구하는 학문이다. 행동 생태학에서는 사회적 상호 작용보다는 비사회적 환경이 어떻게 행동 발현을 결정하고 제한하는가에 주목하며, 이를 분석하기 위해 최적화 이론이나 게임 이론을 주로 사용한다. 이를 위해서 다양한 행동 선략들과 헌재 생식 성공의 차이를 측정한다. 유전자 확산 성공을 적응의 척도로 삼기보다는 먹이 십취율, 교배 빈도, 자원 방어와 같은 표현적 성공의 정도를 척도로 삼는다.

(2) 생리 심리학(Physiological psychology)

행동 신경 과학(behavioral neuroscience 또는 생물 심리학, biological psychology)은 통제된 실험 환경에서 인간이 아닌 동물 피험자의 뇌를 직접 조작하여 지각과 행동의 신경 메커니즘을 연구한다.

심리학 분야는 뇌와 인간 행동의 관계를 연구할 때 경험적이고 과학적인 접근 방식을 취하며, 마음은 신경계에서 비롯된 현상이라는 전제를 바탕으로 한다. 신경계의 메커니즘에 대한 지식을 연구하고 습득함으로써 생리 심리학자들은 인간 행동에 대한 심리학 연구에서 뇌와 행동 간의 관계를 설명하는 이론적 연계성을 주요 쟁점으로 삼는다.

(3) 행동 유전학(behavioural genetics)

행동 유전학은 유전자의 발현과 사람을 포함한 동물 행동 사이의 연관성을 연구하는 유전학, 행동학, 심리학이 융합된 학문이다. 행동 유전학자들은 사람의 성격을 다섯 가지 특징으로 구분한다. 지적 개방성(Openness to experience), 성실성(Conscientiousness), 외향성(Extroversion), 친화성(Agreeableness), 정서 안정성(Neuroticism)이 성격에 차이를 부여하는데, 첫 글자를 따서 OCEAN이라고 부른다.

또한 성격은 새로운 생각에 개방적인가 무관심한가, 원칙을 준수하는가 제멋대로인가, 사교적인가 내성적인가, 우호적인가 적대적인가, 신경이 과민한가 안정적인가의 다섯 가지 특성이 어느 정도의 수준으로 조합되어 있는가에 따라 결정된다. 행동 유전학자들은 이 성격의 5대 특성이 모두 유전적 요소를 기반으로 한다고 주장한다.

(4) 행동 계통학

행동 계통학은 오랜 시간에 걸쳐 계통적으로 변화해 온 동물의 행동을 연구하는 학문으로, 수세기에 걸친 시간의 흐름 속에서 행동이 어떻게 진화하고 변화해 왔는지를 계통학적 관점에서 분석한다.

3 동물 행동 영향 요인

동물은 다양한 환경 요인과 선천적 또는 후천적 영향으로 태어나면서부터, 또는 살아가는 과정에서 행동에 많은 변화를 겪게 된다. 가령 선천적으로 본성이 차분한 개가 살아가면서 학습과 훈련 또는 환경에 의해서 활발한 성격으로 바뀌거나 사나워질 수 있다. 이처럼 모든 동물은 어떠한 주인이나 핸들러(지도수)를 만나느냐에 따라 행동 발달에 큰 영향을 받게 된다.

1 동물 행동의 변화 요소

1 선천적+생득적 행동

태이나면서부터 본능적으로 하는 행동을 뜻하고, 학습, 연습, 경험, 환경의 영향을 받지 않는 무조건 반사적 행동을 말한다.

2 후천적+습득적 행동

성장하면서 다양한 환경과 경험을 통해 기술, 행동 양식과 방법을 터득하는 조건 반사적 행동을 말한다.

그림 1-2_ 동물의 행동 분류

2 동물 행동의 범위 요소

1 정상 행동(Normal behaviors)

일상적인 행동의 기준에서 벗어나지 않는 예측 가능한 행동이다. 예를 들면, 소변으로 마킹하는 행동 등을 들 수 있다.

2 이상 행동(Abnomal behaviors)

일상적인 유형에서 벗어난 행동으로 예측이 불가능한 행동이다. 예를 들면, 꼬리 쫓기, 견사 안에서 빙빙 돌기 등이 그것이다.

3 문제 행동(Problematic behaviors)

원래 문제로 간주되지 않던 행동이, 사람에 의해 문제 행동으로 인식되어 나타나는 행동이다. 예를 들면 마운팅 등을 들 수 있다.

3 동물 행동에 영향을 주는 요소

1 유전

부모가 가지고 있는 고유한 성격, 체질, 형상과 형질이 유전을 통해 전달된다.

그레고어 요한 멘델(Gregor Johan Mendel, 1822~1884)

오스트리아의 식물학자이자 원예학자이며, 아우구스티노회의 수사이자 사제였다. 그는 유전 법칙을 발견하여 유전학의 수학적 토대를 마련하고 현대 유전학의 첫 장을 열었다.

출처: 위키백과(wikipedia)

2 훈련 학습

같은 종의 동물이라도 다양한 환경을 접하고 새로운 것을 배우며 익히는 과정에서 훈련이나 학습 환경에 따라 특성과 행동이 서로 다르게 나타날 수 있다.

3 경험

실제로 동물은 특정 환경에 노출되어 다양한 경험을 겪는 과정에서 그 경험이 좋고 나쁘냐에 따라 행동을 학습하게 된다.

말리노이즈(Malinois)

2

동물 행동 학습론

동물 행동을 이해하는 첫걸음
학습 이론으로 푸는 특수목적견 훈련의 기초

동물은 다양한 자극과 경험을 통해 행동을 습득하고 변화시킵니다. 이 장에서는 고전적 조건화, 조작적 조건화, 도구적 조건화 등 대표적인 학습 이론을 중심으로, 동물의 행동 발달 원리를 과학적으로 설명합니다. 이를 통해 특수목적견의 효과적인 훈련 방법과 개체별 맞춤 훈련의 중요성을 이해하고, 반려와 임무 수행을 넘어선 전문적 동물 훈련의 기초를 함께 배워갑니다.

1 동물 훈련의 발달 조건

동물의 행동은 다양한 환경과 경험에 의해서 발달한다. 태어나면서부터 영향을 받는 유전적 요인이 있는가 하면, 외부 자극에 의해 변화하고 지속적인 학습의 영향을 받는 행동이 있다. 환경적인 요소가 동물의 행동에 영향을 미칠 때 이에 적응할 수 있도록 하는 과정이 중요하다.

1 고전적 조건화 학습

조건 반사에 관한 연구는 특정 반응을 이끌어내지 못하던 자극(중성 자극)이 무조건 자극과 반복적으로 연합되면서, 결국 반응을 일으킬 수 있다는 것을 입증했다. 이것은 자극과 이에 상응한 반응이 선천적으로 타고난 것이 아님에도 불구하고 학습을 통해 조건 반사가 형성될 수 있음을 보여준다.

1902년, 침샘을 연구하기 위해 타액이 입 밖으로 흘러나오도록 수술한 개를 관찰하던 중, 사육사의 발소리에 개가 침을 흘리는 것을 발견하고 파블로프는 고전적 조건화 실험을 실시했다. 그는 조건 반사를 통해 대뇌피질에서 소화와 생리적 작용이 발생됨을 밝혀냈다.

당시 심리학에서는 개의 입장에서 반응을 해석하는 내성법이 주류였지만, 파블로프는 개가 소리만 듣고도 타액을 분비하는 것을 보고 이것이 무조건 반사 내지 생득 반사라는 것을 발견했다.

이반 페트로비치 파블로프
(Ivan Petrovich Pavlov, 1849~1936)

러시아의 생리학자로, 개를 대상으로 한 실험을 통해 '조건 반사' 개념을 정립하여 뇌의 작용에 대해 연구했다.

출처: 위키백과(wikipedia)

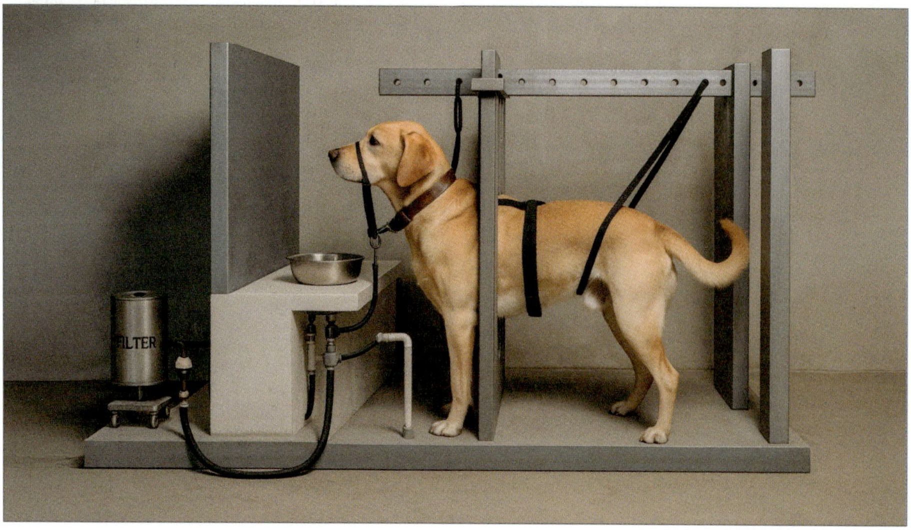

그림 2-1_ 파블로프의 조건 반사 실험

(1) 고전적 조건 형성 전개 과정 및 주요 원리

1 조건 형성과 반응

생체가 본래 가지고 있는 반응을 무조건 반응이라 하고 무조건 반응을 일으키는 자극을 무조건 자극이라고 한다. 한편, 무조건 반응을 일으키지 않는 자극을 중성 자극이라고 하고, 중성 자극에 의해 일어나는 반응을 비상관 반응이라고 한다. 중성 자극 직후에 무조건 자극을 주는 것을 반복하면 중성 자극만으로 무조건 반응이 일어나게 되는데, 이를 '고전적 조건 형성'이라고 한다.

기본 절차(고전적 조건 형성)

- **무조건 반사**(UR: Unconditional reflexes)
- **조건 반사**(CR: Conditional reflexes)
- **무조건 자극**(US: Unconditional stimulus)
- **조건 자극**(CS: Conditional stimulus)

고전적 조건 형성에 따른 자극을 조건 자극이라고 하며, 고전적 조건 형성에 따른 반응을 조건 반응이라고 한다. 예를 들어, 고전적 조건 형성이 학습된 개에게 소리를 들려주는 것은 조건 자극이며, 이 소리에 반응하여 침을 분비하는 것은 조건 반응이다.

고순위 조건 형성(고차 조건 형성)

- 중성 자극이 잘 확립된 CS와 조건화시키면 중성 자극을 US와 조건화시켰을 때와 유사한 결과를 얻게 됨

2 조건 형성 과정에 따른 학습 정의

이반 파블로프는 조건 형성이라는 과정을 통해 행동의 수정이 이루어질 수 있다고 보았다. 조건 형성이란 평소 특정한 반응을 이끌어내지 못했던 자극(중성 자극)이 무조건적인 반응(무조건 반응)을 이끌어내는 자극(무조건 자극)과 연합하는 과정을 말한다.

조건 형성이 이루어지면 중성 자극은 조건 자극이 되어 조건 반응을 이끌어낸다. 이 과정을 이반 파블로프의 조건 형성 실험을 예로 들어 설명하면 다음과 같다.

조건 형성 이전

개는 음식을 보면 무조건 침을 흘린다. 여기서 음식은 무조건 자극(US)이 되고, 침을 흘리는 반응은 무조건 반응(UR)이 된다. 또한 종소리를 들려주면 개는 반응이 없다. 여기서 종소리는 어떤 반응도 이끌어내지 못하는 중성 자극(NS)이 된다.

조건 형성 중

개에게 음식을 줄 때마다(US) 반복적으로 종소리를 같이 들려준다.(NS) 이 과정을 무조건 자극과 중성 자극의 조건 형성이라고 표현한다.

조건 형성 이후

조건 형성이 된 후에는 중성 자극인 종소리(NS)만 들려주어도 침을 흘리게 된다. 여기서 조건 형성이 된 후의 종소리는 조건 자극(CS)이 되고, 조건 형성이 된 후에 침을 흘리는 반응은 조건 반응(CR)이 된다.

이차적 조건 형성

조건 자극은 본래 반응을 이끌어내지 못하는 중성 자극이었다. 그러나 조건 형성이 이루어지고 나면 무조건 자극과 같이 반응을 이끌어내게 된다. 이렇게 조건 형성이 된 자극은 다른 중성 자극도 조건을 형성할 수 있는 힘이 생기는데, 개 실험에서 조건

그림 2-2_ 이차적 조건 형성의 단계

형성이 된 종소리와 함께 파란 불빛을 보여주면 파란 불빛만 봐도 침을 흘리게 되는 것이다. 이런 현상을 이차적 조건 형성(Second-order Conditioning)이라고 한다. 이렇게 자극과 조건을 연결해 삼차적 조건 형성, 사차적 조건 형성 등으로 진행할 수 있는데, 이것을 고차적 조건 형성(Higher-order Conditioning)이라고 한다. 그러나 삼차적 조건 형성 이상은 현실적으로 일어나기 힘들다. 고차적 조건 형성에는 조건 자극들이 연달아 제공되어야 하는데, 원활한 자극의 제공이 쉽지 않아 소거가 일어나기 때문이다.

소거

소거(Extinction)는 조건 형성이 풀어져 조건 자극이 다시 중성 자극으로 돌아가는 것을 말한다. 만약 이반 파블로프의 개 실험에서 조건 자극인 종소리만 들려주고 계속해서 음식을 제공하지 않는다면 개는 조건 자극인 종소리를 듣고도 침을 흘리지 않게 된다는 것이다. 즉, 조건 자극과 함께 무조건 자극을 계속해서 제공하는 수반성을 제거한다면 조건 반응은 잘 형성되지 않게 된다. 따라서 수반성은 일관성과 관계가 깊다. 그러나 소거가 되었다고 해서 조건 반응 자체가 소멸되었다는 것은 아니다. 만약 소거가 일어난 파블로프의 개에게 종소리(조건 자극)를 갑자기 제시하면 침(조건 반응)을 흘린다. 이런 과정을 자발적 회복(Spontaneous Recovery)이라고 하고, 이 자발적 회복은 학습이 영속적이라는 것을 뒷받침하는 근거가 되기도 한다. 우리가 배운 내용을 잊어버렸다고 해서 두뇌에서 아예 지워지는 것이 아니라 어떤 계기로 인해 문득 떠오르기도 하는 경험과도 흡사하다.

또한 소거가 일어난 파블로프의 개에게 다시 종소리와 음식을 함께 제공한다면 종소리는 중성 자극에서 다시 조건 자극으로 회복되며, 종소리(조건 자극)와 음식(무조건 자극)의 연결은 더욱 단단해질 수도 있다.

한편 수반성은 자극 제시의 시간 간격과 횟수에서 일관성이 없는 경우에 약화될 수 있다. 여러 자극의 강도 차이가 있을 경우에도 자극과 반응 사이의 수반성이 약화될 확률이 높다.

자발적 회복

소거 절차가 이루어진 후에도 음식물과 연합시키지 않은 채 다시 종소리만 반복적으로 개에게 들려주었을 때, 소거되었던 종소리에 침을 흘리는 반응이 재훈련 없이 다시 나타나는데, 이를 조건 반응의 자발적 회복(Spontaneous Recovery)이라고 한다. 이때 반응의 강도는 기존의 반응과 비교했을 때 절반 정도밖에 되지 않는다. 자발적 회복은, 학습이란 영원히 소멸되는 것이 아님을 시사해 준다.

자극의 일반화와 변별

자극 일반화(Stimulus Generalization)란, 조건 자극과 유사한 다른 자극에 동일하게 조건 반응이 나타나는 것을 말한다. 생선을 먹다가 목에 가시가 걸린 적이 있는 사람이 식사 때마다 생선을 피하는 모습을 예로 들 수 있다. 그러다 가시가 많지 않거나 씹어 먹으면 되는 생선 통조림을 우연히 먹은 사람은 다시 생선을 먹을 수 있게 된다. 이런 현상을 변별(Discrimination)이라고 한다. 즉 자극을 구분하여 반응할 수 있다는 것이다. 따라서 자극 일반화는 자극 변별에 실패한 학습 방법이라 할 수 있다.

표 2-1_ 고전적 조건화의 정리

구 분	내 용
무조건 자극	본능적으로 정서적, 생리적 반응을 일으키게 하는 자극 (ex: 개에게 주는 음식)
무조건 반응	무조건 자극으로 인해 일어나는 본능적 반응 (ex: 침 흘리는 개)
중성 자극	특정 반응이 일어나지 않게 하는 자극 (ex: 학습 전의 종소리)
조건 자극	무조건 자극과 중성 자극의 결합으로 조건 형성이 된 후 정서적-생리적 반응을 일으키는 자극 (ex: 학습 후의 종소리)
조건 반응 (= 조건 반사)	조건 자극에 의해 유도되는 학습된 반응 (ex: 종소리를 듣고 침을 흘리는 개)
소거	무조건 자극을 제시하지 않고 계속하여 조건 자극만을 제시하면 조건 반응이 점차 사라진다. (ex: 고기 없이 계속 종소리만 내면 나중에 종소리를 들어도 침을 흘리지 않음)
자극의 일반화	특정한 자극과 비슷한 자극에도 동일한 반응을 보임
변별	자극 간의 차이를 구별하여 각기 다르게 반응
고차적 조건 형성	첫 번째 조건 자극이 두세 번째 조건 자극과 합쳐진 현상 (ex: ① 종소리+음식 → ② 발소리+종소리+음식 → 발소리만 들려도 침을 흘림
가르시아 효과	시행 횟수가 적어도 현상이 더해지는 경우 (ex: 특정 음식을 먹고 구토나 복통, 불쾌함을 경험할 경우에 다음부터 그 음식을 피하게 되는 현상)

가르시아 효과

가르시아 효과는 고전적 조건 형성의 사례 중 하나로, 어떤 음식의 맛을 불쾌한 경험이나 강한 생리적 반응과 연관지어 해당 음식을 회피하는 현상이다. 이 현상은 주로 구토나 구역질 등의 증상과 연결되는데, 이렇게 특정 물질에 거부 반응을 보이는 것은 독이 든 열매, 독버섯, 상한 음식처럼 위험한 음식들을 피하도록 도와준다. 우리가 주위 환경에 적응하도록 진화해온 것처럼, 이 반응 역시 우리의 생존과 연관되어 있다.

2 조작적 조건화 학습

(1) 조작적 조건화 전개 과정의 주요 원리

1 조건 형성과 반응

스키너 상자(Skinner box, Operant conditioning chamber)는 실험용 동물에게 빛이나 소리 신호와 같은 특정한 자극에 대한 반응으로 특정한 동작(레버를 누르는 것과 같은)을 학습시켜 조건 형성을 연구할 수 있는 실험 도구이다.

실험용 동물이 정확한 행동을 취하면 스키너 상자의 장치가 음식 또는 적절한 보상을 주고 부정확하고 누락된 반응을 보이면 그에 상응한 처벌(punishment)을 가한다. 이러한 유형의 실험 기구를 이용하여 실험자들은 보상/처벌 메커니즘을 통해 조건 형성과 행동 절차 교육을 연구했으며, 조작적 조건 형성과 고전적 조건 형성 모두를 연구하는 데 사용했다.

버러스 프레더릭 스키너
(Burrhus Frederic Skinner, 1904~1990)

미국의 심리학자이자 행동주의 심리학자로 교육과 심리학에 많은 영향을 끼쳤다. 특히 '스키너의 상자'로 불리는 조작적 조건화 상자를 만들어 연구한 것으로 유명하다.

출처: 위키백과(wikipedia)

그림 2-3_ 스키너 상자

2 조건 형성 과정에 따른 학습 정의

강화 이론

스키너는 유기체가 어떤 행동을 한 결과가 스스로에게 유리하면 그 행동을 더 자주 하게 된다고 했다. 이때 그 행동의 결과로 주어져 행동의 빈도를 높이는 자극을 강화인(Reinforcer)이라 하고, 강화인은 일차적 강화인과 이차적 강화인으로 나뉜다.

먼저, 일차적 강화인(Primary Reinforcer)은 유기체의 행동을 직접적으로 증가시킬 수 있는 자극이다. 예를 들면 음식이나 물과 같이 생리적 욕구를 충족시키는 자극이 이에 해당한다. 음식을 제공하면 바로 다음 행동을 증가시킬 수 있다. 반면 이차적 강화인(Secondary Reinforcer)은 그 자체로 유기체의 행동을 증가시키지 못하지만, 일차적 강화인과 연계하여 행동을 증가시킬 수 있는 자극을 말한다. 예를 들어, 성과금이나 보너스(돈)가 이에 해당된다.

이차적 강화인은 유기체를 직접 강화하는 것이 아니라 일차적 강화인과 교환할 수 있기 때문에 강화가 가능하다. 이러한 특성 때문에 일반화된 강화인이라고 부르기도 한다.

정적 강화와 부적 강화

강화는 어떤 행동을 한 뒤에 유기체가 원하는 자극을 제공하여 행동의 빈도수를 높이는 것을 말한다. 선호 자극의 제공뿐 아니라 혐오 자극의 제거로도 유기체를 강화시킬 수 있다. 선호 자극을 제공하여 행동의 수를 높이는 방식을 정적 강화라고 하고, 혐오 자극을 제거하여 행동의 빈도수를 높이는 것을 부적 강화라고 한다.

정적 강화(Positive Reinforcement)는 선호 자극의 제공으로 유기체를 강화시킨다. 교수가 학생들의 발표를 유도하기 위해 발표할 때마다 추가 점수를 제공하거나 선물을 하나씩 주는 것은 정적 강화의 예가 된다. 이 경우 발표라는 행동의 빈도수를 높이기 위해 추가 점수나 선물이라는 선호 자극을 제공함으로써 학생을 강화시킨 것이 된다.

반면에 부적 강화(Negative Reinforcement)는 혐오 자극의 제거로 유기체를 강화시키는 것을 말한다. 부적 강화도 정적 강화처럼 결과적으로 유기체가 유리하다고 느끼게끔 하는 것이지만, 선호 자극이 아닌 혐오 자극을 제거하는 것으로 강화한다는 점에서 차이가 있다.

방과 후 학습을 해야 하는 학생에게 "오늘 수업에 열심히 참여하면 방과 후 학습은 없다"라고 이야기하여 아이가 수업에 열심히 참여했다면 방과 후 학습이라는 혐오 자극을 제거함으로써 수업에 열심히 참여하는 행동을 증가시키는 것이다.

강화 스케줄

- 계속적 강화(연속 강화): 바람직한 행동이 나타날 때마다 지속적으로 강화하는 것
- 간헐적 강화(부분 강화): 바람직한 행동이 나타났을 때 주기적 또는 평균적으로 강화하는 것

- 간헐적 강화에는 시간 간격에 따라 강화하는 간격(interval) 강화와 반응 횟수에 따라 강화하는 비율(ratio) 강화가 있다.
- 간격 강화와 비율 강화 각각에는 고정적(fixed) 강화와 변동적(variable) 강화가 있다.

강화 계획의 유형

- 고정 간격(fixed interval, FI)
- 변동 간격(variable interval, VI)
- 고정 비율(fixed ratio, FR)
- 변동 비율(variable ratio, VR)

정적 처벌과 부적 처벌

조작적 조건화에서는 단지 유기체가 하는 행동의 빈도를 증가시키는 것만을 이야기하지는 않는다. 어떠한 행동을 수정하기 위해서 특정 행동의 빈도를 감소시킬 필요가 있을 수도 있다. 이때 혐오 자극을 제공하거나 선호 자극을 제거함으로써 행동의 빈도수를 감소시킬 수 있다. 이러한 방식은 행동의 빈도를 증가시키는 강화와는 반대되는 개념으로 '약화(벌)'라고 한다.

벌은 유기체의 행동 결과로 선호 자극을 제거하거나 혐오 자극을 제공하여 행동의 빈도를 감소시키는 것을 말한다. 특히 혐오 자극을 제공하는 것을 '수여성 벌(1유형)'이라고 하며, 대표적인 예로 체벌(직간접)을 들 수 있다. 학생이 바람직하지 못한 행동을 했을 때 교사가 체벌을 가함으로써 그 행동을 더 이상 하지 않게 만드는 것이다.

반면에 선호 자극을 제거하는 벌을 '박탈성 벌(2유형)'이라고 한다. 박탈성 벌은 그동안 받아오던 강화인을 제거하는 것으로 대표적인 예로 '타임 아웃(Time out)'이 있다. 타임 아웃이란 학생이 교실에서 떠들 때 그 학생을 일시적으로 교실 밖으로 퇴거 조치하는 것이다. 이는 교실 안에서 친구들과 함께 있을 기회를 박탈시킴으로써 선호 자극을 제거하는 박탈성 벌에 해당한다.

③ 도구적 조건화 학습

(1) 도구적 조건화 전개 과정의 주요 원리

1 조건 형성과 반응

손다이크는 동물 실험 연구를 기반으로 학습 이론을 세웠다. 그는 동물들이 모방이나 관찰을 통해 행동을 학습할 수 있는지에 관심을 가졌다. 이를 알아내기 위해 길이 20인치, 너비 15인치, 높이 12인치의 퍼즐 상자들을 만들어 각 상자에 도르래 장치를 통해 문이 열리는 기구를 고안했다. 동물이 막대를 누르거나 레버를 당기면 문이 열리게 하여 탈출하는 데 걸린 시간을 측정하면서 행동 반응성을 연구했다. 그 결과 레버를 당기거나 버튼을 누르는 행동을 취했을 때 얻게 되는 결과에 따라 동물의 행동이 점차 변화하며, S자 형태의 학습 곡선을 나타낸다는 사실을 밝혀냈다.

2 조건 형성 과정에 따른 학습 정의

효과의 법칙

에드워드 손다이크는 도구적 조건화를 효과의 법칙으로 설명했다. 효과의 법칙은 결과가 자극에 대한 행동에 영향을 미치는 함수 [S-R-C] 반응으로 요약할 수 있는데, 결과는 유기체에게 만족스러운 결과 또는 불만족스러운 결과를 초래할 수 있다. 만족스러운 결과가 뒤따르면 해당 반응의 발생 확률은 증가하며, 이를 강화라고 한다. 불만족스러운 결과가 따를 경우, 해당 반응 확률이 감소하며, 이를 처벌이라고 한다.

에드워드 테드 손다이크
(Edward Lee Ted Thorndike, 1874~1949)

미국의 심리학자. 동물의 행동과 학습 과정에 대한 연구를 통해 연결주의 이론의 발전을 이끌어 현재 심리학의 과학적 토대를 세웠다.

출처: 위키백과(wikipedia)

❶ 고양이를 상자 안에 넣고, 음식은 고양이가 볼 수 있는 상자 바깥에 두었다.
❷ 몇 차례 탈출을 시도한 끝에 고양이는 우연히 레버를 눌렀다. 그러자 문이 열리고, 고양이는 먹이를 먹었다.
❸ 고양이를 다시 상자 안에 넣자 고양이는 이전보다 더 빠르게 레버를 눌러 탈출했다.

그림 2-4_ 손다이크의 퍼즐 상자 실험

자극에 대한 실수

자극이란 유기체가 탐지할 수 있는 감각적인 신호이다. 이 중에서 특정한 반응이 특정한 결과로 이어질 것인가의 여부를 신호해주는 자극을 변별 자극이라고 한다. 예컨대 스키너 상자의 도구적 조건화가 강하게 학습될 경우, 변별 자극은 반응 또는 결과와 강한 연계를 형성한다. 자극과 반응 사이의 연계가 강하면 유기체는 변별 자극에 대해 자동적으로 학습된 반응을 보이게 된다. 이와 같이 변별 자극에 대한 학습된 반응이 자동적으로 나타나 유기체가 오류를 범하는 것을 '습관성 실수'라고 한다.

반응에 대한 연쇄

변별 자극에 대해 결과를 얻거나 회피하기 위해 유기체가 보이는 행동을 반응이라고 한다. 이때의 반응은 변별 자극에 대한 자동적 반응이 아니라 유기체가 원하는 결과를 얻거나 회피하기 위해 환경에 영향을 미치는 행동이다. 유기체에게 복잡한 행동을 습득시키기 위해서 간단한 반응부터 점진적으로 강화하여 복잡한 반응을 하도록 하는 단계적 학습을 '조형'이라고 한다. 또한 복잡한 순서로 이루어진 행동을 단순한 반응으로 나누어 단계적으로 강화하는 학습을 '연쇄'라고 한다.

결과 도출

도구적 조건화에서 유기체의 행동이 환경을 변화시켰을 때 주어지는 효과를 결과라고 한다. 이러한 결과는 유기체의 학습을 이끌어 반응의 확률을 증가시킬 수도 있고 감소시킬 수도 있다. 해당 행동의 확률을 증가시키는 결과물을 '강화자'라고 하고, 강화자는 일차 강화자와 이차 강화자로 나뉜다.

일차 강화자는 유기체의 본질적인 욕구를 충족시켜주는 강화자로서 음식, 물, 수면 등을 말하며, 이차 강화자는 유기체의 본질적인 욕구를 충족시키지는 않지만, 일차 강화자와 교환될 수 있는 자극으로 예를 들면 돈, 상품권 등이 있다.

한편, 행동의 차후 발생 확률을 감소시키는 결과물을 '처벌자'라고 하며, 일반적으로 혐오 자극은 처벌자에 해당한다.

타이밍

학습자는 결과가 산출될 때, 결과를 최근의 행동과 통합시키려는 경향이 있다. 따라서 반응 이후에 결과가 제시되는 타이밍(시점)은 학습에 영향을 주는데, 결과에 대한 반응이 즉각적일수록 가장 좋은 학습 효과를 산출한다. 결과가 반응에 비해 지연될 경우 학습은 아주 약하게 일어난다. 유기체에 의한 능동적인 지연을 자기 조절이라고 하며, 유기체의 의지와 상관없는 수동적인 지연을 타이밍이라고 한다.

강화 계획

결과를 제시하는 시점과 방법은 학습에 영향을 미친다. 결과를 연속적으로 빠짐없이 제시하여 강화하는 것을 연속적 강화라고 한다.

이와 반대로 결과 반응을 횟수나 간격에 따라 간헐적으로 제시하는 것을 '강화 계획'이라고 하며, 강화 계획은 반응 횟수, 반응 간격, 횟수와 간격, 변동성 총 네 가지로 나뉜다.

- **고정 비율 강화 계획**: 가장 단순한 강화 계획으로 유기체가 고정된 반응 수를 충족할 때 결과를 제시하는 방법이다. 유기체는 고정된 반응 수를 충족하여 강화를 얻은 후 잠시 반응을 하지 않는데, 이를 강화 후 휴지라고 한다. 예를 들면, 쥐가 레버를 누를 때마다 먹이를 제공하는 것은 고정 비율 강화 계획이고, 레버를 눌러 먹이가 충족되면 반응을 잠시 쉬는 강화 후 휴지 경향을 보인다.

- **고정 간격 강화 계획**: 유기체가 일정한 시간 뒤에 반응한 것에만 강화하는 방법이다. 예를 들어, 쥐에게 10초마다 레버를 누를 때 먹이를 제공하는 경우가 고정 간격 강화 계획에 해당한다. 이 경우 쥐는 먹이를 얻은 직후에는 반응이 없다가 해당 시간 간격이 다시 돌아올 때에 맞추어 반응이 증가하는 경향을 보이는데, 이는 유기체가 시간 간격을 완벽하게 파악할 수 없기 때문에 나타나는 반응이다.
- **변동 비율 강화 계획**: 유기체의 강화를 위한 반응 수가 평균을 중심으로 변동하는 강화이다. 따라서 유기체는 결과가 정확히 언제 제시될지 알지 못하기 때문에 예측만 할 뿐이다. 예측은 대표적인 변동 비율 강화 계획의 예이다.
  유기체는 강화 직후에도 꾸준한 반응을 나타내는데, 이는 반응 후에 다음 강화가 언제 이루어질지 알 수 없기 때문이다. 또한 변동 비율 강화 계획은 네 가지 강화 계획 중 가장 강하게 학습이 발생하는 효과가 있다.
- **변동 간격 강화 계획**: 유기체가 평균적으로 일정한 시간이 지난 후에 한 반응을 강화하는 방법이다. 예를 들어, 낚시를 하는데 물고기가 언제 잡힐지 모른다. 이때 낚시꾼은 다른 미끼를 쓰거나 시간 간격을 두고 미끼를 바꾸거나 움직임을 주며 물고기를 잡기 위해 끊임없이 시도하게 된다. 이처럼 결과가 불확실한 상황에서 유기체가 일정한 반응을 유지하도록 유도하는 데 변동 간격 강화 계획이 활용된다.

2 동물의 학습 이론

동물 훈련 학습은 기본적으로 모든 동물에게 적용 및 적응이 가능하지만, 실제 특정 목적이나 필요성에 따라 일부 동물에게만 훈련을 통해 결과를 도출하게 된다.

어떠한 훈련을 진행했을 때 대상체가 받아들이는 습득의 시간은 천차만별이다. 예를 들어 성격이 좋은 반면 훈련성이 떨어지는 경우도 있고, 훈련성은 좋지만 성격이 사나운 경우도 있어 개체마다 성향과 특성이 매우 다르다. 그렇기 때문에 개체의 특성을 정확히 파악하여 정확한 훈련법을 적용시키는 것이 현명하다.

훈련의 성과는 결과 지표로 나타나는데, 필자가 수년간 탐지견과 기초견을 양성하며 나타난 결과는 〈그림 2-5〉와 같다.

아무리 성능이 좋고 훈련성이 뛰어난 견이라도 단번에 실력이 급상승하는 경우는 없다. 예를 들어, 폭발물 탐지견을 양성할 때는 인지 훈련부터 시작한다. 인지 단계에서 냄새 인지가 한 번 성공했다면 그 성과는 4~5일 정도 유지된다. 이후 한 번의 성

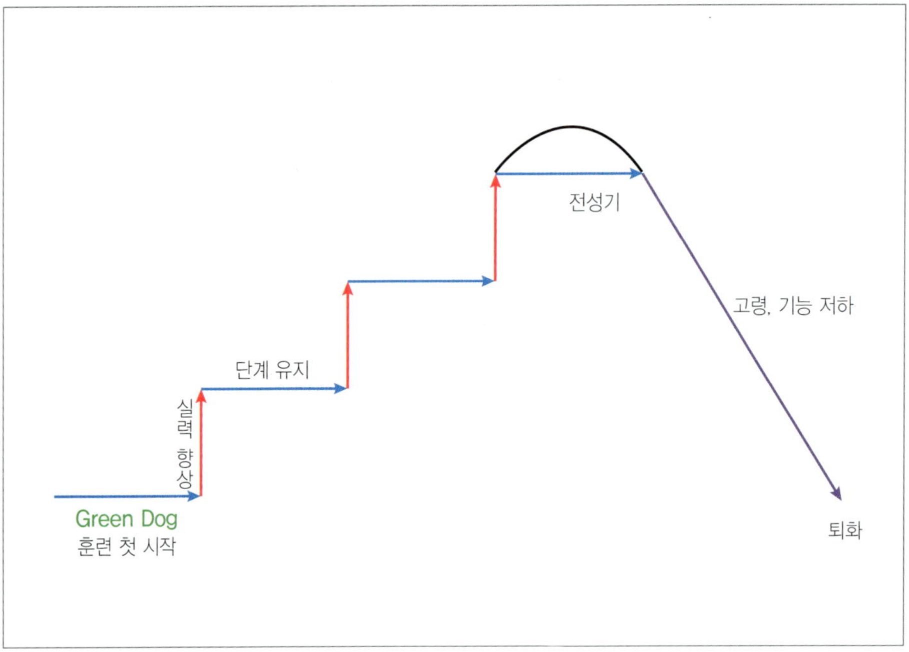

그림 2-5_ 계단식 개체 훈련의 결과

공이 두세 번 성공으로 이어지며 실력이 향상되고, 그 실력과 능력이 어느 기간 동안 유지된다. 이것이 반복되면서 실력과 성능이 계단식으로 향상되는 것을 알 수 있다. 이러한 과정을 통해 동물의 학습 능력이 무궁무진하다는 것을 알 수 있다.

80%의 능력을 가진 견이 있다고 하더라도 우리가 양성할 때 80%의 능력을 다 발휘하게끔 다듬는 것은 쉽지 않다. 능력을 최고치까지 끌어 올리는 것보다 향상된 단계별 능력치를 떨어뜨리지 않고 얼마만큼 잘 유지시켜 주느냐가 더 중요하다. 가장 중요한 것은 조바심을 내면서 '실력이 왜 안 올라갈까?' 고민할 것이 아니라 정확한 훈련 방법으로 세심하게 실력을 향상시켜 나가는 것이 우선순위이다.

1 동물의 학습 전개 이론

훈련은 동물의 신체적 특성이 적합할 때 활발하게 진행되지만, 개체성과 행동 능력에는 차이가 있다. 동물의 행동은 다양한 요인과 과정에 의해 발달되는데, 이는 크게 두 가지로 나눌 수 있다.

(1) 선천적 행동: 생득적 행동

태어날 때부터 나타나는 행동을 말하며, 학습, 연습, 모방, 환경의 영향을 받지 않는다. 예를 들어, 무의식적으로 행동하는 무조건 반사, 즉 개의 눈물, 침, 배변 등이 여기에 속한다.

선천적 동물 행동에 가장 직접적으로 영향을 주는 요인은 '유전'이며, 유전은 부모가 가지고 있는 고유한 성격, 체질 등이 후대손에게 이어지는 것이다.

(2) 후천적 행동: 습득적 행동

동물은 성장하면서 다양한 생활 환경 속 경험을 통해 행동 패턴과 행동 방식을 터득하고 여러 기술을 익히게 되는데, 반복된 '습관'에 의해 이루어지는 행동을 뜻한다. 예를 들어, 클리커 훈련을 통한 조건 반사, 냄새 인지에 따른 반응, 반응에 따른 보상 경험 등이 여기에 해당한다.

후천적 행동은 크게 세 가지로 나눌 수 있다.

1 학습

다양한 생활 환경에서 새로운 것을 접하며 그것이 행동으로 발전되고, 발전된 행동이 지속적으로 동물 행동에 영향을 미치는 것을 뜻한다.

2 경험

동물 스스로가 실제 해보거나 겪어본 행동을 통하여 배우며 자라게 되는데, 이것은 경험에 의한 행동 발달이다.

3 습관화(길들임)

동물은 특정한 자극에 반복적으로 노출되거나 훈련된 환경에 처하게 되면, 그에 상응하는 반응을 보이게 된다. 이러한 외부 요소를 자극이라고 한다. 자극의 경도에 따라 길들임의 행동 패턴은 다르게 나타난다. 가령 탐지견에게 클리커를 사용하는 훈련법은 자극에 의한 긍정 강화 훈련 방법 중 하나인데, 소리에 대한 민감성, 소리와 보상이 연합되는 경험을 통해 탐지견은 해당 자극에 대한 습관적 반응을 학습하게 되는 것이다.

특수목적견
종합훈련학

블랙 래브라도 리트리버
(Labrador retriever)

3
동물 행동 기초론

동물 행동과 학습 이론
특수목적견 훈련의 과학적 기초를 배우다

이 장에서는 동물의 행동이 어떻게 유전, 학습, 경험, 환경 등의 영향을 받아 형성되는지를 살펴봅니다. 시각 · 청각 · 후각을 통한 의사소통 방식과 개체의 성격, 동기 유발의 원리 등 행동 발달의 다양한 요소를 과학적으로 설명합니다.
또한 고전적 조건화와 조작적 조건화, 클리커 트레이닝 등의 이론을 통해 특수목적견 훈련의 핵심 원칙을 이해하고, 개체 맞춤형 훈련의 중요성과 실제 적용 방법을 익히게 됩니다.

1 동물 행동 훈련 기초

동물의 행동은 다양한 환경과 경험에 의해서 발전하고 발달한다.

- 동물의 행동에 의미를 부여할 수 있는가? 정답은 아니다! 확정할 수 없다.
- 동물은 행동을 통해 상호 작용하면서 '관찰 → 각인(어미) → 적응 → 사회 행동'으로 발달해 나간다.
- 동물은 발달하면서 선천적 행동(생득적 행동)과 후천적 행동(습득적 행동)이 나타나는데, 이는 환경과 경험의 영향을 받는다.

1 동물 행동에 영향을 주는 4가지 원인

- 유전(달리는 습성)
- 학습(배움의 깨달음)
- 경험(초크체인을 통해 잘못을 깨달음)
- 가축화(야생동물의 길들임)

2 동물 간의 의사소통 방식

- 시각 신호(꼬리 흔들기, 으르릉거리기)
- 청각 신호(짖음과 하울링)
- 후각 신호(소변, 영역 표시)

3 훈련 시 사람과 강아지 간 의사소통

- 성부+시부+학습+경험

4 유전적 영향(유전력)

유전에 의한 행동학적 특성이나 질병은 훈련에 지속적으로 영향을 미친다. 유전력은 유전 형질의 종류에 따라 다르고, 동일한 환경에서 자란 동배자견 사이에도 차이가 있다. 유전성 질병은 고관절 이상, 전신 골염, 간질, 진행성 망막위축증, 안검내반 등이 있으며 훈련에 크나큰 영향을 끼친다.

5 개의 성격

성격은 행동으로 표현되는 몇 가지 형태로 나뉜다. 사교적인 형태, 쾌활한 형태, 냉담한 형태, 성급한 형태, 우울해지는 형태 등이 있으며, 이를 특질로 나누면 신경성, 친화성, 외향성, 개방성, 우위성으로 분류한다.

- **신경성**: 낯선 사물 접근 시 주로 나타나는 행동(교통수단 및 낯선 장소)
- **친화성 및 외향성**: 사람의 목소리나 접촉에 대한 반응(견줄 자극에 대한 반응)
- **개방성**: 집중력과 관계가 깊으며 행동을 유발하는 자극
- **우위성**: 다른 동물들에 대한 방어와 적대적 행동(사람에 대한 공격성은 직접적으로 보여주는 위협)

6 동기 수준

동기는 행동을 발생시키는 내외부적 힘으로 욕구와 추동을 거쳐 발생된다.

- **욕구 수준**: 내부의 결핍된 상태에서 벗어나고자 할 때 생기며 추동(충동: 행동을 일으키는 힘)을 일으키고 이어 동기를 발생시킨다.
- **동기 유발**: 동기 유발은 외적 유발과 내적 유발로 나뉘는데, 내적 유발은 자발적으로 호기심과 흥미를 갖는 것, 외적 유발은 강화물로 행동이 발생하도록 하는 방법이다. 자극원은 물, 음식, 보상물이다.(먹이로 훈련할 때 상벌에 의한 조건부 강화로 효과가 빠르고 단순해서 훈련에 효과적이다.)

7 기억

습득된 경험이나 정보를 저장하고 재생하는 과정이다. 이것은 감각 기억-단기 기억-장기 기억으로 구분되고, 기명 → 파지 → 재생 단계를 이룬다.

- **기명**: 새로운 정보를 머릿속에 새기는 단계로 연습 횟수에 비례해 수준이 올라간다.
- **파지**: 기명된 내용을 일정 기간 보존하는 과정이다.(냄새 인지가 된 후 응용 훈련)
- **재생**: 파지된 내용을 되살리는 과정이다.(냄새 인지가 안 될 때 전 단계로)

8 망각

기억된 내용을 잊어버리는 현상이다. 저장된 정보는 시간의 경과에 비례하여 훈련 직후부터 지속적으로 소멸된다.

9 훈련의 원칙 학습의 4단계

습득→유창→일반화→유지의 단계를 거친다.

- 습득: 개가 새로운 정보를 익히는 과정(냄새 인지 과정)
- 유창: 새롭게 습득된 행동이 숙달되는 과정(인지 후 통보 방식의 새로운 훈련법을 터득함)
- 일반화: 배운 행동을 다양한 상황에서 동일하게 수행
- 유지: 습득한 행동을 기억하고 있는 과정(배운 행동을 잊지 않고 오랫동안 기억하고 유지)

10 조건화 이론에서 자극 대체론: "자극은 서로 바뀔 수 있다."

- 무조건 자극 = 먹이 = 무조건 반응
- 조건 자극이 무조건 자극과 함께 주어지지 않으면 조건 반응은 소멸

11 조건화 방법

조건화 방법은 조건 자극과 무조건 자극을 제시하는 시간적 차이에 따라 구분하게 되는데, 이는 흔적 조건화, 지연 조건화, 동시 조건화, 영향 조건화 4가지로 나뉜다.

그림 3-1_ 조건화 방법

표 3-1_ 조건화 방법 4가지

종 류	조건 제시 방법	훈 련	효 과
흔적 조건화	조건 자극 제시 후 무조건 자극 제시	클릭하고 잠시 후 음식 제공	A+
지연 조건화	조건 자극과 무조건 자극 일부 중첩	클릭 소리를 음식이 제공될 때까지 제시	A
동시 조건화	조건 자극과 무조건 자극 동시 제시	클릭하면서 음식 제공	B
역향 조건화	조건 자극이 무조건 자극 후에 제시	음식을 먼저 주고 클릭	B–

12 조작적 조건화의 클리커 트레이닝

- 스키너의 조작적 조건화 이론에 착안하여 카렌 프라이어가 현대적 동물 훈련법을 개발했다.

- **동기 부여 트레이닝**: 긍정 강화를 이용한다.(바람직한 행동을 강화하기 위해 나쁜 행동을 무시한다. 오반응에 대한 무관심과 동일한 의미)
- **습관화(순화와 길들임)**: 패턴화 훈련법(오프리드, 실내 탐지, 모서리 네 각 탐지 훈련 등)을 적용한다.

13 강화와 보상

개의 행동은 보상에 의해 강화되고 개의 행동을 강화하기 위해 보상은 제공한다. 보상 횟수가 증가할수록 보상을 랜덤화하거나 보상을 지연시켜 다양성과 예측 불가능성을 부여한다.

14 약화

개의 특성한 행동을 감약(감소)시키기 위해 계획적으로 실시하는 조작적 조건화를 말한다.

15 처벌

개의 행동에 대해 약화물을 제공하는 것이다.

- **직접 처벌**: 신체 처벌(촉체인 처벌, 음성 처벌, 시각 처벌)
- **원격 처벌**: E-칼라 충격기(전기 충격과 진동을 구분하여 사용한다.)
- **사회 처벌**: 무시, 타임아웃을 통해 단절하는 처벌

16 조건화의 파생 효과

행동에 대한 결과로 강화물이 제공되었음에도 행동이 강화되지 않는 경우가 있는데, 이를 '수반성의 함정'이라고 한다. 이것은 개가 행동을 수행한 직후에 강화물이 제공되지 않고 보상 타이밍이 지나치게 늦어지면 나타난다.

17 소거

특정화된 강화 상태를 없애는 것이다.(폭발물 탐지견에서 수색견으로 전환하는 과정에서 냄새 소거)

18 조작적 조건화의 강화물

- 유형 강화물: 음식이나 장난감처럼 형태를 가지는 것으로 주로 시각적 보상을 말한다.
- 무형 강화물: 특정한 형태를 갖추지 않은 칭찬, 신체적 접촉, 사회적 관계를 나타낸다.

19 강화 계획

- 연속 강화: 개가 정확한 행동을 수행할 때마다 강화물을 제공하는 방식으로 가장 단순한 형태의 강화 계획이다.
- 간격 강화: 모든 반응에 강화하지 않고 일정 기준에 따라 강화물을 제공하는 것으로 고정 간격 강화와 변동 간격 강화가 있다.
- 비율 강화: 개가 수행한 행동의 횟수를 기준으로 강화물을 제공하는 방법이다.
- 고정 강화: 강화물을 고정된 시간 간격 또는 수행 횟수에 기준을 두고 일정하게 제공하는 방법이다.
- 변동 강화: 강화물을 시간 간격 또는 수행 횟수와 상관없이 불규칙하게 제공하는 방법이다.

20 변별

주어진 자극에 대해 서로 다르게 반응하는 현상을 말한다. 변별 훈련은 이를 이용하여 기억된 자극과 일치하는 것에만 반응하도록 훈련한다. 변별 훈련은 자극에 대한 상대적인 보상으로 이루어진다.

- 연속 변별: 변별 자극과 대조 자극을 임의의 순서대로 연속하여 제시하고 변별 자극에는 보상하고 대조 자극에는 보상하지 않는다.
- 동시 변별: 변별 자극과 대조 자극을 동시에 제시한 상태에서 식별하도록 하는 것이다.
- 표본 변별: 표본 자극을 제시하고 그와 동일한 것을 분별하게 하는 방법이다.

특수목적견
종합훈련학

보더 콜리(Border Collie)

4
동물 행동 훈련론

행동의 과학
훈련의 원리로 풀다

이 장에서는 특수목적견의 행동 형성에 영향을 주는 유전, 성격, 환경 요인을 살펴보고, 시각 · 청각 · 후각을 통한 의사소통 방식을 다룹니다. 고전적 조건화, 조작적 조건화, 클리커 트레이닝 등의 이론을 통해 과학적인 훈련 원리를 이해하고, 실제 훈련에 적용하는 방법을 익힐 수 있습니다.

1 탐지견 선발 과정론

탐지견 선발의 모든 과정은 차트(기록지)를 사용하여 기록하고 관리한다. 선발 과정은 내외부, 차량 등 다양한 환경에 대해서 테스트하며 선발하도록 한다.

탐지견 선발 과정

터치를 통한 공격성 테스트 ▶

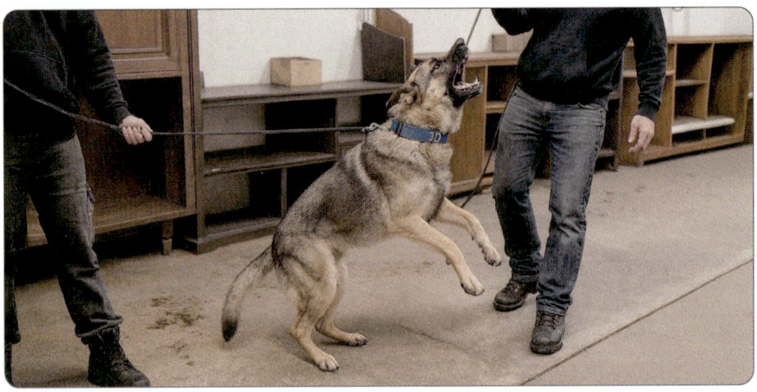

보상 집착력 물욕 테스트 ▶

후각 능력 테스트 ▶

환경 적응 능력 ▶
테스트

사람과 동물의 ▶
사회성 테스트

장애물 극복 ▶
테스트

1. 보상(toy)은 두 개 이상 호주머니 혹은 보상 가방에 넣는다. 이렇게 하면 조용하고 빠르게 보상을 꺼낼 수 있고 빠르게 회수할 수 있기 때문이다. 견줄은 가죽 목줄과 초크체인을 같이 결합한다.
2. 견사에서 견을 꺼낼 때 나가고 싶어 하는지, 보행 중 다른 견의 냄새를 맡는지, 싸우려 하는지 등을 관찰한다.

③ 견줄은 길게 잡아 견을 앞서게 두고 관찰하며 자유롭게 걸을 수 있게 하여 견본성에 대한 특이 사항을 살핀다.

④ 용변을 보인 후 얕은 잔디밭에서 가깝게 공을 떨어트린다. 이때 얼마나 적극적으로 무는지, 집착은 있는지 확인한다.(견줄을 잡은 상태로)

⑤ 물욕이 약하지 않다면 굳이 견과 줄다리기를 하거나 보상을 잡고 놀아줄 필요는 없다.

⑥ 보상을 회수하고 바로 준다. 이때 손은 가슴 높이에서 보상을 쥐야 하며 너무 낮거나 높으면 견이 물거나 뛰어오를 수 있다.

⑦ 2~3회 반복한 다음 추적줄로 바꾼 뒤 보상을 길게 던진다. 던짐과 동시에 견을 출발시킨다.

⑧ 약 2회 정도 반복하며 견의 스피드, 적극성 등을 관찰한다. 이때 견이 물고 돌아오지 않는다면 다른 공을 꺼내 위로 던져 견에게 보여준 뒤 견의 반대쪽으로 던져준다. 이때 견을 가까이 부르거나 기다릴 필요 없이 견이 공을 봤다면 바로 던져준다. 핸들러를 지나쳐 공을 물기 위해 갔을 때 추적줄을 회수한다.

⑨ 발목 높이 정도의 잔디에서 견이 냄새로(후각 기능 사용) 공을 찾는지 테스트한다.
   - 첫 번째는 맞바람 방향으로 공을 던지는데, 가깝지만 바로 잡을 수 없는 거리(약 5~6미터) 정도에 공을 던짐과 동시에 견을 보낸다. 이때 냄새를 이용하여 공을 찾는지, 다른 동물 냄새나 기타 냄새를 맡는지 관찰한다. 보상을 찾았다면 칭찬해주고 다시 제자리로 돌아온 후 보상을 회수한다.
   - 두 번째는 맞바람 방향으로 공을 던지는데, 약 12미터 정도 거리에 길게 공을 던지고 공이 땅에 떨어져 보이지 않게 되면 견을 출발시킨다. 이때도 첫 번째와 마찬가지로 견을 관찰한다.
   - 세 번째는 옆바람 방향으로 공을 던지는데, 약 10미터 정도 거리에 공을 던지고 공이 땅에 떨어져 보이지 않게 되면 견을 출발시킨다. 이때 견이 오랜 시간 찾지 못하거나 많이 이탈했다면 견을 부르거나 신호를 주지 말고 핸들러가 자연스럽게 공이 있는 근처를 어슬렁거린다. 이때도 반응이 없다면 공을 주운 다음 견을 불러 핸들러 앞에 공을 다시 떨어트린다.

⑩ 공을 물린 상태로 다음 테스트 장소로 이동한다. 이때 공을 떨어트리는지, 떨어트렸다면 다시 물려고 하는지 관찰한다.

⑪ 차량 테스트는 차량 안쪽, 본네트, 트렁크를 잘 들어가고 올라가는지 관찰한다.

⑫ 건물 안에 들어갈 때는 공을 물고 들어가는지 떨어트리는지 관찰하고 들어가서는 활발한지, 두려워하는지, 건물 내부 시설에서의 보행성 등을 관찰한다.

⑬ 방은 총 세 번 테스트하고 각기 다른 바닥(타일, 카펫 등)에서 하는 것이 좋다. 이때 견의 위치는 방 안이 보이지 않는 입구 쪽에서 대기시키고 보상을 회수한다.(이때까지 견이 보상을 물고 있다면 소유욕이 높다는 뜻이다.)

- 첫 번째는 공을 벽에 튀겨 안쪽으로 들어가자마자 견을 바로 출발시킨다. 공을 찾았다면 칭찬해주고 견을 밖으로 인도한다.
- 두 번째는 격실을 이동하여 첫 번째와 같은 위치에서 견의 보상을 뺏고 대기시킨다. 이때 헬퍼는 격실에 이미 들어가 있어야 하고, 핸들러가 공을 회수하자마자 격실 안으로 던진다. 헬퍼는 모서리나 구석에 공을 숨기고 격실을 나온다. 이때 헬퍼는 나오면서 손에 아무것도 가지고 있지 않다는 것을 견에게 자연스럽게 보여준다. 헬퍼가 완전히 격실에서 나오면 바로 견을 출발시키고, 핸들러는 입구 쪽에서 견이 냄새를 이용하여 공을 찾는지 살핀다. 견이 공을 찾았다면 칭찬하며 격실에서 나온다.
- 세 번째는 헬퍼가 공을 열려 있는 서랍에 넣고 나온다. 이때 서랍 높이가 너무 낮거나 높으면 안 된다.(견이 냄새를 맡을 수 있는 높이에) 또한 나오면서 자연스럽게 손에는 아무것도 없다는 모습을 취한 후, 헬퍼가 나오면 견을 출발시킨다. 핸들러는 입구에서 견의 반응을 관찰하고, 견이 공을 찾으면 즉시 칭찬해주며 다음 테스트 장소로 이동한다.

⑭ 다음 격실은 어두운 격실에 계단과 미끄럼틀이 설치되어 있다. 이곳은 견이 어두운 곳을 두려워하는지 냄새를 잘 맡는지 테스트하는 곳이다.

- 첫 번째는 방에 불이 꺼진 상태에서 훈련을 시작한다. 견은 이전 격실과 마찬가지로 입구 쪽에 대기시키고 보상을 회수한 후 방안으로 공을 던지며 견을 바로 출발시킨다. 견이 공을 바로 찾았다면 칭찬해주고 견을 밖으로 유도한다. 이때 견이 바로 찾지 못하고 시간이 걸린다면 방문을 열고 소리를 들으며 찾을 때까지 기다려 준다.

  시간이 길어진다면 불을 잠깐 동안 켰다 끄면서 시각적 단서를 제공해 견이 찾기 쉽게 도와준다. 공을 찾으면 칭찬하여 분위기를 끌어올리고, 장애물 테스트를 바로 실시한다. 이때 견이 공을 물고 있어도 상관없고, 공을 물고 있는 상태에서 모든 장애물을 통과했다면 칭찬하며 퇴실한다.

- 두 번째는 견이 어두운 방에서 공을 바로 찾았을 때 한 번 더 반복 테스트하는 과정이다. 견이 공을 찾은 뒤에는 격실 밖으로 유도한 다음 다시 입구 쪽에 위치시키고 보상을 회수한 후 격실 안으로 공을 던진다. 이때 공이 떨어지는 소리가 나지 않더라도 이전과 같은 방식으로 견을 출발시킨다. 이후 방법은 앞 단계와 동일하다.

  장애물 테스트 시 견이 두려움을 보일 경우, 어느 정도 핸들러의 강제력으로 극복 가능하다면 테스트를 계속 진행하지만, 겁을 많이 먹어 힘으로 버틴다면 공을 이용하여 자연스럽게 극복하도록 유도한다. 만약 어렵게 성공했다면 분위기를 살려 몇 번 더 테스트한다.

⑮ 다음 테스트 장소는 페트병과 플라스틱병들이 쌓여 있는 곳이다.

- 첫 번째는 견을 앞쪽에 위치시키고 공을 회수하여 길게 던지는 동시에 견을 출발시킨다. 견이 공을 바로 찾았다면 칭찬하고 격실 밖으로 유도한다. 만약 바로 찾지 못하고 냄새로 찾는다면 두 번째 테스트는 건너뛰어도 무방하다.
- 두 번째는 공을 던져 떨어지고 난 후 견을 출발시킨다. 이때 견이 겁을 먹고 들어가지 않는다면 핸들러가 같이 들어가거나 힘으로, 즉 강제로 들어가게 한다. 또한 견이 오랜 시간 공을 찾지 못하거나 탐색 범위를 많이 벗어났다면 핸들러가 직접 도와준다.

⑯ 위의 테스트를 같은 방법으로 5~7일 동안 진행하며 꼼꼼히 기록한 다음 본격적인 훈련에 적합한지 판단한다.

2 기초견 양성 훈련 방법

1 마약 및 폭발물 탐지견 훈련

(1) 인트로(INTRO)

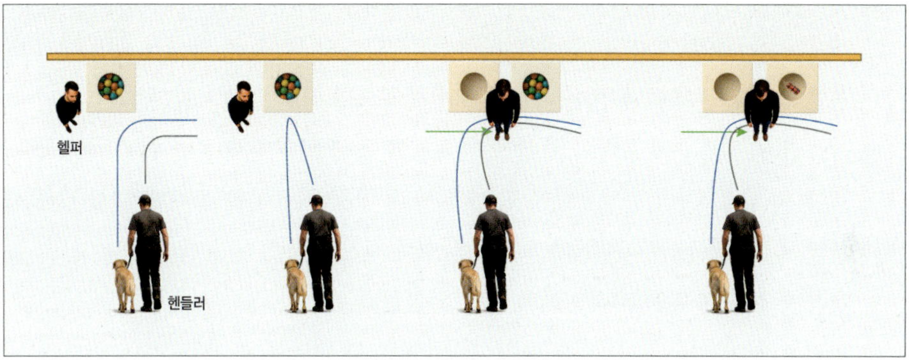

인트로의 훈련 주요 목적은 견에게 낯선 훈련장과 박스 환경을 좋아하게 만드는 것이다. 이를 위해 훈련 과정에서 체크리스트를 활용하여 핸들러가 도움을 줬는지 견이 스스로 했는지 여부, 훈련의 진도, 훈련 횟수 등을 기록한다. 또한 훈련 시작 전 헬퍼에게 어디까지 훈련을 했는지 등의 정보를 줘야 하며 요구 사항이 있다면 전달해야 한다. 핸들러가 판단하여 단계를 뛰어넘을 수 있지만, 한꺼번에 여러 단계를 뛰어넘는 것은 주의해야 한다.

1. 헬퍼는 방 안에서 입구가 크고 공이 가득 들어 있는 상자를 준비한다. 핸들러는 견을 드라이브 상태로 유도한 뒤 견과 함께 방으로 들어간다. 이때 입구에서 공을 방 안으로 던져 견이 스스로 공을 따라 방에 들어갈 수 있게 하여 방은 즐거운 곳이라는 인식을 심어 주는 것이 매우 중요하다.
2. 방 안으로 들어오면 2~3개의 공으로 즐겁게 놀아준다. 이때 공을 던져주는 것보다 발로 차주는 것이 더 좋다. 견이 공을 쫓아가지 않고 한 개의 공으로 혼자 놀고 있어도 상관은 없다. 어떤 견은 그렇게 하는 것이 즐겁기 때문이다.
3. 3~4회 정도 훈련을 반복하여 견이 방에 대한 거부감이 사라졌다면 핸들러는 견

을 잡고 박스와 일직선이 되는 곳으로 이동한다.(핸들러가 박스와 일직선상에 있는 것이 아니라 견이 박스와 일직선상에 있어야 한다.) 이때 헬퍼는 발로 공들을 박스 근처로 모은 다음 견이 보는 앞에서 박스에 공을 넣는다. 이때 공이 들어가는 것을 견이 잘 볼 수 있게 한다. 그런 다음 헬퍼는 박스 왼쪽에 위치한다.

4 핸들러는 공을 회수한 다음 견줄 정리와 견의 준비 상태를 모두 확인한 후에 헬퍼에게 가볍게 공을 굴려준다. 헬퍼는 견이 볼 수 있게 공을 박스에 넣는다.

5 헬퍼가 공을 박스에 넣는 동시에 핸들러는 견을 출발시킨다. 이후 핸들러는 견과 같이 박스로 가서 견이 공을 물면 그 자리에서 배 혹은 가슴을 두드려 주며 칭찬해준다. 충분한 칭찬이 이뤄졌다면 한쪽으로 견을 분리시킨다.

6 박스와 일직선상에 돌아와 보상을 회수한 다음에 헬퍼에게 공을 굴려준다. 헬퍼는 공을 주워 견이 볼 수 있게 박스에 넣고 핸들러는 이와 동시에 견을 출발시킨다. 이때 핸들러는 견을 따라가지 않으며 시작점에 있어야 한다. 견이 공을 물었다면 견줄을 당겨 시작점에서 견을 칭찬한다.

7 헬퍼는 첫 번째로 빈 박스를 놓고, 두 번째로 공 박스를 준비한 후 공 박스 옆에 위치한다. 핸들러가 공을 회수하여 헬퍼에게 굴려주면 헬퍼는 공 박스에 공을 넣고 빈 박스로 이동 후 공을 넣는 것처럼 페이크 동작을 한다. 그다음 손을 펴 공이 없다는 것을 견에게 보여주고 자연스럽게 옆으로 빠진다. 이때 헬퍼는 견이 자신의 손을 집중하고 있는지 살피고 집중하고 있지 않다면 소리를 내거나 공을 보여주며 집중하게 만든다.

8 헬퍼가 빈 박스에 페이크 동작을 하는 것과 동시에 핸들러는 견을 출발시킨다. 견이 출발하면 핸들러는 빈 박스 쪽으로 이동하여 탭을 하고 멈춘 뒤 공 박스 앞으로 이동해 다시 한 번 탭을 하고 행동을 멈추고 기다린다.

견이 공 박스로 와서 공을 물면 칭찬하며 옆으로 빠진다. 견이 박스로 진입 시 빈 박스에 자연스럽게 갈 수 있도록 옆으로 살짝 돌아 위치를 조정한다. 이때 견이 빈 박스에 반응을 보이거나 앉으려 한다면 당기지 말고 탭과 소리로 공 박스로 유도한다.

9 다음은 공 박스 대신 폭약이나 마약이 들어 있는 박스를 놓는다. 이때 헬퍼와 핸들러는 이전과 같은 방법으로 견의 행동을 유도한다. 견이 폭약이 들어 있는 박스에 코를 박으면 핸들러는 오른쪽 무릎을 꿇고 즉시 보상을 준다. 이때 반드시

견이 박스 안으로 코를 박아야 한다. 이때 핸들러는 공을 꺼내줄 때 높이 튀게 주지 말고 바로 물 수 있도록 가볍게 주어야 한다. 힘껏 위로 주는 것이 반복되면 나중에는 견이 박스 안으로 코를 박지 않을 수도 있기 때문이다.

실제 훈련 모습

② 냄새 박스 인지 훈련

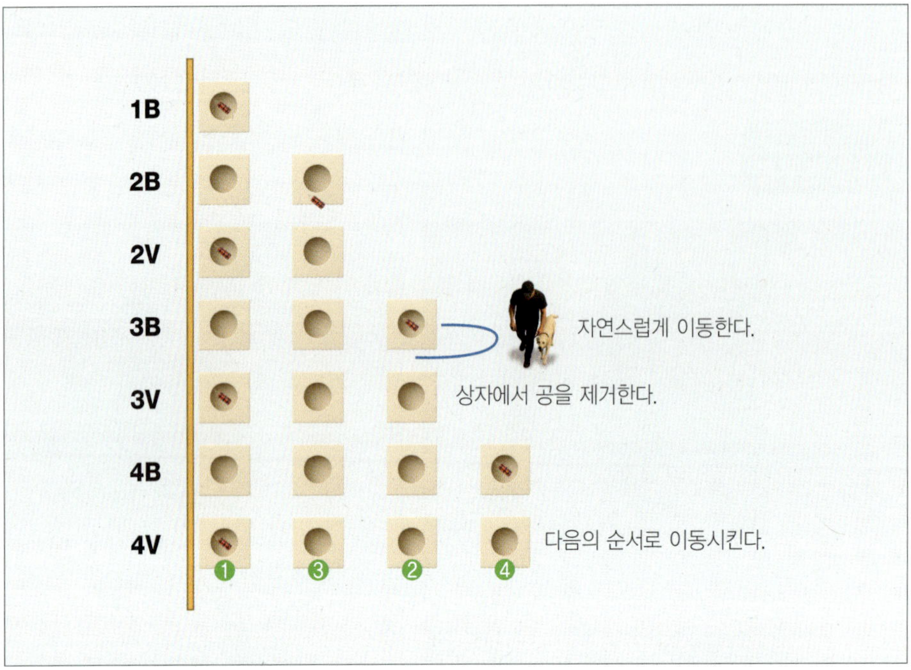

박스 인지 훈련의 목적은 견에게 냄새를 인지시키는 것과 동시에 견이 스스로 물건 찾는 능력을 길러주기 위함이다.

B는 박스의 오른쪽 끝에 폭약 박스를 두는 것이고 V는 첫 번째에 폭약 박스를 두고 순차적으로 옮겨 가며 훈련하는 방식이다. 훈련에 처음 임할 때나 첫 포지션을 훈련할 때는 항상 '앉아' 명령어를 사용하고 견줄을 당겨 견을 도와준다. 견이 스스로 훈련을 4~5회 성공하면 다음 단계로 이동한다. 견줄을 당길 때는 뒤로 당기는 것이 아니라 반드시 위로 당겨야 한다. 견줄을 앞으로 당기면 뒤로 가는 습성이 생긴다.

① 1BOX 훈련은 폭약이 들어 있는 박스 하나만을 사용하여 진행하는 훈련이다. 헬퍼는 견이 박스를 이탈하지 못하도록 박스 왼쪽에 팔을 내린 채로 자연스럽게 위치한다. 핸들러의 스텝은 왼발에 하나 오른발에 둘로, 벽에 붙어 있는 박스를 오

른발로 고정하며 마무리한다.

❷ 첫 번째는 핸들러가 디테일 대신 직접 공을 박스에 넣는다. 핸들러는 박스와 일직선상에서 보상을 회수한 후 출발하며, 이때 반드시 견보다 먼저 박스에 도착하여 공을 넣어야 한다. 따라서 출발 시 약간 견을 뒤로 당긴 후 견줄을 풀어주며 투 스텝으로 박스에 빠르게 접근한 뒤 공을 넣고 손을 죽인다.(=멈춘다)

❸ 견이 박스에 코를 박고 냄새를 맡으면 '앉아'를 시킨 후 '기다려'를 시킴과 동시에 왼쪽 무릎을 낮추고 보상을 준다. 정확한 순서는 공을 넣고, 앉아를 시킨 후 자세를 낮추고 보상을 주는 것이다. 이때 견은 정확히 박스의 정면에 앉아야 하며 힘으로 버티는 견은 힘 싸움을 하지 말고 꼬리 부분과 엉덩이 부분을 자연스럽게 감싸 내리면 거부감 없이 '앉아'를 시킬 수 있다. 이때 '앉아' 명령어를 함께 사용해야 한다.

❹ 견이 앉는 것을 너무 싫어한다면 처음부터 무리하게 할 필요는 없다. 지금은 견이 박스에 코를 박는 것이 목적이기 때문이다. 다만 공격적으로 공을 물려고 한다고 '기다려'를 오래 시키는 것은 좋지 않다. 지금 단계에서는 앉았을 때 보상이 나온다는 것을 알려주는 단계이기 때문이다.

성격이 여리거나 사람을 좋아하는 견들은 강압적인 방법을 자제한다. 핸들러가 공을 직접 넣지 않아도 견이 박스로 간다고 판단되면 더 이상 핸들러가 공을 넣지 않는다.

❺ 핸들러가 견에게 공을 주고 칭찬하며, 다른 공을 박스에 넣는다. 이때 헬퍼는 공이 박스 입구에서 보이지 않도록 구석으로 자리를 고치고 다시 왼쪽에서 자연스럽게 대기한다.

❻ 핸들러는 훈련장 가장자리에서 공을 뺏은 후 박스 반대쪽으로 페이크 동작으로 견을 속인 다음 일직선상으로 돌아온다.

❼ 핸들러는 견줄을 살짝 당겨 견의 중심을 뒤에 두고 핸들러는 투 스텝으로 빠르게 박스로 접근한 뒤 공을 넣는 행동 대신 텝을 하고 멈춘다. 이후 견이 박스에 코를 박고 냄새를 맡으면 '앉아'와 '기다려' 명령을 하고 자세를 낮추어 공을 꺼내준다. 이때 훈련 속도가 빠른 견들은 '앉아'를 시킨 후 '찾아'라는 명령어와 함께 같은 방법으로 출발한다. 1BOX를 명령어 없이 견이 스스로 4~5회 성공했다면 2B 훈련으로 들어간다.

⑧ 2B 훈련은, 첫 번째는 빈 상자를 두고 두 번째는 폭약 상자를 두는데, 반드시 첫 번째는 '앉아'라는 명령어로 견이 박스 정면에 앉을 수 있도록 도와줘야 한다. 앉기 전에 견줄을 당겨 정확한 자리를 잡아주고 '앉아' 명령어를 준다. 헬퍼가 없으니 견이 한쪽으로 치우칠 수 있는데, 이때 견이 먼저 앉은 다음 교정하지 말고 반드시 앉기 전에 정확한 포지션을 잡아주고 명령어를 주어야 한다.

⑨ 교정 시에는 손으로 견을 만지기보다는 견줄을 당기는 것이 좋다. 이때 핸들러의 포지션은 옆으로 벌어지지 않고 견과 같은 방향으로 몸의 위치를 잡아야 하는데, 견이 핸들러의 옆에서 냄새를 맡는다는 인식을 주기 위함이다. 이를 4~5회 스스로 성공하거나 빈 상자를 그냥 지나친다면 다음 단계로 들어간다.

⑩ 2V는 첫 번째에 폭약 상자를 두고 시작하여 번갈아가면서 진행하는 방식이다. 첫 회는 핸들러가 '앉아' 명령어로 도와줘야 하며, 이후에 같은 포지션으로 핸들러의 도움없이 한번 더 실행한다.

⑪ 첫 번째와 두 번째를 번갈아 가면서 훈련한다. 방법은 전과 같으며 스스로 4~5회 할 때까지 계속한다.

⑫ 3B는 마지막에 폭약 상자를 두고 시작한다. 지금부터는 핸들러가 뒤에서 보상을 주고 계속 움직여야 한다.

⑬ 훈련 방법은 세 번째 박스에 견이 코를 집어넣고 냄새를 맡으면 즉시 '앉아' 명령어를 주고 핸들러는 천천히 옆으로 계속 움직인다. 이때 견이 박스와 일직선이 아닌 위치에 앉았다면 견줄로 교정을 해야 한다. 다음번에는 앉기 전에 일직선으로 앉을 수 있게 견줄을 당겨 포지션을 잡아주고 '앉아' 명령어를 줘야 한다.

⑭ 핸들러가 이동할 때는 옆으로 움직였다가 뒤로 돌아가야 하며, 이때 견줄을 늘어뜨려 견을 건드린다든지 자세 교정을 위해 멈춘다든지 하는 행동은 금해야 한다.

⑮ 보상을 줄 때는 위에서 가볍게 떨어뜨리며 큰 소리가 나지 않게 한다. 너무 강하게 던지면 견들이 놀라거나 튀어나오는 것을 보지 못할 수 있다.

⑯ 핸들러의 도움 없이 스스로 4~5회 앉았다면 다음 단계로 이동한다.

⑰ 3V 단계부터는 상자 안에 공을 제거하고 훈련한다. 그 외 환경은 전과 동일하며 첫 번째에 폭약 박스를 두고 시작한다. 첫 번째 시도에서는 '앉아' 명령어로 견에게 도움을 주고, 이후 같은 포지션으로 명령어 없이 한번 더 반복한 뒤 순차적으로 실시한다.

⑱ 4B 훈련은 전과 동일한 방법으로 하되, 한 가지 다른 점은 견이 앉아 기다리고 있을 때 견에게서 더욱더 멀리 이탈한 후 보상을 주는 것이다. 이때 견에게서 멀어질 때는 견 뒤로 바로 돌아가는 것이 아니라 견 옆으로 최대한 빠졌다가 뒤로 돌아가야 한다.

⑲ 4V는 첫 번째에 폭약 박스를 두고 시작하는데, 이때 헬퍼가 박스 앞에 대기하다가 핸들러가 공을 굴려주면 폭약 박스를 향해 페이크 동작을 취한 후 핸들러는 견을 출발시킨다.

⑳ '앉아' 명령어로 견을 도와줘야 하며 옆으로 쭉 빠졌다가 뒤로 돌아와서 보상을 준다.

㉑ 같은 포지션으로 한 번 더 훈련하는데, 핸들러가 헬퍼에게 공을 굴려준 후 헬퍼는 폭약 박스에 페이크 동작을 취한다. 이때 핸들러는 견만 출발시키고 자신은 그 자리에서 대기해야 한다.

㉒ 이후부터 핸들러가 견과 분리되어 스캔 방식으로 훈련을 실시한다. 훈련의 순서는 1- 3 - 2 - 4 순서로 진행한다. 이때도 핸들러는 계속 이동해야 한다.

실제 훈련 모습

③ 4C 인지 훈련

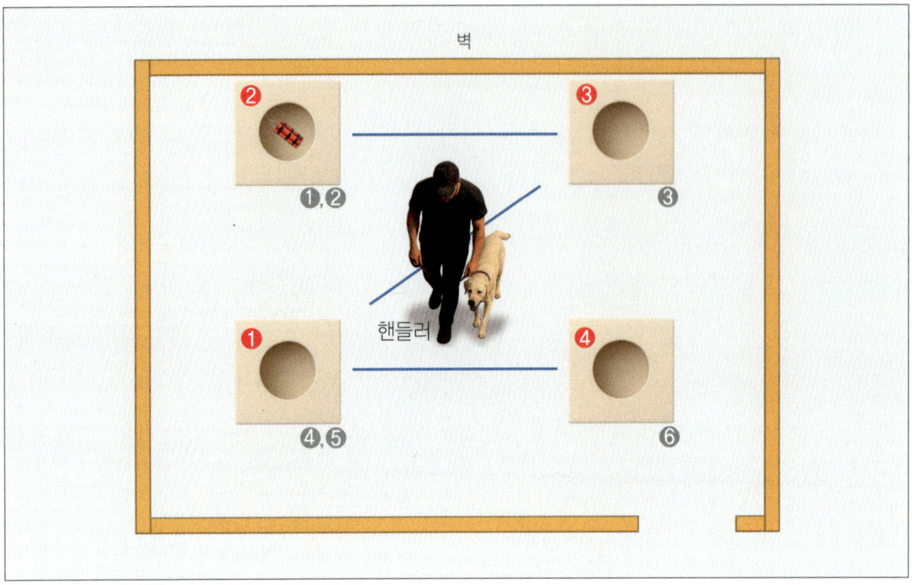

4C의 훈련 목적은 핸들러와 견 사이의 거리를 더욱 확장하고 벽에 붙어 있지 않는 박스에도 견이 적응할 수 있게 하는 것이다. 이 훈련은 1B부터 4V까지의 모든 훈련이 완성된 후 실시되는 훈련이다.(박스 인지 훈련 참고 문헌: 견을 빚는 사람들–박영사 내용 참조)

① 첫 번째는 2번에 폭약 박스를 두고 시작한다. 견에게 공을 물린 상태에서 핸들러와 견 모두 박스 가운데로 자리한다. 보상을 뺏은 다음 즉시 페이크를 써서 견을 3번이나 4번 박스로 보낸다.

② 이때 핸들러는 가운데에서 원거리로 스캔하는데, 반드시 견이 코를 박스에 넣어 냄새를 맡아야 한다.

③ 3~4번 박스는 스캔으로 견을 유도하고 1~2번은 디테일로 견을 유도하며, 2번 박스에서 '앉아' 명령어를 하고 견줄로 견을 도와준다.

④ 같은 방법으로 견에게 도움 없이 한번 더 실시한다.

⑤ 세 번째는 3번에 폭약 박스를 위치하고 전과 같은 방법으로 견을 4-1-2-3 순으로 유도하는데, 이때는 모든 박스를 스캔(찾아)한다.

⑥ 네 번째는 1번에 폭약 박스를 위치하고 전과 같은 방법으로 견을 2-3-4-1 순으

로 유도하는데, 2, 3번은 스캔, 4, 1번은 디테일로 유도한 뒤 폭약 박스에서 견을 도와준다.

7. 같은 방법으로 도움 없이 한번 더 실시한다.
8. 여섯 번째는 4번에 폭약 박스를 위치하고 전과 같은 방법으로 견을 1-2-3-4 순으로 유도하며 모두 스캔으로 탐지한다.

4번에서 훈련이 끝나는 이유는 가끔 방을 무서워해 문을 찾아 나가려는 견이 있어 입구 근처에서 훈련함으로써 이를 극복할 수 있도록 한다. 또한 공을 물리고 바로 나가 다음 훈련 장소인 실내 탐지 장으로 이동하기 위함이다.

코너 훈련에서 공통적으로 주의할 점은, 지금까지 항상 견의 오른쪽에 핸들러가 위치해 있었기 때문에 약간만 뒤에 있어도 견이 불안을 느껴 앉기를 망설일 수 있다. 그러므로 핸들러는 견을 유심히 관찰할 필요가 있으며, 반드시 옆으로 자연스럽게 이동한 후 완선히 '앉아' 동작을 취했을 때 견 뒤로 돌아가야 한다.

실제 훈련 모습

④ 실내 인지 훈련

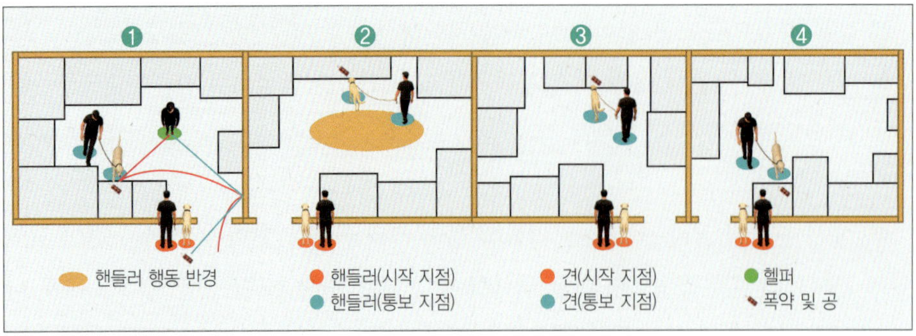

실내 인지 훈련의 목적은 박스와 집기류의 조건화를 하는 것과 동시에 여러 환경에 견을 적응시키는 것이다. 실내 인지 훈련은 총 4개의 방으로 구성되어 있으며 폭약을 은닉하는 곳은 고정되어 있고 견이 쉽게 찾을 수 있게 크기는 작은 편이다.

박스 훈련과 마찬가지로 견에게 있어 가구나 집기류는 하나의 박스로 인식되기 때문에 핸들러도 그 점을 명심해야 한다. 또한 견은 우리가 원하는 곳을 헌팅(사냥 본능: 스스로 후각 작업)해야 하기 때문에 혼자 날뛰게 해서는 안 되며, 그렇다고 견을 막거나 당기며 충격을 주어서는 안 된다. 지금부터는 견과의 자연스러운 대화가 필요하다. 또한 견이 냄새를 추적하고 가는지 쓸모없는 냄새를 맡는지 핸들러가 판단하여 적절하게 대처해야 한다.

폭약과 공을 숨기는 방법은, 보통 첫날에는 4개의 격실 모두 폭약 오른쪽에 공을 바로 둔다. 이때 반드시 해당 견이 물고 있던 공을 서랍 안쪽에 비빈 다음 공을 숨겨야 하며, 시계 방향으로 탐지하기 때문에 견이 폭약 냄새를 먼저 맡을 수 있게 폭약 오른쪽에 공을 놓아야 한다.

두 번째 날에는 1번 방에서는 공을 폭약 옆에 두고 2번 방에서는 공을 폭약 뒤에 두거나 깊이 두고 3번 방에서는 공을 제거한다. 이때에도 견이 물고 있던 공을 안쪽에 비벼줘야 한다.

3번 방에서 공을 제거하는 이유는 만약 견이 실패했다면 4번 방에서 공을 폭약 옆에 두어 보수 훈련을 하기 위함이다. 모든 지시는 견이 냄새 맡기 쉬운 높이의 서랍에 숨기며 약 2cm 정도 오픈시켜 놓는다.(손가락 하나가 들어갈 수 있는 만큼의 여유) 단, 육안으로는 공이 안 보이게 놓는다.

1. 헬퍼는 격실에 들어가 있고 핸들러와 견은 문밖에서 대기한다. 핸들러는 공을 빼앗아 벽에 튀겨 헬퍼에게 던져주고 견은 핸들러 앞에 드라이브 상태로 대기시킨다. 헬퍼는 공을 받아 숨긴 뒤 문앞에서 견이 볼 수 있게 입구 쪽의 집기류에 페이크를 주고 양손을 펴서 공이 없다고 보여주며 방을 나온다. 헬퍼가 나옴과 동시에 핸들러는 '찾아' 명령어와 함께 견과 같이 들어간다.(견이 날뛰지 않게 핸들러는 견을 유도한다.)
2. 이때 주의할 점은 핸들러는 반드시 폭약 은닉 위치를 사전에 알아야 하며 항상 같은 패턴으로 폭약까지 접근해야 한다. 예를 들면 스캔으로 견을 유도하다가 폭약에서만 디테일(=탭)을 한다거나 폭약 근처에서 보상을 꺼내기 위해 미리 손이 간다거나 어색하게 걷는 행동들은 절대 조심해야 한다. 폭약을 높은 곳이나 낮은 곳에 숨겼다면 사전에 높게 혹은 낮게 유도해서 접근해야 한다.
3. 1번 방에서는 견을 반드시 도와줘야 한다. 앉았다면 보상을 주는데, 강하게 튕겨주지 말고 가볍게 위에서 떨어뜨려준다. 견이 두리번거린다면 '찾아' 명령어와 함께 등을 어루만지며 집중시키고 보상을 준다. 보상은 급하게 주지 말고 핸들러가 원하는 포커스(타이밍)가 되었을 때 준다.
4. 2, 3, 4번 방은 1번 방과 같은 방법으로 하지만, 견에게 도움은 주지 않는다. 다만 약 5초간의 시간을 줬음에도 견이 앉지 않았다면 당연히 도와줘야 한다. 이때 너무 큰소리로 말하거나 견줄을 강하게 잡아당기지 않도록 주의해야 한다. 이미 견들은 '앉아' 행동을 알고 있기 때문이다. 또한 오른쪽으로 자연스럽게 이동하다가 견이 앉으면 뒤로 돌아가며 보상을 준다.
5. 다음은 5개의 방이 연속으로 이어져 있는 격실에서 실내 훈련을 하는데, 방의 크기가 약간 커졌으며 집기류도 약간 많아졌다. 시작 방법은 실내 인지 훈련과 같다. 이 격실은 폭약과 마약을 같이 숨기기 때문에 다른 목적물에서 반응을 보이면 즉각적으로 주의를 다른 곳으로 자연스럽게 돌린다.(견줄을 잡아당기는 것이 아니라 "여기로 와"라는 말로써 견을 유도한다.)

격실이 크지 않은 이유는 아직 기초 단계이기 때문에 견이 싫증을 느낄 틈 없이 찾고 빠르게 다음 방으로 이동하기 위함이다. 핸들러는 훈련 과정에서 헬퍼와 공을 빼는 타이밍 등을 판단하여 조절해야 한다. 공을 잘라 조각을 사용해도 좋다.

실제 훈련 모습 실내 인지 훈련 용품

⑤ 실내 탐지 훈련(운영 면에서의 고찰)

방은 교실 한 칸 정도의 크기로 늘어났으며 집기류도 더욱 다양해졌다. 격실은 총 5개로 이루어졌으며 1번 방부터 순차적으로 문에서부터 멀어지게 오더를 숨긴다.

인지 훈련에서는 주로 서랍에 오더를 숨긴 반면에 탐지 훈련부터는 집기류에도 숨기며, 패턴을 만들기 위해 벽면 쪽의 집기류만 이용한다. 이때 오더는 견이 냄새 맡기 편한 높이에 숨긴다.

1. 운용에 관한 부분으로 견을 드라이브(욕구가 상승된) 상태로 문 앞까지 데리고 온다. '앉아'를 시킨 다음 페이크를 써서 견을 안으로 유도한다. 이때 반드시 견이 먼저 들어가고 핸들러가 따라 들어간다.(냄새의 흐름이 입구 쪽으로 흐르기 때문에 견이 먼저 냄새를 맡아야 한다.)

   벽과의 거리를 충분히 주면서 스캔과 디테일을 적절히 사용하여 견을 유도한다. 견이 빠르게 움직인다고 같이 빠르게 움직이지 말고, 그냥 지나쳤다면 견 줄을 바꿔 잡고 반대로 견을 유도한 뒤 다시 진행한다. 견이 느리다면 핸들러가 더욱더 활기차게 움직여야 한다.
2. 스캔은 공을 던지듯 사물로 페이크를 쓰는데, 견이 속을 수 있게 정말 던지는 것처럼 페이크를 해야 한다. 페이크 후 다음은 반드시 손을 죽여야 한다. 뒷걸음이 아니라 반드시 옆으로 걸어야 하며 절대 견의 진행에 방해되지 않게 벽으로 붙지 않고 거리를 충분히 둬야 한다.
3. 보상을 줄 때는 이전과 마찬가지로 견이 완전히 앉으면 뒤로 돌아야 하는데, 이때 앉기 전에 보상이 들어 있는 주머니에 손이 가서는 안 된다. 또한 인지가 완벽하게 됐다고 판단되면 핸들러가 견의 왼쪽에 있어도 앉을 수 있게 훈련을 시켜야 한다.
4. 보상을 회수하고 입구 쪽이 아니라 방 쪽으로 페이크를 써서 헌팅을 하게 한 다음 자연스럽게 다음 방으로 이동한다. 이는 헌팅의 흐름을 그대로 가져오기 위함이다.
5. 다음은 오더를 높은 곳과 낮은 곳을 가리지 않고 숨기고 훈련하는데, 높은 곳에 숨긴 구역에 들어갔다면 견을 그 전부터 높게 유도하며 오더까지 접근한다. 반대로 낮은 곳이라면 그전부터 낮게 유도하며 탭을 하며 지시 및 안내를 한다.

실제 훈련 모습

⑥ 실내 탐지 훈련(심화)

오더의 양과 위치, 환경의 변화 등을 통해 난이도를 향상시킨다. 지금까지는 오더를 집기류 앞에 숨겼기 때문에 오더를 깊이 넣거나 양을 줄이면 견들이 당황할 수 있다. 이때는 가볍게 어시스트를 해준다. 또한 코가 닿지 않는 상당한 높이에도 오더를 숨겨 냄새를 추적하여 찾아갈 수 있게 훈련시켜야 한다. 높이 있기 때문에 견이 앉지 않고 서서 바라보고 있을 수 있으나 견의 팔꿈치가 굽혀져 있다면 이것은 앉아 있는 자세와 같기 때문에 그 상태에서 보상을 준다. 오프리드 훈련을 병행하여 견이 견줄이 없어도 핸들러의 유도에 따라 탐지해야 한다는 것을 견에게 훈련시켜야 한다.

- 오더 = 더미(폭약, 마약 더미)
- 오프리드 = 리드줄이 없는 상태

실제 훈련 모습

7 차량 인지 훈련

차량 인지 훈련의 목적은 견들이 차량도 하나의 박스로 인식하게 하는 것과 차량에서 냄새가 흘러나오는 지점을 인식하게 하기 위함이다.

견에게 있어 차량은 그저 하나의 박스로 인식된다. 이 훈련에서 차량의 외부 탐지 패턴은 시계 반대 방향으로 설정한다. 일단 비슷한 크기의 차량 5대를 준비한다. 오더는 그림에서와 같이 트렁크, 그릴, 트렁크 쪽 범퍼, 왼쪽 문과 타이어 사이, 왼쪽 뒤 헤드라이트에 숨긴다.

1. 핸들러는 견을 드라이브 상태로 차량의 왼쪽 모서리 부분(앵글)으로 데리고 오고 헬퍼는 트렁크 쪽에 대기한다.
2. 핸들러가 공을 꺼내 견에게 보여준 다음 헬퍼에게 굴려준다. 헬퍼는 공을 주워 호주머니에 넣고 페이크를 쓰며, 오더를 숨긴 곳부터 시계 방향으로 순차적으로 페이크를 쓰며 이동한다. 이때 4~5회 정도의 페이크가 적당하며 반드시 낮은 곳의 냄새가 나올 만한 곳에 페이크를 쓰고, 핸들러는 견줄을 팽팽하게 유지한 상태로 견이 헬퍼의 손을 따라갈 수 있게 한다.

3. 헬퍼가 차량의 앞바퀴에 마지막 페이크를 쓰고 손을 펴 공이 없음을 견에게 확인시켜줌과 동시에 핸들러는 견줄을 풀고 탐지를 시작하게 한다.
4. 핸들러는 왼쪽 모서리에 대기하고 견은 앞바퀴로 갔다 돌아오게 되는데, 이때 자연스럽게 스캔을 통해 트렁크 쪽으로 견을 유도한다. 핸들러와 차량과의 거리를 충분히 주어 견을 방해하는 일은 없어야 한다.
5. 견이 오더에 반응할 때 핸들러는 반드시 견의 오른쪽에서 어시스트를 해줘야 한다. 절대 견이 스스로 할 수 있을 것이라고 판단하여 기다리지 말고 반드시 어시스트를 해주며, 어시스트의 강도는 너무 강할 필요는 없다. 이미 견은 냄새를 알고 있고 앉아야 한다는 것을 알고 있지만, 처음 접하는 환경이라 어떻게 해야 하는지 모를 뿐이다. 어시스트를 하면서도 핸들러는 천천히 움직이고 있어야 한다.
6. 견이 앉았다면 핸들러는 즉각적으로 보상을 준다. 헬퍼가 공을 주어도 무방하다.
7. 핸들러는 견에게 공을 물린 상태로 다음 차량 오른쪽 앵글로 이동한다. 이때 헬퍼는 차량 오른쪽 앞에 대기하고 있어야 한다.
8. 핸들러는 공을 회수한 다음 헬퍼에게 굴려주고 헬퍼는 앞 그릴부터 페이크를 쓰며 오더까지 이동한다.
9. 헬퍼가 마지막 페이크를 차량의 왼쪽 모서리에 하는 순간 핸들러는 '찾아' 명령어와 동시에 견을 출발시킨다. 이때 핸들러는 오른쪽 모서리에 대기했다가 왼쪽 모서리로 갔다가 돌아오는 견을 자연스럽게 오른쪽으로 유도한다.
10. 견이 그릴 쪽에 반응을 보이면 자연스럽게 뒤로 돌아가 보상을 준다.
11. 견이 빨라 핸들러를 지나쳐 간다면 따라가지 말고 견줄을 오른쪽으로 바꿔 잡고 뒤쪽으로 한번 유도한 다음 재빨리 견줄을 왼손으로 옮겨 오른쪽으로 다시 진행시킨다. 다만 견이 냄새를 맡고 갔다고 판단되면 자연스럽게 따라가 준다.
12. 세 번째부터는 헬퍼의 도움 없이 진행한다. 짧은 앵글부터 반대쪽 모서리로 견을 유도해 시작하고 나머지는 전과 같은 방법으로 진행한다.
13. 차량 탐지 시 견이 빨리 치고 나간다면 시작 지점과 가까운 곳에 자주 숨겨 보상이 앞부분에 있다는 인식을 견에게 심어주고, 따라가지 말고 역으로 보내는 방법을 이용한다.
14. 심화 단계에서는 이와 같은 방법으로 차량 7~8대 정도에 오더 4~5개 정도를 숨기고, 숨기는 포인트와 오더의 양을 조절하며 오더 사이에 빈 차를 둔다.

실제 훈련 모습

⑧ 가방 인지 훈련

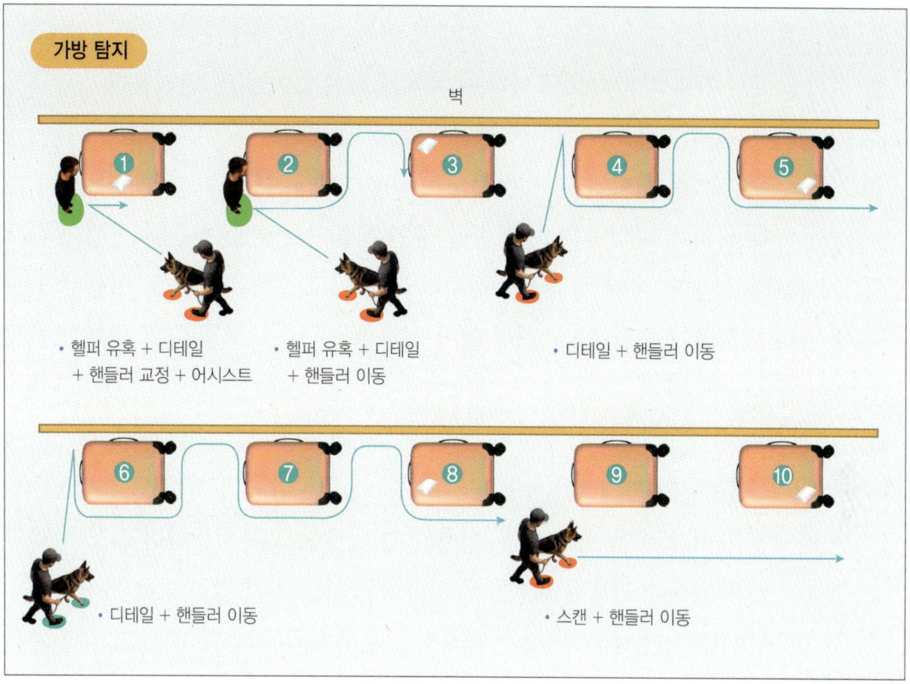

가방 인지 훈련의 목적은 견들에게 가방을 하나의 박스로 인식시키는 것과 가방 모서리에서 냄새가 흐른다는 것을 견들에게 인식시켜주기 위함이다.

그림과 같이 가방 10개를 벽에 붙여 놓고 가방과 가방 사이는 약 70cm가량 거리를 둔다. 오더는 1번, 3번, 5번, 8번, 10번의 정해진 위치에 숨기고 가방이 완전히 닫히지 않게 옷가지 등으로 오더 있는 쪽을 열어 놓는다. 10개의 가방을 총 5번으로 나눠서 하는데, 1번, 2~3번, 4~5번, 6~8번, 9~10번으로 짝을 이루게 하고, 훈련 시 핸들러는 견에게 충분한 공간을 주기 위해 가방과의 거리를 최대한 벌려야 한다. 그렇지 않으면 견이 가방을 밟거나 뛰어넘을 수 있다.

① 첫 번째 가방은 박스 훈련 1B와 비슷한 방식으로 진행한다. 헬퍼는 가방의 왼쪽 모서리에 대기한다. 핸들러는 견을 드라이브 상태로 오른쪽 모서리로 데리고 온다.

② 핸들러는 공을 견에게 보여주고 헬퍼에게 굴려준다. 헬퍼는 공으로 견을 유혹한 뒤 호주머니에 넣고 가방의 가운데 부분에 페이크를 주고 가만히 서 있는다.

③ 핸들러는 헬퍼가 페이크를 쓰는 동시에 견을 출발시킨다. 이때 핸들러는 박스 훈련과 같이 투 스텝으로 박스로 다가가서 디테일을 하고 손을 죽인 후 움직이지 않고 견이 냄새를 맡을 때까지 기다렸다가 어시스트를 해준다.(투 스텝=두 발자국)

④ 견이 앉아서 가방을 바라보고 있다면 헬퍼는 지체 없이 공을 던져준다.

⑤ 1번 가방을 성공적으로 마치지 못했다면 한번 더 실시한다.

⑥ 2~3번 가방도 1번 가방과 같은 방법으로 진행하는데, 한 가지 다른 점은 3번 가방의 폭약 위치에 디테일을 하고 손을 죽인 핸들러는 아주 천천히 진행 방향으로 이동해야 한다. 이때 핸들러는 허리를 펴지 않고 구부린 자세로 이동하되 절대 멀리 벗어나서는 안 된다. 견이 앉아서 가방을 바라보고 있다면 헬퍼는 지체 없이 공을 던져준다.

⑦ 4~5번 가방은 헬퍼의 도움 없이 하는데, 핸들러는 왼쪽 앵글 방향에서 대기하다가 '찾아' 명령어와 함께 4번 가방의 뒤쪽으로 접근한다. 5번 가방 오더에 접근하면 디테일을 하고 손을 죽인 다음 서서히 진행 방향으로 이동하며 몸을 서서히 세운다. 견이 앉아서 가방을 바라보고 있다면 헬퍼는 지체 없이 공을 던져준다.

⑧ 6~8번 가방은 4~5번 가방과 같은 방식으로 진행하되, 다른 점은 보상을 핸들러가 주는 것이다.

⑨ 9~10번 가방은 디테일이 아닌 스캔으로 진행하는데, 왼쪽 모서리 앵글 쪽에서 '찾아' 명령어와 함께 견을 왼쪽 뒤로 보내고 핸들러는 가방과 평행이 되도록 이동한다. 냄새를 놓쳤다면 자연스럽게 견을 9번으로 유도하여 다시 진행하거나 역으로 유도한다. 그래도 지나쳤다면 디테일로 견에게 어시스트한다.

⑩ 훈련을 성공적으로 마쳤다면 가방을 닫거나 개수를 늘리고 폭약의 양을 조절하는 등 난이도를 향상시킨다.

9 야외 탐지

이 훈련의 목적은 야외 환경 적응과 야외에서 부는 강한 바람에도 견이 냄새를 추적하여 목표물까지 갈 수 있게 하고 'ㄹ' 사 패턴을 견에게 훈련시키기 위함이다.

야외 탐지는 공터나 풀밭 같은 열린 공간에서 훈련을 하는데, 이때는 바람의 방향이 매우 중요하다. 따라서 훈련 시 실전처럼 바람을 맞으면서 탐지를 진행해야 한다. 바람은 강할수록 좁고 멀리 퍼지며 약할수록 넓고 가까이 퍼지기 때문에 이 점을 핸들러는 미리 알고 견을 운용해야 한다.

시작 단계는 아스팔트 공터에서 50×70m 크기의 가상의 직사각형을 그려 훈련한다. 바람을 고려하여 불어오는 방향 끝쪽에 오더가 들어 있는 집기류를 놓고 핸들러는 오더의 반대쪽 모서리에서 시작한다.

1. 견줄을 이용하여 드라이브 상태로 견을 시작점으로 데려온다. '앉아'를 시킨 다음 공을 앞으로 던지는 것처럼 페이크를 주며 '찾아' 명령어를 준다. 이때 오더 방향이 아닌 직선으로 페이크를 주어야 한다.
2. 핸들러는 진행 방향으로 빨리 걸으며 견줄은 최대한 풀어준다. 이때 견의 포지션은 핸들러와 오더 사이에 올 수 있게 한다. 핸들러가 냄새의 흐름을 흩트리면 안 되기 때문이다.
3. 'ㄹ' 자로 진행하는데 바람이 강하게 불면 간격을 크게 하고 바람이 약하면 간격을 좁게 하여 훈련한다. 또한 핸들러는 견의 반응을 잘 살피며 진행해야 한다.

4. 패턴으로 진행 중에 사물로 바로 가거나 사물을 지나쳐서는 안 되며, 냄새를 맡지 못한다면 바람의 방향을 고려하여 냄새를 맡을 수 있게 오더와 충분한 거리를 두고 왔다 갔다 한다.
5. 견이 냄새를 맡고 오더로 간다면 달려서 따라가지 말고 드라이브 상태를 유지하며 오더로 접근한다.
6. 견이 냄새를 충분히 맡았음에도 앉지 않았다면 어시스트를 해준다.
7. 보상은 오더의 앞으로 던져준다.(튕겨 뒤로 오지 않게 주의한다.)
8. 풀밭 및 환경을 바꾸고 공간을 넓히는 등 여러 가지 환경에서 같은 방법으로 훈련한다.
9. 오더를 집기류에 숨기거나 구덩이를 파서 넣거나 돌 사이에 숨기는 등 여러 가지 방법을 이용하여 숨긴다.

10 불규칙 보상 훈련

불규칙 보상 훈련(Random compensation, 랜덤 보상)의 목적은 언제 공을 받을지 모르는 상황을 만들어 견이 더욱더 의욕적이고 빠르게 찾을 수 있는 동기를 부여하기 위함이다. 실제 현장에서는 오더를 찾았다고 공을 줄 수 없기 때문에 이를 대비하기 위한 훈련이다.

탐지 훈련의 마지막으로 오더마다 주던 보상(공)을 불규칙적으로 주는 훈련이다. 최적의 비율은 5:1로 다섯 번째 오더를 찾았을 때 공을 주는 것이다. 2:1부터 차츰 늘려 3:1, 4:1, 5:1까지 훈련하는데, 박스 훈련의 4V와 마찬가지로 무조건 단계의 마지막에만 공을 주게 된다면 견은 앞의 오더는 대충 앉거나 지나칠 수 있기 때문에 끊임없이 불규칙적으로 주어야 한다.

예를 들자면 1, 2, 1, 3, 2, 3, 1, 2, 4, 3, 1, 2, 3, 5 이러한 방법으로 공을 줄 수 있다. 또한 뜻하지 않게 한 가지 오더에서만 규칙적으로 공을 줄 수 있으니 메모하여 다음 훈련에서는 공을 받지 못한 오더에서 공을 줄 수 있게 오더를 숨겨야 한다.

3:1의 비율이 됐을 때 견들이 가장 힘들어 하는데, 이 단계를 성공적으로 마치면 4:1, 5:1 비율은 쉽게 이해할 수 있다. 따라서 3:1의 비율에서 핸들러는 견들의 반응을

유심히 살펴 주저하는지 혹은 냄새를 알고도 지나치는지 등을 관찰해야 한다.

불규칙 보상 훈련은 실내, 차량, 가방 등 모든 탐지 훈련에 적용한다. 방법은 비교적 간단하다. 공과 칭찬을 번갈아 가면서 보상으로 주는데, 칭찬할 때는 공을 줄 때와 같은 방법으로 견을 목표물에 집중시킨 다음 견줄을 순간적으로 당기며 칭찬한다. 목줄을 챈다는 느낌이 아니라 끌어당기는 느낌으로 불러 다음 목표물로 이동한다.

이동 중에도 계속하여 칭찬해주고 다음 목표물에 도달하면 침착한 목소리로 '찾아' 명령을 한다. '찾아' 명령어를 흥분된 어조로 한다면 견은 탐지에 집중하지 못할 수 있으므로 핸들러 역시 침착한 몸동작을 취해야 한다.

3 무향 훈련법

탐지견 혹은 특수목적견으로 활동하는 모든 견은 유향 훈련법을 터득하고, 그에 따라 특정 냄새가 나는 장소와 물체에 대해 반응을 보이고 그 반응에 따라서 보상을 받는다.

무향 훈련법은 이와 반대되는 개념으로 특정한 냄새가 존재하지 않는 지역과 특정 물체에 대해 반응하지 않을 때 어떤 방식으로 보상을 제공하는 것이다. 견이 무조건적으로 반응하지 않도록 훈련하는 방식이다.

예를 들어, 냄새를 추적하여 냄새의 근원지를 찾고 그에 대한 물체 혹은 물품에 대해 반응과 무반응으로 나뉘는 상황이 있다고 해보자. 훈련법이 맞는지 안 맞는지는 중요하지 않다. 특수한 목적성을 가지고 운영하는 핸들러의 입장에서는 간혹 정반응을 강조하는 것이 더 중요하다고 판단하여 무향 훈련의 필요성을 부정하는 의견도 다수 존재한다. 그러나 필자는 여기서 무향 훈련법을 소개하며 그 필요성에 대해 얘기해 보려 한다.

첫 번째, 폭발물 탐지견이 폭발물 신고를 받고 출동하거나 훈련 상황에서 물체에 대해 냄새로 반응할 경우 그 반응은 정반응과 오반응으로 나눌 수 있다. 이 중에서 오반응 상황에 대해 중점적으로 다루어 볼 필요가 있다. 대부분 폭발물 탐지 훈련 시에는 폭발물 샘플을 숨겨 두고 탐지를 유도한다. 그런데 이때 '유혹취'라는 목적물을 같이 숨겨서 특정 냄새에 정확히 반응하는 훈련을 실시한다. 유혹취로는 일반적으로 우리 생활에 쓰이는 물품을 주로 사용한다.

특정 냄새를 인지시키는 냄새1(폭발성 물질, 마약 등)과 일상생활에 쓰이는 냄새2(샴푸, 향수 등)를 함께 사용하는 방식으로 훈련이 진행될 때, 탐지견은 폭발성 냄새와 유혹취 두 가지의 냄새에 항상 노출된다. 이러한 상태에서 탐지견은 정확하게 폭발성 물질에만 반응해야 하고, 반응이 정확했을 때 보상을 받게 된다.

만약, 훈련 중 폭발성 물질의 샘플을 뺀 후 유혹취만 남긴 상황, 혹은 폭발성 물질의 냄새가 전혀 없는 상황에서 탐지견이 임무를 수행하다가 정반응과 비슷한 반응을 보였다면 이것은 오반응으로 간주한다. 이러한 경우에는 탐지견이 냄새를 잘 맡지 못하는 것은 아닌지 의문이 들 수 있다.

그렇다면 과연 이러한 행동을 한 탐지견은 임무에 실패한 것이고, 정확한 냄새를 못 맡는 견일까? 이론적으로는 그렇다고 할 수 있지만, 필자의 생각은 다르다.

단순히 정반응과 오반응의 기준으로 판단할 것이 아니라 특별한 상황에 노출이 될 수 있는 가능성을 전제로 훈련 방법을 바꾸어야 한다는 것이다. 그리고 이러한 오반응을 한 탐지견은 실패한 견이 아니라 오히려 놀라운 후각 능력을 가진 우수한 탐지견이라고 말하고 싶다.

탐지견은 훈련 시에 폭발성 물질의 냄새와 유혹취, 이 두 가지 냄새에 노출된 상태로 훈련하며, 조건화 훈련을 통해 폭발성 물질에 대해 반응하게 된다. 그런데 폭발성 물질이 제거되고 유혹취만 있는 상황에서 훈련할 때는 유혹취에도 반응할 수밖에 없다. 이는 단순한 실수가 아니라 행동학적으로 충분히 일어날 수 있는 반응이다. 평소에 훈련 과정에서 보상 조건이 폭발성 냄새뿐만 아니라 유혹취와 함께 제공된 경우, 탐지견은 유혹취와 보상을 연관지어 기억할 수 있으며, 훈련할 때의 유혹취를 기억하고 있는 상황에서 그에 대해 반응할 수 있다는 것이다.

따라서 유혹취에 반응하는 것이 잘못된 행동이 아니라 훈련한 대로 움직인 결과라고 보는 것이 필자의 주장이다. 그러므로 정확한 훈련을 하기 위해서는 유혹취를 뺀 폭발물 냄새에서만 정확하게 반응하는 훈련을 계속적으로 실시하고, 폭발물이 없는 상황에서는 무향 훈련법을 실시해야 한다.

두 번째는 국가 기관에서 임무를 수행하고 있는 탐지견은 늘 잠재적 위험 노출이 있지만, 실제로는 위험한 물질이 없는 상황이 더 많다. 즉, 아무것도 없는 빈 가방, 빈 물품, 빈 장소 등을 계속적으로 탐색하는 경우가 자주 발생한다. 이러한 상황과 행동이 반복되면 탐지견은 욕구와 흥미가 점점 줄어 결국 실력 저하로 연결될 수 있다. 이를 방지하기 위해 교정 훈련을 반복적으로 한다거나 동기 유발 훈련을 추가적으로 실시해야 하는 상황이 발생한다.

탐지견이 되기 위해서는 기초견 훈련부터 실전 훈련까지 오랜 시간 동안 훈련하여 70~80%의 능력을 최대로 끌어올린 후 임무에 투입된다. 하지만 반복적으로 목적물에 대한 냄새가 없는 환경에만 노출되면 견의 능력은 감소하게 된다.

그렇다면 탐지견을 운용하는 국가 기관 혹은 사회 단체에서는 이 문제를 깊이 고민해야 하며, 대체 방안으로 '무향 훈련법'을 도입할 필요가 있다는 것이다.

물론 냄새의 정확한 근원지를 찾아 불법적인 물품을 감지해내는 것이 핵심이며, 이를 위해 정확한 냄새를 구분해야 한다는 점에는 이견이 없다. 그러나 현실적 상황을 고려한다면 무향 훈련법이 효과적인 보완책이 될 수 있다는 것이 필자의 주장이다.

필자가 말하는 무향 훈련법의 의미는 정확한 냄새를 맡는 것은 기본이다. 다만 정반응이 발생하는 물체와 오반응이 발생되는 물체를 혼합하여 사용하기보다는 정확한 반응을 보이는 냄새의 물체를 필두로 난이도를 조절하여 훈련해야 한다는 것이다.

예를 들어, 정확한 냄새를 맡아야 하는 목적물을 찾기 어렵게 숨기거나, 미세한 냄새에도 반응할 수 있게 난이도를 조절하여 훈련을 계속적으로 시행하면서, 그에 더해 유혹취+무향 훈련 시 다른 반응을 할 수 있도록 훈련하는 것이다.

① 정반응의 영역

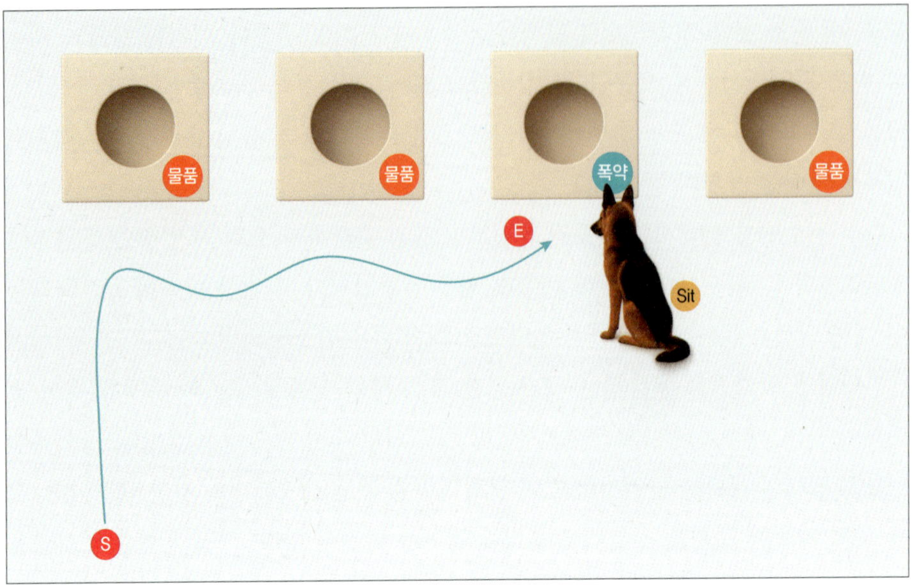

❶ 정반응의 영역은 현재 진행되고 있는 훈련 방식을 그대로 수행하는 것이다.

❷ 목적성에 맞는 폭발성 물질, 마약 등의 표적 냄새와 일상생활에서 흔히 접하는 유혹취를 각기 다른 박스 안에 넣고 탐지견이 구분하도록 훈련한다.

❸ 탐지견은 각각의 박스를 지나며 냄새를 탐지하고, 표적 냄새를 찾으면 해당 박스에 앉는 정반응을 보이도록 훈련한다. 핸들러는 이때 보상을 투여하여 긍정 강화를 향상시킨다.

❹ 여기서 주의할 점은, 탐지견이 간혹 표적 냄새가 없는 물품에 앉는 행동을 취하면 핸들러는 아무런 반응을 하지 않는 '무관심' 전략을 사용해야 한다. 탐지견이 이상하게 생각하고 움직이면 핸들러도 같이 따라 움직이며 다른 박스를 탐지할 수 있도록 코칭만 한다. 이 훈련은 기초 훈련이 어느 정도 완성된 후에 하는 훈련이기 때문에 절대 박스를 터치하는 방식의 탭 유도는 하지 않는다.

② 오반응의 영역

① 오반응 훈련 역시 기본적으로 정반응의 영역과 같다고 보면 된다. 단지 정반응 훈련이 명확한 특정 물품의 냄새에 중점을 둔다면 오반응 훈련은 기초견으로 완성되있으나 확실하게 표적 냄새를 구분하지 못해 간혹 실수하는 초기 단계에서 하는 훈련이다.

② 핸들러는 견이 비표적 박스 앞에 반응하는 경우 무관심의 반응을 보여야 하며 보상을 절대 주어서는 안 된다.

③ 견이 오반응을 했다면 정반응을 보이는 박스에서 보상을 준 후 박스를 밀어내기식 방식으로 순번을 바꾸어 다시 테스트를 진행한다.

④ 이때 주의할 점은, 정반응과 오반응 훈련에서 핸들러는 목적물 위치와 유혹취의 위치를 미리 알고 있는 상태에서 훈련을 진행하는데, 실수하는 견을 보면 핸들러는 정반응의 위치로 유도하려는 행동을 취할 수 있다.

이것은 훈련에 치명적 오류를 만들 수 있다. 이것이 버릇이 되면 견은 후각 능력을 사용하기보다는 핸들러의 몸짓이나 시선에 의존하는 경향이 나타날 수 있으므로 유의하도록 한다.

③ 정반응 강화 훈련

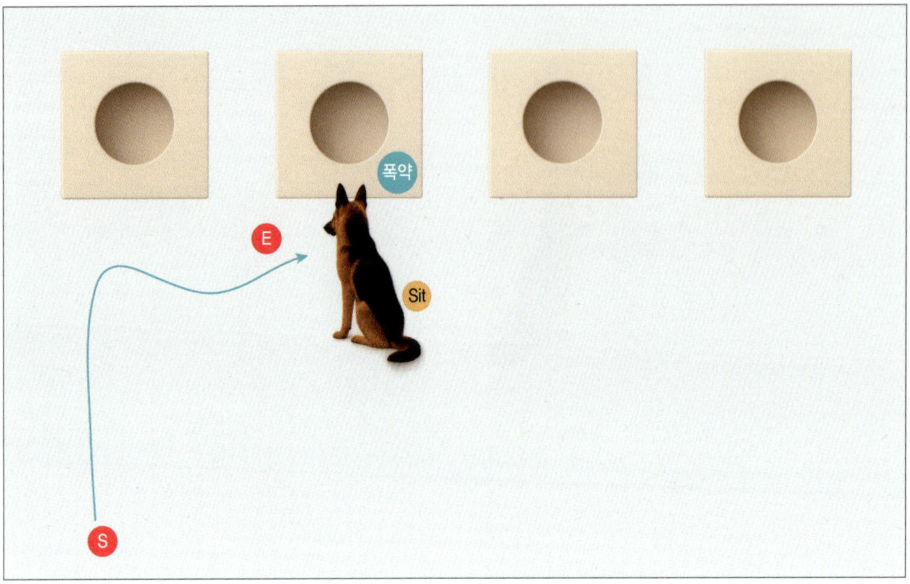

① 정반응 강화 훈련은 필자가 강조한 무향 훈련법의 연장선상에 있는 심화 훈련 방식이다. 기존의 훈련 방식이 목적물 냄새와 유혹취를 한 번에 넣어서 강화하는 훈련을 했다면 이번 훈련 방식은 유혹취를 뺀 목적물 냄새 강화 훈련이라고 이해하면 된다.

② 이 훈련은 기초견 훈련 단계 후 탐지견이 목적물 냄새에 대한 인지를 세밀하게 강화하는 단계이며, 점점 난이도를 어렵게 하여 미세한 냄새에도 반응하도록 민감도를 끌어올리는 것이다.

③ 구체적인 난이도 조절은 다음과 같이 한다.

오픈된 박스에서 목적물 냄새가 흘러나오게 한다.→ 반쯤 열린 봉지에 목적물을 넣어 박스에 넣고 냄새가 흘러나오게 한다.→ 밀봉한 봉지에 목적물을 넣어 박스에 넣고 냄새가 흘러나오게 한다. 이런 식으로 단계별로 냄새의 난이도를 높여간다.(예 지퍼락을 이용)

④ 기존에 진행 중인 정반응과 오반응 훈련을 병행하면서 정반응 강화 훈련도 실시해야 한다. 이는 탐지견이 다양한 환경 조건에서도 냄새를 인지할 수 있도록 실시하는 훈련으로, 후각 탐지 능력 강화에 그 목적이 있다.

④ 유혹취 강화 훈련

① 유혹취 강화 훈련의 목표는 탐지견이 유혹취에 반응하지 않도록 하는 것이다. 이를 위해서는 첫째, 유혹취에 반응했을 때 보상을 주지 않는다. 둘째, 훈련 시 표적 냄새가 없는 상태에서 유혹취가 들어 있는 박스만을 배치한다. 셋째, 유혹취에 반응하지 않는 상태를 만들기 위해 역으로 활용하는 방식으로 훈련을 진행한다.

② 이 훈련은 유혹취에 지속적으로 정반응을 보이는 탐지견에 효과적인 교정 훈련 방법이다. 가령 쥐포에 계속적으로 정반응을 보인다면 반응을 억제하도록 하는 교정 훈련 방법이다.

③ 훈련 중 탐지견이 오반응을 보일 경우 핸들러는 아무런 반응을 해서는 안 된다. 즉, 쥐포에 반응을 보이고 견이 앉았다면 핸들러는 아무런 반응도 취하면 안 된다. 움직여서도 안 되고 구두로 어떠한 말도 해서는 안 된다. 이때는 가만히 서 있는 상태로 견과 눈을 마주치지 않고 기다려준다. 그렇게 무관심 상태로 1분, 2분, 3분의 시간이 흘러도 아무런 행동을 취해서는 안 된다.

④ 이후 견이 이상함을 감지하고 자발적으로 이동하면 핸들러도 같이 움직인다. 견이 끝의 빈 박스에 도달했다면 헬퍼가 유혹취 박스를 제거하고 표적 냄새 박스

로 교체한다.

⑤ 박스를 교체한 후 견이 자연스럽게 각 박스를 지나치며 냄새를 맡고 목적물을 찾아 정반응 자세를 취하면 구두 칭찬과 더불어 보상을 준다.

5 무향 훈련법의 전개

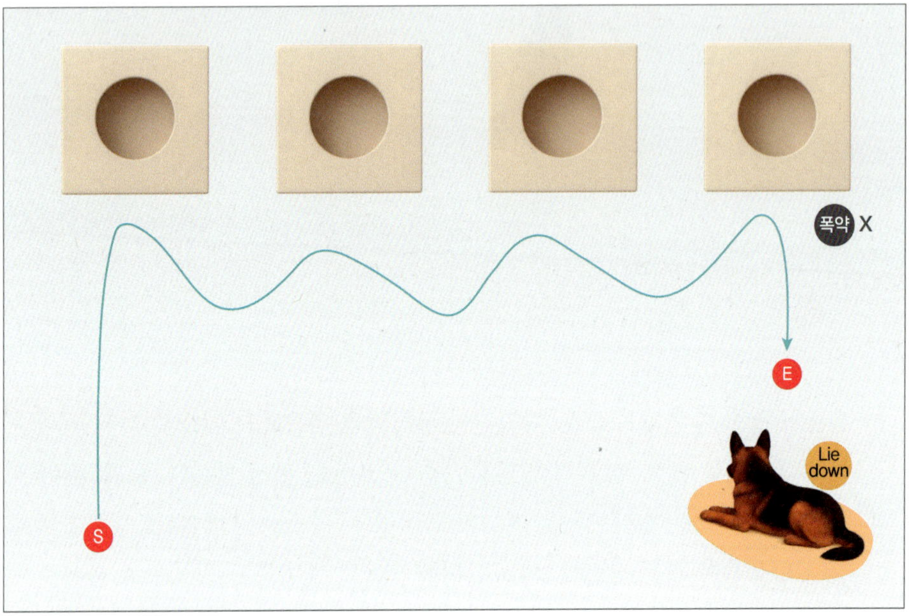

① 무향 훈련법은 앞선 훈련 방법들과는 다르다. 목적성의 냄새가 없는 상태에서 하는 훈련 방법이다. 즉, 탐지 대상이 없는 상황에서도 탐지견이 올바른 행동을 유지하도록 하는 훈련이다.

② 특수목적견은 어떠한 목적물을 찾거나 임무를 수행했을 때 정해진 통보 동작을 통해 핸들러에게 알리도록 훈련된다. 이러한 통보 방식은 핸들러가 원하는 데로 훈련을 시킨다. 폭발물 탐지견은 앉는 행동, 마약·검역 탐지견은 앉거나 물품을 긁는 행동, 인명 구조견은 짖는 행동으로 시그널을 보내도록 훈련시킨다.

③ 각 목적성에 맞게 통보(시그널) 방식을 훈련시키는데, 필자는 무향 훈련법에서 장소적 통보 방식의 훈련을 이용한다.

④ 콜백 보상 훈련과 흡사하다고 생각하면 된다.(참조: 견을 빚는 사람들) 훈련의 방식은

현대 사회에 맞게 지속적으로 변화한다. 원칙은 준수하되, 상황에 맞게 응용하는 방식으로 하는 것이 무향 훈련에 효과적이다. 무향 훈련 방식은 다음과 같다.

탐지견을 특정 장소에 들여보내 서치(후각 작업)하도록 한다. 이때 핸들러는 같이 이동하지 않고 견을 들여보내는 시작점에서 대기한다. 탐지견이 보상물에 정확히 정반응을 보이며 앉았을 때는 그 자리에서 보상을 주는 것이 아니라 핸들러가 있는 곳으로 부른 다음 보상을 주는 것을 콜백 보상이라 한다.

5 무향 훈련법에서 장소적 통보 방식이란, 정반응과 다르게 탐지견이 작업을 수행했으나 표적 냄새가 존재하지 않는 경우, 즉 무향 조건에서 다른 방식의 동작을 취하도록 유도하는 것이다.

6 정반응 훈련 방법에서는 표적 냄새 발견 시 '앉기'로 반응을 보이지만, 무향 훈련에서는 냄새가 없다는 것을 표현하도록 하기 위해 '엎드리기' 행동을 학습시킨다. 이러한 구분은 탐지견과 핸들러 모두가 상황을 명확히 인지할 수 있도록 한다.

7 훈련 시 탐지견은 시작 지점에서 박스 혹은 탐색 지점을 따라 냄새를 차례대로 맡고 지나가게 된다. 이때 핸들러는 뒤쪽에서 탐지견과 일정한 거리를 두고 조

용히 따라가며 탐지견의 반응을 살핀다.

⑧ 탐지견이 여러 지점을 탐색한 후 냄새가 없거나 근원지가 없다고 판단하면 핸들러에게 다가오거나 쳐다보는 행동을 보인다. 이때 핸들러는 본인이 있는 쪽으로 견을 불러 엎드리게 하고 보상을 제공한다. 이것은 탐색 결과 아무것도 없다는 메시지를 명확하게 전달하게 된다.

⑨ 이때 중요한 점은 장소를 명확하게 지정하는 것이다. 처음 훈련 시에는 켄넬 박스, 바닥 색이 다른 매트(예 요가 매트) 등의 특정한 공간을 만들어 주고 탐지견이 그 위로 올라가도록 하여 보상을 준다.

⑩ 이를 반복적으로 하다 보면 탐지견은 어느 순간 아무런 냄새가 나지 않는 상황, 혹은 냄새가 없는 물체를 맞닥뜨렸을 때 특정 구역에 와서 엎드린 후 핸들러를 쳐다보게 된다. 이때 반복적으로 보상을 한다.

⑪ 이 훈련이 어느 정도 수행되기 시작하면 정반응 훈련과 무향 훈련을 병행하는 방식으로 전환한다. 무향 훈련 4회, 정반응 훈련 1회 식으로 배분하여 4:1, 3:2 정도의 비율로 훈련을 실시하고, 무향 훈련 도중 견이 실수로 앉는 행동을 했다면 엎드려 행동을 취하게 하고 해당 행동에 보상을 제공한다.

⑫ 이 훈련이 완성되면 특정한 장소에서 적응 훈련을 시키며 단련시킨다. 반복적으로 수행하면 목적물이 없거나 냄새가 나지 않는 상황에서 견의 능력을 유지할 수 있다.

특수목적견
종합훈련학

그레이트 데인(Great Dane)

5

폭발물 탐지견 양성 심화 훈련

폭발물 탐지
정교한 기술과 교감의 예술

이 장에서는 폭발물 탐지견의 심화 양성 과정을 다룹니다. 수동적 반응 훈련과 주시법 훈련의 차이를 중심으로, 정확한 반응을 유도하기 위한 타이밍과 보상의 기술, 오프리드 탐지 훈련의 구조적 설계 등을 구체적으로 설명합니다. 또한 스틱 훈련, 대상물 인지 훈련 등 다양한 응용 기법을 통해 개별 견의 성향에 맞는 맞춤형 훈련 접근법을 제시하며, 실전 현장에서의 탐지 능력 향상을 위한 과학적이고 체계적인 전략을 배울 수 있습니다.

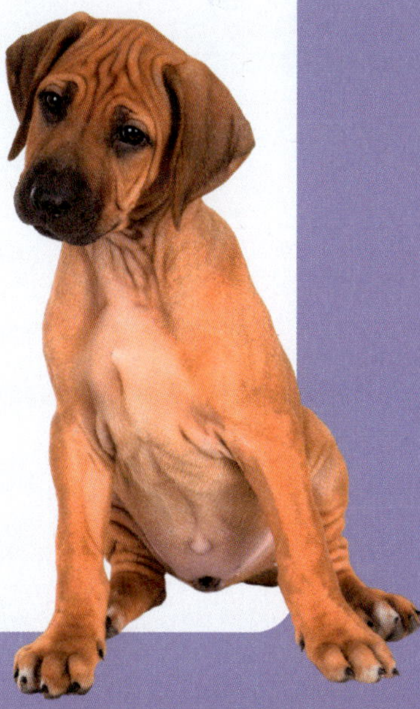

1 훈련 포인트 및 타이밍

동물 훈련 단계에서는 타이밍이 매우 중요하다. 이때 타이밍이란 견이 올바른 행동을 했을 때 보상을 주는 시점과 실수했을 때 저지하는 시점을 말한다.

견이 잘했을 때 칭찬하거나 목적물을 찾았을 때 보상하는 것, 놀아주어야 할 때 놀아주고 필요한 시점에 교정하는 것 등 이러한 타이밍과 반응의 일관성은 훈련의 성패를 좌우한다. 이러한 상호 작용은 단순한 상명하복 관계가 아니라 파트너십, 즉 진정한 친구가 되었을 때 최상의 훈련 성과를 거둘 수 있다.

가령, 훈련 중 견이 폭약 은닉 위치를 정확히 찾았는데도 불구하고 보상이 늦어지는 실수가 반복되면 견은 폭약이 있는 정확한 위치에서 벗어날 수 있으며 오반응의 결과가 나타날 수 있다. 또한 도리도리(보상 타이밍이 안 맞을 때 견의 입장에서 보상을 바라며 목적물을 바라보지 않고 핸들러를 살피며 도리도리하는 습성) 습성이 습득되어 이러한 습성이 굳어지면 교정 훈련 자체가 목적이 되는 상황이 발생할 수도 있다. 따라서 핸들러는 항상 이러한 점을 염두에 두고 정확한 타이밍으로 반응하는 습성이 몸에 배도록 해야 하며, 이를 통해 최상의 훈련 성과를 끌어내야 한다.

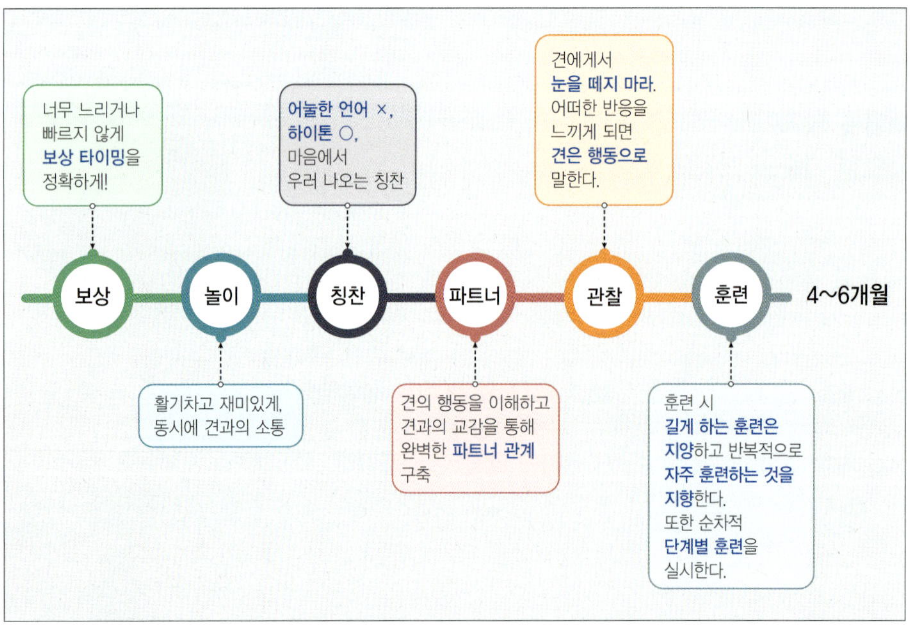

2 훈련 방식의 과거와 현재

우리나라에 경찰견이 본격적으로 도입된 것은 1983년 경찰 특공대에 탐지견 운영팀이 생기면서부터이다. 폭발물 탐지견 양성으로 각종 테러 대응 및 주요 인사 경호, 검측 등 다양한 탐지견 업무의 중요성이 재조명되었다. 양성된 탐지견들은 끊임없는 핸들러들의 연구와 노력, 시행착오 속에서 현대의 훈련 방법을 터득할 수 있었다. 여기서 경찰견의 발전과 활용에서 선도적 역할을 해온 미국 경찰견의 변천사를 알아보도록 하자.

① 격변의 60년대

1960년대에 경찰의 K-9이 널리 알려진 계기는 수많은 시민이 부상을 입은 '민간인 소요 사태(일종의 시위, 폭동)'였고, 이 사건을 계기로 K-9이 주목받게 되었다. 이 시기에 많은 경찰견이 배치되었음에도 불구하고 실질적인 성과는 거두지 못해 시기상조라는 평가를 받았고, 대중의 관심도 줄어들었다. 당시의 훈련 방법 또한 매우 단순하고 체계적이지 못했다.

② 각성의 70년대

1970년대는 미국 경찰 K-9 팀 핸들러들에게는 진정한 각성의 시대였다. 이 시기에는 탐지견 양성을 위한 다수의 심사위원들이 생겼으며, 이들 중 대부분은 독일법 집행관 출신이었다.

핸들러 교육도 활발히 이루어졌고, 각종 대회에 참여하면서 훈련 방식이 점차 정교해졌다. 이때부터 견들이 인간의 발자국을 추적하는 추적견 개념이 본격적으로 도입되어 섬세한 훈련으로 추적견이 양성되기 시작했다. 그러나 견이 정확한 지점을 포착하지 못하는 정밀성의 문제가 제기되면서 이 또한 시기상조라는 평을 받았던 시기였다.

③ 80년대 르네상스 시기

이 시기 미국에서는 새로운 종류의 경찰 K-9 트레이너가 생겨났고, '견 심리학'이라는 새로운 연구 분야와 훈련 방식도 도입되었다.

처음으로 미국 경찰관들이 선도적인 경찰 K-9 시설들에서 훈련을 받기 위해 독일로 연수를 갔으며, K-9 유닛의 초대 수석 트레이너로서 로스앤젤레스 경찰서에서 근무했던 돈 야널(Donn Yarnall)은 노이엔데텔자우(Neuendettelsau)에 있는 K-9 독일 세관 훈련 센터를 졸업했다. 또한 루이지애나 출신인 군 보안관 대리 웬델 노프(Wendell Nope)는 노르트라인 베스트팔렌 주립 경찰학교에서 K-9 트레이너 교육을 졸업했다.

④ 고도 기술의 90년대~현재

초기 K-9 경찰견 훈련의 철학은 '훈련 방식에 맞게 견을 바꾸자'는 관점이었으나 현재는 '견의 특성에 맞게 훈련 방식을 바꾸자'로 변화했다.

1990년대 경찰 조직이 도입한 가장 진보된 전술 기술 중 하나는 바로 'SWAT 견'의 활용이었다. SWAT 견들은 단지 냄새만 맡는 것이 아니라 움직임이 빠르고 야간 시야도 가지고 있으며 최루 가스와 다른 화학 약품에 대한 내성을 가질 수 있게 훈련시켰다. 무엇보다도 SWAT 견은 전술 장교들과 같이 무장할 수 있고 법적 명령을 거부하는 범죄 용의자들을 공격해 안전 완충 역할을 제공했다. 이러한 SWAT 견은 방탄 및 특수 조끼를 입었고, 고난도 훈련을 받고 경이적인 작업 추진력을 가진 견들을 따로 선별해 특수 작전에 투입시켰다.

외국의 경우, 이러한 변천사를 거치며 훈련 방법과 핸들러의 중요성 또한 시대별로

체계적이고 다양하게 진화해 왔다. 분명한 것은 외국의 경우 견의 능력을 국가적인 차원에서 전략적으로 업무에 활용하며, 끊임없는 개선과 기술 도입으로 우리나라보다 한발 앞선 시스템을 구축하고 있다는 것이다.

반면, 우리나라는 안타깝게도 이러한 체계적 변화를 유도할 커다란 사건도 계기도 없었으며, 훈련 방식 또한 현장 경험을 통해 얻은 노하우를 바탕으로 점진적으로 변천되어 왔다. 각 유관 기간과의 협력 훈련 또한 미흡한 상황이다.

과거 10여 년간 사용해온 대표적인 훈련 방식으로는 핸들러를 바라보는 '수동식 주시 훈련'과 대상물에 집중하는 '주시법'이 있다.

(1) 핸들러를 주시하는 수동적 훈련 방법

견을 훈련시키는 방법에는 수많은 방법과 노하우가 있다. 지금 설명하려는 훈련 방법은 '수동적 훈련'으로, 견이 어떠한 목표물을 찾았을 때 앉은 자세를 취함으로써 핸들러에게 신호를 보내는 방식이다. 이 훈련법의 가장 큰 특징은 폭발물을 찾았을 때 '핸들러를 쳐다본다'는 것이다.

이러한 반응은 기초견 양성 과정에서 어느 정도의 통제와 강제성을 이용해 '앉아' 훈련을 먼저 습득시킨 후 이루어지는 훈련이다 보니 이러한 결과가 나타나는 것이다. 특히 사람에 의존을 많이 하는 견은 이러한 수동적 훈련 방식이 효과적일 수 있다. 일단 견이 선발된 후에는 다른 개체로 교체가 쉽지 않기 때문에 견에 맞는 훈련 방법을 터득하고 적용하는 것이 무엇보다 중요하다.

과거의 훈련 방식이 어떻게든 탐지견이라는 결과물을 창출하는 것이 목적이었다면 현대의 훈련 철학은 견의 특성에 맞게 탐지견으로 양성하는 데 초점을 맞추고 있다.

수동적 훈련 결과의 모습

① 수동적 훈련 방식으로 훈련이 완성되면 견은 목적물을 찾았을 때 핸들러를 쳐다보며 부동자세를 취한다.(앉거나 엎드린 자세)

② 핸들러는 정상 반응이라는 확신이 들면 바로 보상을 주고 놀아준다.

기초 훈련 방법

① 훈련장에 들어서면 견에게 '앉아' 명령을 내리고 앉은 상태를 취하게 해 훈련 시작의 암시를 준다.

② 준비가 되면 '찾아' 명령을 내려 수색을 실시하게 한다.

① 1홀 안에 안 보이게 폭약을 은닉한다.

② 견은 구멍에 코를 대고 냄새를 맡는 반응을 보인다.

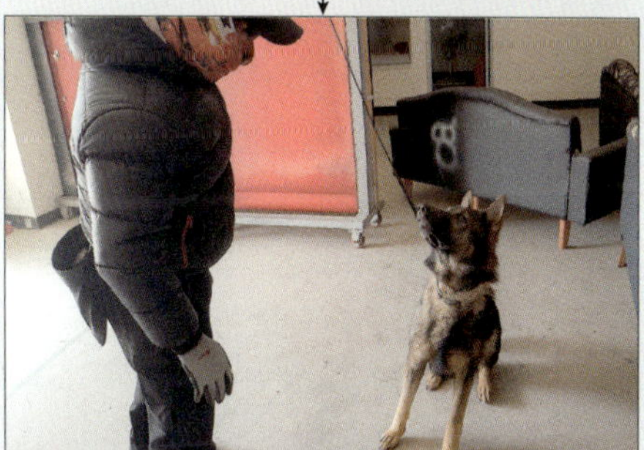

핸들러는 견이 코를 박고 냄새를 맡는 순간 견줄을 팽팽히 위로 들어 올리며 '앉아' 명령을 내리고 동시에 수동적으로 앉힌다.(견이 스스로 앉는다면 굳이 수동적으로 앉힐 필요는 없다.)

① 전 단계와 같은 방식으로 보상하고 먹이를 이용하여 오른손을 이용해 아래에서 위로 올리며 앉도록 지시한다.(너무 빨리 보상을 들어 올리지 말고 견의 시선이 따라오도록 한다.)

② 보상을 주고 재미있게 놀아준다.

(2) 목적물을 주시하는 주시법 훈련 방법

주시법이란 견이 목적물이 있는 위치를 발견하고 목적물이 있는 장소에서 벗어나지 않고 부동의 자세로 목적물을 지켜보는 훈련을 말한다. 만약 견이 집중력이 좋고 집착이 강하다면 주시법 훈련 방법이 바람직하다. 정확한 위치를 벗어나지 않게 만드는 것이 이 훈련의 장점이다.

폭발물을 찾았을 때 행동

1. 그림과 같이 주시법을 훈련한 견은 은닉 장소에서 반응을 보일 때 그곳을 주시하며 부동의 자세를 취한다.
2. 이 훈련을 실시할 때는 어떠한 경우에도 견이 움직이지 않도록 훈련해야 한다.(폭약 위치에서 벗어나는 행동을 보이면 절대 안 된다.)

기초 훈련 방법

가장 기초적 훈련은 인지판 훈련이며, 1번 홀에 폭약 주머니를 안 보이게 은닉한다.

1번 홀에 폭약을 숨기고 '앉아' 자세를 취하게 하여 견에게 훈련 시작의 암시를 준 다음, 준비되면 '찾아' 명령을 내려 수색하게 한다.

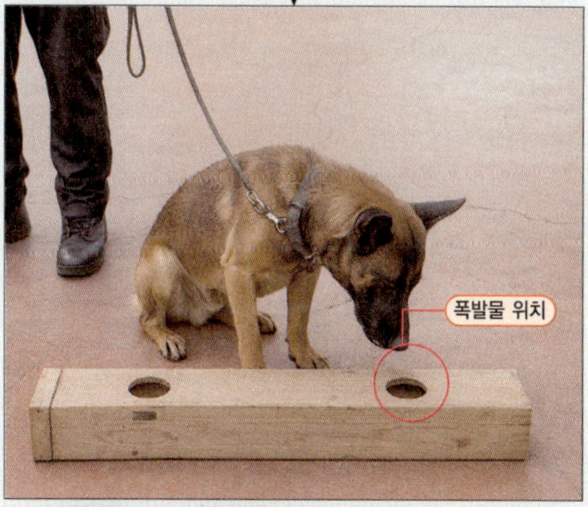

❶ 냄새를 인지한 후 주시하고 있다면 보상을 뒤에서 앞으로 준다. 목적물을 숨긴 장소에서 보상이 튀어나오는 착각을 불러일으키도록 은닉 장소에 보상이 맞아 떨어지게 준다.

❷ 절대 견이 눈치를 못 채게 보상을 주고 보상에 견이 맞지 않게 주의하여 투척한다.

❸ 1번 홀에서 4번 이상 성공하면 2번, 3번, 4번 홀까지 순차적으로 실시한다. 1번 홀과 마찬가지로 반복 훈련을 완료하면 1번 홀로 돌아와 훈련을 끝낸다.

❹ 마스터되지 않는다면 과감히 전 단계로 돌아간다.

(3) 수동적 훈련과 주시법 훈련 방법의 주의 사항

주시법이란 견이 목적물이 있는 위치를 발견하면 목적물 또는 목적물이 있는 장소에서 벗어나지 않고 부동의 자세로 목적물을 지켜보는 훈련을 말한다.

만약 견이 집중력이 좋고 집착이 강한 견이라면 주시법 훈련 방법을 권유한다. 견이 정확한 위치를 벗어나지 않도록 하는 것이 이 훈련의 장점이다.

1 오반응

수동적 훈련 방식의 반응은 대체적으로 견을 핸들러 바로 옆에 대동하여 훈련을 실시하기 때문에 견이 핸들러의 습관에 의해 오반응을 일으킬 수 있다.

예를 들어 핸들러가 폭약 위치를 알고 훈련을 실시하면 핸들러가 폭약이 있는 자리를 맴돌거나 견에게 눈치를 주는 등의 행동을 하여 견이 눈치를 보고 앉는 자세를 취할 수 있다. 이는 핸들러의 잘못으로 오반응을 유도하는 것이다.

수동적 훈련 방식에서는 핸들러가 가만히 서 있지 말고 최대한 몸을 움직여야 한다. 또한 폭발물 탐지 훈련을 실시했다면 같은 장소에 절대 숨기지 말고, 훈련을 실시한 장소는 냄새가 확실히 없어질 때까지 시간을 충분히 가져야 한다.

2 보상 투척

수동적 방법의 훈련은 약간의 강제성을 띠며 훈련이 진행된다. 가령 기초 훈련 단계에서 보상을 미리 보여주고 보상을 위로 들어 올려 '앉기' 동작을 유도하는 방식이 사용된다. 그 때문에 견이 보상에 매우 민감하게 반응할 수 있기 때문에 훈련 중 보상을 노출하지 않아야 한다. 은닉물을 찾았을 때도 보상을 주는 타이밍이 너무 늦으면 은닉물 위치를 벗어날 수 있으니 이 점을 주의하도록 한다.

반면 주시법은 견이 목적물을 주시하고 있기 때문에 절대 핸들러가 보상을 직접 주는 모습이 포착되어서는 안 되며, 보상 투척 시에 견을 맞춰서도 안 된다. 견이 이러한 상황을 목격한다면 목적물을 주시하다가도 뒤돌아 핸들러를 쳐다보거나 몸을 뒤로 빼는 습관을 가질 수 있으니 절대 주의하자.

3 명확한 칭찬 타이밍

칭찬과 보상은 견이 올바른 행동을 했을 때 바로 실시해야 한다. 이것은 특히 수동적 방법의 훈련에서 주의할 점이다. 예를 들어, 견이 폭약 냄새를 인지했으나 '앉아' 자세를 취하지 않았을 때 핸들러는 보상을 이용하거나 교정을 통해서 '앉아' 자세를 취하게 만들 수 있다. 이때 핸들러가 보상을 투척하면 견은 좋아하며 보상을 입에 문다. 그러나 이러한 상황에서 견이 폭약 냄새를 맡아서 보상을 받은 것이 아니라 핸들러가 '앉아' 명령을 했고 그에 따라 앉은 자세를 취했기 때문에 보상을 받은 것이라고 착각할 수 있다. 이러한 착각은 훈련의 본래 목적을 흐릴 수 있으며, 정확한 행동과 보상 간의 인과 관계를 형성하는 데 방해가 된다.

3 오프리드 기초 훈련

오프리드(off-lead) 훈련은 매우 난이도가 높은 훈련이다. 쉽게 말해 리드줄 없이 견 혼자 스스로 작업할 수 있는 능력을 기르는 과정을 말한다. 이러한 견을 만들기 위해서는 매우 많은 시간을 투자하고 반복적이고 계획적인 훈련이 진행되어야 한다.

단순히 견을 풀고 '찾아' 명령을 하는 것에서 그치지 않고, 좌에서 우로, 직선에서 우로, 또는 좌측 출발점에서 대각선으로 등 정해진 탐사 경로를 정확히 인식하고 수행할 수 있도록 훈련하는 것이 핵심이다. 즉, 견이 우왕좌왕하는 것이 아니라 '어디서부터 어디까지 탐지할 것인지'를 명확히 구분하여 마치 사냥개처럼 꼼꼼히 탐색해 나가는 것을 의미한다.

지금부터 설명하는 오프리드 훈련은 오프리드 기초 훈련법이며, 기초견 훈련과 인지 및 탐지 훈련이 마스터된 견이 그다음으로 하는 훈련 단계이니 이 점을 참고하기 바란다.

줄 없이 하는 훈련이 아니라 줄이 없어도 견이 혼자 냄새를 추적하고 자유자재로 콜백 명령에 반응하며, 예상치 못한 상황에서도 스스로 판단하고 난관을 넘어설 수 있는 능력을 갖추는 것이 궁극적 목표이다.

기초 훈련 과정(1) : 단계별 코스 인지

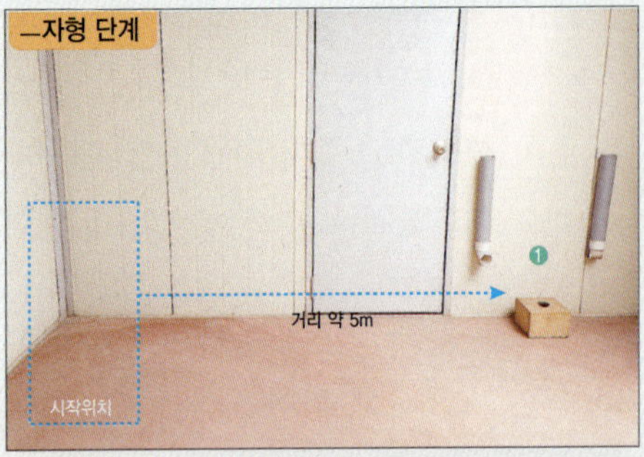

① 처음 시도하는 견은 거리를 짧게 하고 시작 위치에서 1홀 인지판까지 반복 훈련을 통해 견이 혼자 스스로 작업할 때까지 반복 훈련한다.

② 1번 코스를 반복하여 숙달되도록 한다.

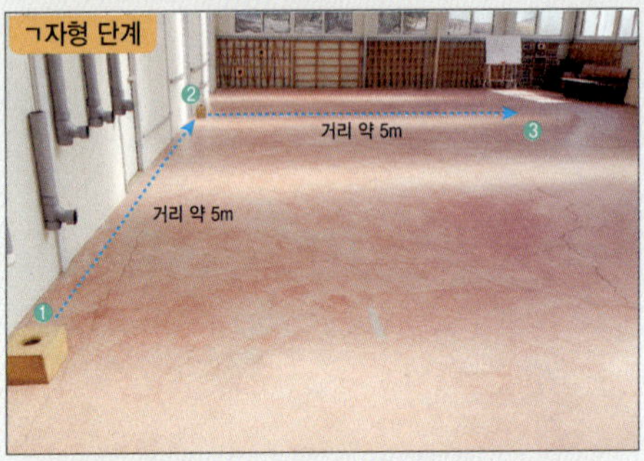

① 'ㅡ' 자형이 마스터되면 'ㄱ' 자형 단계로 돌입하며, 이 역시 마찬가지로 거리는 짧게 정하고 전 단계와 마찬가지로 완벽히 마스터될 때까지 훈련을 실시한다.

② 1번이 완성되면 2번, 3번 순으로 반복하여 숙달되도록 한다.

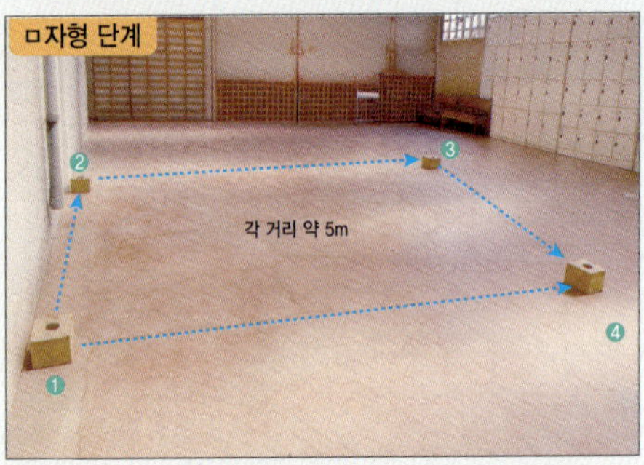

① 'ㅡ' 자형, 'ㄱ' 자형 단계가 마스터되면 'ㅁ' 자형 단계를 마스터할 때까지 훈련을 진행한다.

② 1번부터 4번까지 순차적으로 훈련을 진행하며 반복하여 숙달되도록 한다.

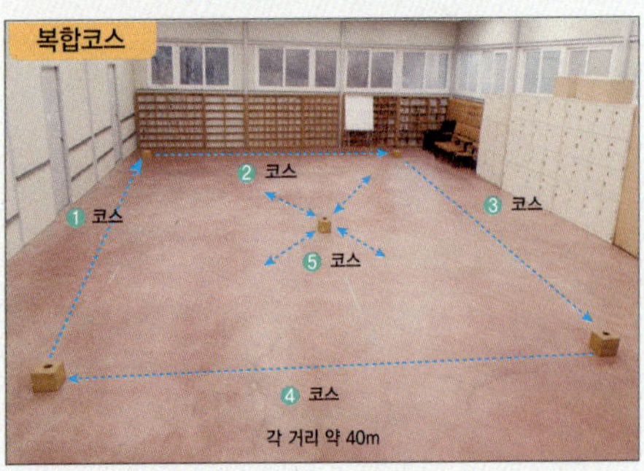

① 모든 코스 훈련이 완료되면 복합 코스 훈련을 인지시킨다.

② 모든 훈련은 리드줄을 이용하고 인지 코스 훈련부터 실시한 후 다음 단계로 넘어간다.

③ 불합격한다면 코스 훈련부터 다시 진행하며, 실패하면 다시 전 단계로 돌아간다.

기초 훈련 과정(2): 상황별 장소별 적응 훈련

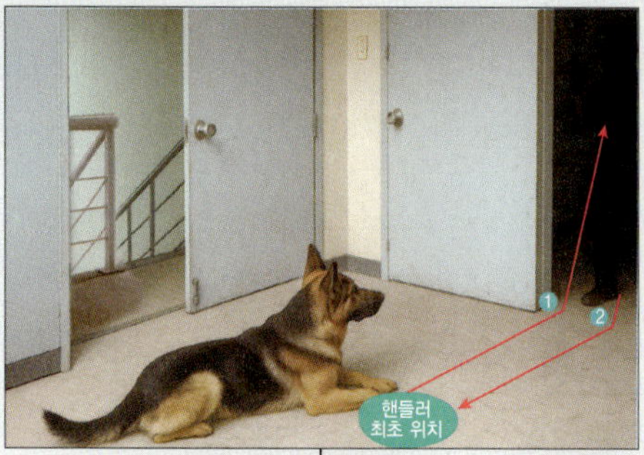

❶ 훈련장 밖에 견을 '기다려' 시킨 뒤 핸들러는 폭약(은닉 장소에)을 은닉한다.(또는 보조자가 숨긴다)

❷ 이때 견은 절대 '기다려' 자세를 유지하고 대기 장소를 벗어나지 않게 한다.

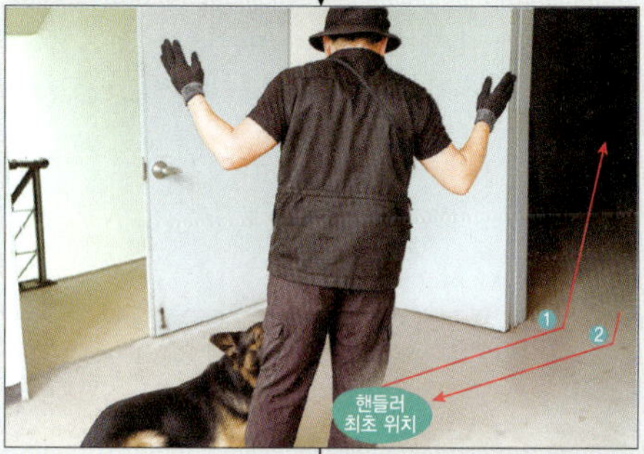

❶ 핸들러는 처음 위치한 장소로 온다.

❷ 손을 펼쳐 견에게 보상 및 은닉물이 없다는 것을 알려준다.

❸ 견은 핸들러에게 보상 및 목적물이 없다는 것을 확인한다.

❶ 핸들러는 '찾아' 명령을 한 뒤 리드줄을 풀고 견이 자유롭게 수색할 수 있도록 한다.

❷ 견이 작업 중 집중력이 떨어지면 핸들러는 '찾아' 명령을 재복창해주고 순차적인 수색을 전개할 수 있게 한다.

❶ 폭약 은닉물을 찾은 견은 앉은 자세(앉은 또는 엎드린 상태의 통보 방법)로 핸들러를 응시한다.

❷ 핸들러는 확신이 생기면 바로 보상을 준다.

4 폭발물 탐지견 심화 응용 훈련

폭발물 탐지견 훈련에는 여러 가지 방법이 존재한다. 그중에서도 가장 많이 사용되는 방법이 냄새 인지 상자를 이용한 기초견 양성 훈련이다. 이 훈련은 폭발물 탐지견뿐만 아니라 마약견, 사체 수색견 등의 특수목적견의 냄새 인지를 위한 것이다.

하지만 사람의 성격이 각자 다르듯 특수목적견으로 활동하는 탐지견들도 성격이 다 같지 않다. 즉 탐지견으로 선발된 견들의 성격이 각자 다르기 때문에 훈련 방식에서도 차이가 있다.

예를 들어, 먹이를 싫어하는 견은 흔치 않다. 그러나 특수목적견의 영역에서는, 특히 경찰견은 먹이를 우선순위로 사용하지 않는다. 먹이로 훈련하게 되면 단시간에 최상의 효과를 낼 수 있지만, 어느 정도의 훈련 성과를 달성하면 그 한계점을 뛰어넘을 수 없다. 견의 입장에서는 먹이보다 더 좋은 보상이 없다고 인식하여 그 이상의 훈련을 지속할 유인이 사라지게 되며, 훈련 강도의 한계로 이어질 수 있다. 이러한 보상은 특수목적견 훈련에서 바람직하지 않은 습관을 형성할 위험이 있다. 그래서 경찰견으로 활동하는 모든 특수목적견은 먹이보다는 보상물을 이용하여 보상에 대한 집착력을 강화한다. 이를 통해 물욕을 자극하고, 보상 놀이를 통해 긍정 강화를 유도하며, 보상에 대한 만족감 및 성취감을 유지시켜준다.

단순히 먹이를 주어 포만감을 주기보다는 정신적 육체적 도전을 유도하는 보상 놀이를 통해 훈련의 한계를 돌파하는 것이다. 이러한 훈련은 한 번에 실력과 드라이브가 급상승하기보다는 단계별로 올라가 유지되는 과정을 반복함으써 각인과 기억이 오래 유지되도록 한다.

공에 흥미가 없는 일부 견의 특성은 움직이는 물체, 또는 반응하는 것에 대한 흥미보다는 물었을 때 느껴지는 만족감을 좋아하는 견들이 있다. 예를 들어, 공을 던져주면 반응하지 않지만, 퍼피턱(Puppy Tug)을 사용하면 달려드는 견들이 있다. 이는 공격본능(바이트)이 강하거나 입으로 무는 놀이를 좋아하는 견들이다.

앞서 말했듯이, 기초견 양성 훈련에서는 일반적으로 공을 이용한 냄새 인지 상자를 활용하지만, 공에 대한 흥미가 낮은 견에게는 특성에 맞는 다양한 훈련법이 병행되어야 한다. 필자는 이와 같은 훈련법 중 몇 가지를 소개하려고 한다.

냄새 인지 훈련에서 가장 기본적인 도구와 훈련 방식은 냄새 인지 상자를 이용한 기초견 양성 훈련법이다. 냄새 인지 상자는 기초견이 냄새를 인지하기 쉽게 제작된 도구로써 냄새 인지를 함과 동시에 자세 교정, 행동 교정까지 동시에 가능하도록 구성되어 있다.

예를 들어, 폭발물 탐지견은 목적물을 찾았을 때 움직이지 않고 목적물에서 일정 거리 이상 떨어지지 않도록 하는 훈련이 필수적인데, 이 냄새 인지 상자 훈련은 그러한 요소를 한번에 통합하여 지도할 수 있다는 큰 장점이 있다.

▲ 냄새 인지 박스를 이용한 BOX 훈련

▲ 냄새 인지 박스를 이용한 기초견 양성 단계

① 스틱 훈련법

스틱 훈련법에는 크게 두 가지 유형이 있다.

첫 번째는 견이 물어도 뚫리거나 파손이 쉽게 일어나지 않는 특수 PVC 재질의 스틱을 이용한 훈련 방법이다. 이 훈련은 제품에 냄새가 흘러나올 수 있게 구멍을 뚫어 그 안에 폭발성 물질의 냄새가 배거나 냄새를 입힌 샘플(천 조각 등)을 삽입하여 강아지에게 물린 후 놀아주는 방법을 사용한다. 견은 이것을 물고 핸들러와 줄다리기 놀이도 하고, 스틱을 물고 씹으며 만족감을 느끼고 재미를 느낀다. 이런 놀이를 계속적으로 반복하다 보면 처음에는 모르던 냄새를 견이 조금씩 인지하기 시작한다. 처음에 견은 아무 냄새를 인지하지 못하고 재미를 느끼는 스틱에만 집중한다. 그러나 반복적으로 훈련이 실행되면 견은 어느 순간부터 특정 냄새가 나면 '특정 냄새가 나는 스틱 = 놀이가 가능한 도구'라는 인식이 무의식 속에 형성된다. 결과적으로 견은 특정 냄새가 나면 스틱을 물 준비가 되었음을 신호로 표현하는 긍정 강화 훈련을 자연스럽게 습득하게 된다. '특정한 냄새=스틱=보상'이라는 인지 구조가 견에게 형성되는 것이다.

두 번째 훈련법은 원리는 같지만, 벽 탐지 훈련장을 이용한 스틱 훈련법이다. 그 훈련 과정을 설명하면 다음과 같다.

1. 훈련 시작 전, 벽 탐지 훈련장 혹은 훈련 시설물 뒤에 보조수가 미리 서 있는다. 보조수가 자리를 잡으면 핸들러는 견을 훈련장 혹은 훈련 물품이 있는 곳에 정자세로 세우고 훈련 시작 준비가 되었음을 알린다.
2. 훈련 시그널을 전달하는 방식은 핸들러마다 다른데, 가죽 목줄을 채우거나 초크체인을 착용시키는 등 각자의 방식으로 견에게 '이제 훈련을 시작할 거야'라는 신호를 행동으로 암시한다.
3. 시작 준비가 끝났다면 핸들러는 견에게 '출발', '서치', '찾아' 등의 명령어를 내리고, 명령어를 들은 견은 목표물을 찾으려고 하는 행동을 보인다.
4. 견은 이리저리 움직이며 뭔가를 찾지만, 그것이 스틱인지는 모르는 상태이다. 그러다가 어느 순간 견은 어떠한 물체를 찾아 물면, 그 행동에 대해 핸들러가 놀이 형태의 보상을 제공하여 긍정 강화가 자동적으로 이루어진다. 견은 물체를 찾고 무는 행위가 곧 재미있는 놀이와 연결된다는 학습을 자연스럽게 습득하는 것이다.

훈련 과정

▲ 정자세 위치 훈련 시그널

▲ 핸들러의 '찾아' 명령

▲ 견은 찾기 실행

❺ 첫 훈련 시작은 단계적으로 이루어진다. '정자세 위치→핸들러 시그널(목줄 착용 등)과 명령→견의 작업 실행' 순으로 진행된다.

❻ 보조수는 훈련 전 미리 훈련장에 입장하여 준비를 마쳐야 하며, 견이 훈련에 들어가는 정확한 단계를 알고 있어야 한다. 또한 스틱을 1/3 정도 미리 스틱 구멍에서 빼놓아 견이 쉽게 물 수 있도록 해놓는다.

❼ 훈련판은 두 개의 구멍 구조로 되어 있다. 상단 구멍은 견이 냄새를 맡을 수 있게 하는 넓은 구멍이고, 하단 구멍은 스틱을 삽입하거나 뺄 수 있도록 하는 작은 구멍이다.

❽ 견은 핸들러의 명령을 듣고 작업을 실시하는데, 보조수는 이때 일부러 스틱을 빼놓아 견이 찾으면 물 수 있도록 한다. 훈련 초기 단계에서는 스틱을 찾아 물면 즉시 놀이 보상을 실시하여 긍정 강화가 일어나도록 한다

❾ 어느 정도 훈련이 진행되면 견이 냄새를 맡을 수 있는 큰 구멍 쪽에 특정 냄새가 나는 목적물을 같이 넣어 놓는다. 즉, 스틱 + 특정 냄새가 동시에 존재하게 하는 것이다.

❿ 이 단계가 되면 견은 스틱과 냄새가 서로 연결되어 있다는 점을 완전히 인지해야 한다. 이때부터는 일부러 스틱을 빼놓는 행동이 아닌 목적물의 냄새를 인지하면 보상물로 스틱이 주어지는 상황을 연출해야 한다.

⓫ 벽 탐지 훈련 장소에 숨어 있는 보조수는 목적물의 냄새를 아래쪽 구멍에서

훈련 과정

▲ 보조수 위치 및 스틱 공개

▲ 핸들러 명령 후 견의 작업

▲ 목적물 습득

위쪽 구멍으로 다양하게 위치 이동하면서 견이 냄새를 맡도록 유도한다. 이때 주의할 점은 숨겼던 곳에는 다시 숨기면 안 되고 신속하게 전개해야 한다는 점이다.

⑫ 훈련 초기에는 3단의 높은 구멍에서 시작하면 안 된다. 견이 본격적으로 냄새를 인지하는 단계이므로 1단→2단→3단의 순으로 낮은 단계에서 높은 단계로 난이도가 이어지게 유도한다.

⑬ 1~3단계까지 훈련이 진행되는 과정에서 유의할 점은, 3단계에서 실패하면 2단계로, 2단계에서 실패하면 1단계로 되돌아가 재훈련하는 점진적 반복 방식을 적용해야 한다는 것이다. 견이 냄새의 근원지를 정확히 찾아 '앉기'와 '엎드리기'를 통해 핸들러에게 신호를 보내면 보조수는 즉각적으로 하단 구멍을 통해 스틱을 밀어 넣어 견이 이를 물 수 있도록 한다.

⑭ 견이 스틱을 물면 정반응(정확한 탐지 반응)을 나타내는 신호이므로 핸들러는 이 스틱을 잡고 줄다리기를 하며 재미있게 놀아준다.

⑮ 이 훈련을 반복적이고 단계별로 시행하여 완성되면 냄새가 완전히 인지된 후이기 때문에 이후부터는 장소를 바꿔가며 응용 훈련을 실시한다. 벽 탐지 훈련장과 훈련 장비가 냄새 인지를 시키기 위한 기초 훈련 단계였다면 응용 훈련은 핸들링을 중점적으로 실시하는 훈련 방법이다.

훈련 과정

▲ 출발점 시그널과 견 대기

▲ 목적물(냄새) 인지 통보

▲ 보상물 투여

⑯ 이 단계부터는 냄새가 나는 목적물을 보조수가 은닉하고, 핸들러는 견에게 출발 신호를 주어 스스로 냄새를 추적해 목적물을 찾도록 유도한다. 이 과정을 반복하며 견은 다양한 환경에서의 탐지 능력을 높이게 되어 실전 투입 전까지 수차례 훈련을 수행하게 된다.

⑰ 이 훈련에서 유의할 점은 보조수가 목적물을 은닉할 때는 반드시 맨손이 아닌 무향의 장갑을 끼고 숨거야 하며 화상품, 향수 등 냄새가 많이 나는 제품은 피해야 한다.

⑱ 마지막으로 응용 훈련 장소에서 훈련이 실시되었다면 냄새를 제거하는 작업은 필히 실시해야 한다. 같은 장소에서 훈련하려면 최소 3일 이후 목적물 냄새가 완전히 제거된 뒤에 훈련을 실시한다.

응용 훈련

▲ 응용 장소 1

▲ 응용 장소 2

▲ 응용 장소 3

② 대상물 인지 훈련법

스틱 훈련법에 이어 소개할 훈련은, 말 그대로 대상물 자체를 이용하여 냄새 인지를 유도하는 기초견 양성 훈련법이다. 이 훈련법은 냄새 인지 상자를 이용한 기초견 훈련, 스틱을 이용한 기초견 훈련, 대상물 자체를 이용하여 기초견을 양성하는 훈련법과 병행하거나 대체할 수 있는 방법이다. 견이 점진적으로 탐지 대상물에 점진적으로 익숙해지도록 구성되어 있다. 인지 박스를 이용한 훈련에 반응하지 않는 견이나 스틱을 본능적으로 싫어하는 견에게 이 훈련법을 추천한다.

앞서 말했듯이 훈련법에는 다양성이 존재한다. 기존 방식으로 기초견 양성이 어려운 경우 견의 성향에 맞춰 적절한 방법을 찾아 적용하는 유연성이 반드시 필요하다. 그동안 다양한 훈련 방식을 접목한 결과 다음과 같은 훈련법 또한 실효성이 있다는 것을 확인했다.

훈련 과정

❶ 이 훈련의 궁극적인 목적은, '주시법', 즉 목적물을 찾으면 움직이지 않고 대상물을 바라보는 반응을 유도하는 훈련 방식을 이용하여 견이 대상물에서 발생하는 냄새 자체를 자연스럽게 습득하게 만드는 것이다.

❷ 훈련장 또는 훈련 장소에 도착하면 핸들러는 견에게 훈련 시작을 알리는 시그널을 준다. 필자는 가죽 목줄을 착용해주며 견에게 '앉아' 명령을 한다. 가죽 목줄을 착용하는 것이 '이제부터 훈련을 시작할 거야, 재미있는 놀이를 할 거야'라는 암시적인 내용을 전달하는 것이다.

❸ 가죽 목줄을 착용시킨 후 견과 아이 컨택(시선을 마주치며 교감하는 행동)을 하거나 손을 이용한 제스처로 견을 집중시킨다. '찾아' 명령을 내려 견이 자율적으로 후각을 사용하여 목적물을 찾게 유도한 후 이동시킨다.

▲ 목줄 착용 시그널 전파

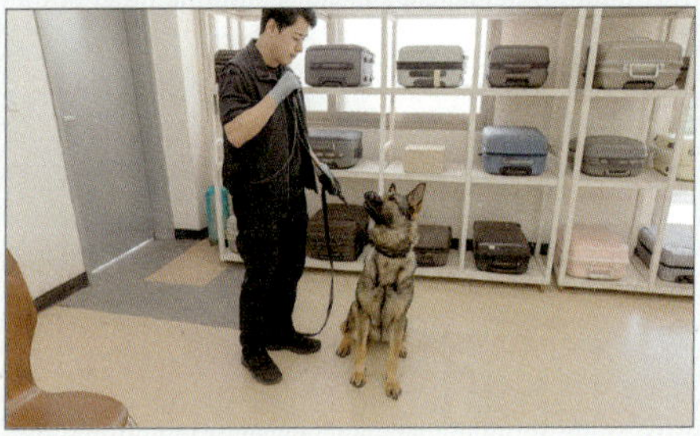
▲ 준비 단계 아이 컨택

▲ '찾아' 명령어와 작업

④ 훈련 준비에 앞서 보조수는 이미 목적물(냄새를 인지시키려는 대상물)과 공을 미리 숨겨놓은 상태여야 한다. 은닉 후 25~30분 정도의 시간이 경과한 후에 본격적인 훈련을 시작한다. 이는 냄새가 최적의 상태로 퍼지게 하여 좋은 훈련 조건을 확보하기 위한 것이다.

⑤ 여기서부터 대상물 인지 훈련의 중요한 포인트를 전달한다.

- 첫째, 견이 훈련장 또는 훈련 장소에 들어서기 전에 견에게 가장 좋아하는 보상물(공)을 물려준다. 그 후 훈련 장소에 들어서기 전에 공을 빼앗아 보조수에게 전달하고, 보조수는 견이 훈련장에 들어서기 전에 견의 침이 묻어 있는 공을 은닉한다.
- 둘째, 보조수는 공을 숨길 때 공만 숨기는 것이 아니라 침이 묻어 있는 공과 목적물을 같이 숨긴다. 이때 목적물이 견의 입장에서는 안 보이게 숨겨야 한다. 예를 들어, 박스를 알맞게 제작하여 원하는 곳에 냄새가 나는 목적물(폭발물 샘플 등)을 숨기고 박스로 가린 후에 그 앞 혹은 옆에 침이 묻은 공을 놓고 닫는다.
- 셋째, 견이 목적물을 찾아서 신호를 보낸다면 핸들러는 다가가 문을 열거나 오픈하여 견이 보상물을 물 수 있게 한다. 여기까지가 기초견을 만드는 기초 단계인 보상 타이밍의 포인트이다.

훈련 과정

▲ 견이 목적물 탐색

▲ 목적물 탐색 후 통보(앉음)

▲ 핸들러 목적물 오픈

⑥ 훈련을 지속적으로 실시하다 보면 견은 처음에는 침이 묻은 공 냄새를 통해 공이 은닉된 위치에 반응한다. 그러다 어느 순간 견은 자신도 모르게 공과 목적물의 냄새를 점차 연관짓게 되고, 그 냄새가 공과 연결된 자극으로 견의 뇌에 각인된다.

▲ 목적물과 공을 같이 숨기고 목적물이 안 보이게 은닉

⑦ 대부분 핸들러는 4~5주 정도가 되면 기초견이 목적물 냄새를 어느 정도 인지하고 있다고 판단한다. 만약 이 시점에서도 견이 명확한 인지 반응을 보이지 않는다면 즉시 전 단계로 돌아가서 기초견 양성 훈련 과정을 좀더 반복하여 진행한다.

⑧ 냄새 인지가 된 이후부터는 점점 소거 작업(공 소거)으로 진행한다. 즉, 침이 묻어 있는 공을 제거하고 목적물 냄새의 물건만 은닉하는 것이다. 이때가 되면 핸들러가 직접 물체를 열어 보상하는 방식이 아니라 공을 뒤에서 혹은 옆에서 투척하는 방식으로 보상을 제공한다. 이때 절대로 견이 보상의 방향과 출처를 알아채지 못하도록 한다. 만약 견이 보상의 출처를 알아채게 되면 견은 어느 순간부터 '도리도리'(보상이 나오는 쪽으로 고개를 계속적으로 돌리며 보는 행위) 행동을 보이게 된다. 이러한 잘못된 습관은 교정 훈련만 3개월 정도 소요가 되니 보상 타이밍과 방식을 철저히 통제해야 한다.

③ 대상물 인지 응용 훈련

대상물 인지 훈련을 통해 냄새가 인지된 후에는 본격적인 응용 훈련으로 돌입한다. 응용 훈련 또한 기초 훈련과 마찬가지로 '대상물 인지 방식'으로 진행한다.

필자가 여기서 소개할 응용 훈련은, 가방을 이용한 응용 훈련이다. 이전 단계에서 공과 함께 목적물을 동시에 넣어서 처음에는 공의 냄새를 좇아 목적물을 찾고, 이후 목적물의 냄새가 공과 자연스럽게 연관되도록 한다. 그 후 공을 제거한 상태에서 목적물 냄새만을 남겨서 훈련을 진행한다. 이 훈련은 견이 이미 목적물의 냄새를 인지하고 있는 상태여야 하며 주시법 훈련을 통한 반응 훈련이 병행되어야 효과적이다. 보상은 뒤에서 보조수가 타이밍에 맞게 던져주는 방식으로 진행되며, 이를 통해 견의 냄새 탐지 능력과 반응 정확도를 한 단계 업그레이드하게 된다.

훈련 과정

1. 기본 훈련 과정의 순서는 대상물 인지 훈련과 같다. 훈련을 시작하기 전에 보조수는 미리 냄새가 나는 목적물을 가방에 은닉하고 20~30분 후에 훈련을 시작한다.
2. 보조수의 훈련 세팅이 끝났다면, 핸들러는 정해진 시간이 지난 후에 견과 함께 훈련장에 입장하여 견에게 이제 시작할 것이라는 본인의 시그널을 준다.
3. 견과 아이 컨택하고 핸들러는 견에게 '찾아' 명령을 하고 견은 목적물이 들어 있는 물품의 냄새를 후각으로 추적하여 찾는다. 처음 단계에서는 가방을 한 개부터 시작하여 점점 늘려간다.

   예를 들어, 목적물이 들어 있는 가방을 1번 위치에 놓고 견이 성공적으로 탐지했다면 다음 단계는 가방을 두 개로 늘려 1번 가방에는 목적물, 2번 가방에는 빈 가방 혹은 유혹취를 넣어 훈련한다. 견이 다시 성공하면 가방 세 개를 놓고 1번 가방에 목적물, 2번, 3번 가방은 빈

▲ 훈련 전 견 위치

▲ 핸들러 '찾아' 명령 작업

▲ 목적물 발견 통보

가방 혹은 유혹취를 넣어 훈련의 난이도를 조절한다. 성공할 때마다 가방의 개수를 늘려 나간다. 단, 목적물(폭발물 샘플)이 들어 있는 가방이 같은 위치에 와서는 안 된다.

가방의 위치는 1-2-3-4-5번 순으로 무작위 배치하여 견이 특정 위치에 목적물이 있다고 학습하는 패턴화 훈련이 되지 않도록 주의해야 한다. 패턴화가 이루어지면 견은 다른 가방의 냄새를 맡지 않으려는 경향을 보이게 되고, 이것은 실전 탐지 능력 저하로 이어질 수 있다.

4 훈련 중 견이 실패한다면 실패 단계를 기준으로 전 단계로 돌아간다. 예를 들어, 세 개의 가방을 놓고 훈련했는데, 유혹취 혹은 빈 가방에 앉는 행동을 했다면, 다시 가방 두 개를 놓고 전 단계 훈련을 반복해서 훈련해야 한다. 핸들러와 보조수는 단계 회귀 원칙을 정확하게 이해하고 공유한 상태에서 훈련을 진행해야 한다.

훈련 과정

▲ 보조수가 뒤쪽에서 보상 투척

▲ 목적물에서 튀어 오르듯

▲ 타이밍과 정확한 위치에 투척

⑤ 필자는 한 개의 가방으로 시작하여 마지막에는 가방 아홉 개까지 훈련했다. 이는 향후 진행될 고난이도 응용 훈련을 대비하기 위함이다. 응용 첫 단계에는 직선 배치 방식으로 진행하고 이후에는 원형 또는 랜덤 배치 방식으로 훈련을 실시한다. 그렇게 하는 이유는 견이 고정된 공간 구조에 익숙해지지 않도록 하고, 다양한 훈련 환경과 구조에 적응하여 문제를 해결할 수 있도록 하기 위해서이다.

⑥ 아홉 개의 가방으로 구성된 훈련에서 견이 성공했다면, 다음 단계는 가방을 원형으로 배치하여 무작위 목적물 찾기에 돌입한다.

⑦ 이 단계에서 핸들러는 시작 위치에 정위치하고, 견은 핸들러의 좌측에서 출발한다. 견은 시계 방향으로 서치를 진행하고 성공한다면 가방의 수를 점차 늘리거나 가방의 간격을 넓히는 방식으로 난이도를 조절하여 진행한다.

⑧ 이 단계까지 성공적으로 훈련을 수행했다면 견의 후각 인지가 명확하게 형성되었음을 의미한다. 따라서 이후에는 여러 방식의 훈련을 대입하여 지속적으로 견의 능력과 실력을 향상시키도록 한다.

훈련 과정

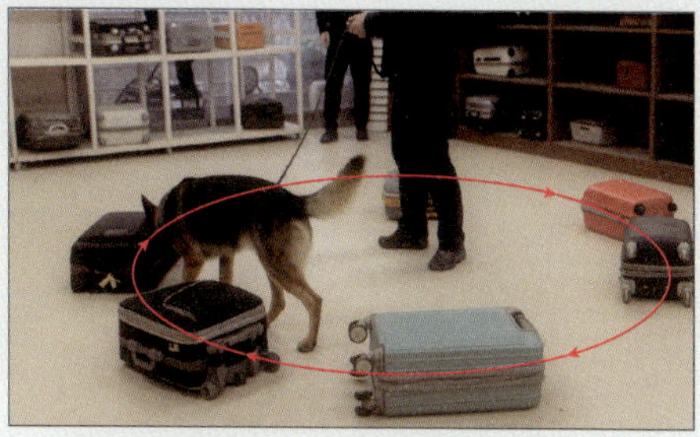

▲ 좌측에서 시작해서 시계 방향으로

▲ 목적물 냄새 맡고 통보

▲ 보조수가 뒤에서 보상 투척

세인트 버나드(St. Bernard)

6
복종 양성 및 심화 훈련

복종 훈련
신뢰와 통제의 기초를 다지다

이 장에서는 특수목적견 양성의 핵심 기초가 되는 복종 훈련의 전 과정을 심도 있게 다룹니다. 고전적 조건화와 조작적 조건화의 원리를 바탕으로, '앉아', '엎드려', '따라', '와', '놔' 등 기본 명령어의 학습부터 단계별 명령어 결합 방식, 보상 및 처벌 전략, 그리고 E-Collar의 효과적인 적용까지 체계적으로 설명합니다. 특히 개체별 반응과 행동 심리를 고려한 자극의 강도 조절, 실전 환경을 고려한 일반화 단계의 중요성 등을 강조하며, 핸들러와 개 사이의 신뢰를 쌓고 일관된 통제를 가능하게 하는 과학적이고 전략적인 복종 훈련의 노하우를 배울 수 있습니다.

1 복종 이론

복종 훈련은 모든 훈련에 있어서 밑바탕이 되는 기본적인 훈련 양식이다. 그러나 특수목적견으로 양성되어 활용되는 경우, 복종 훈련이 먼저 이루어져야 하는지, 인지 능력 훈련이 먼저 이루어져야 하는지 견의 성향과 핸들러의 훈련 철학에 따라 달라질 수 있다. 여기서는 우선순위에 대한 논쟁을 떠나 복종 훈련의 다목적성을 소개하고자 한다.

1 복종 훈련의 이유

견이 복종하는 이유는 단순하다. 주인의 명령에 따라 행동하면 보상을 받을 수 있기 때문이다. 견은 본질적으로 '기회주의적 포식자'로, 좋은 기회가 주어지면 이를 잡기 위해 행동하고, 그 결과에 따라 긍정적이거나 부정적인 판단을 내린다. 따라서 훈련사는 견에게 적절한 기회를 제공하면서, 이에 맞는 행동을 요구해야 한다. 이를 통해 견은 보상과 행동의 관계를 학습하며, 본능적 충동을 조절할 수 있게 된다.

훈련에서의 복종은 단순한 명령 수행이 아니라 상호 존중과 보상을 기반으로 해야 한다. 훈련사가 특정 행동을 요구한다면 견 역시 그에 상응하는 보상을 기대한다. 서로 만족할 수 있는 관계를 형성하기 위해서는 존중이 필수적이다. 만약 견이 기대한 행동을 하지 않는다고 해서 강제적인 명령이나 처벌을 가하면 견은 훈련사를 존경해서가 아니라 두려움 때문에 행동하게 된다. 존경받지 못하는 훈련사에게 견은 언제든지 떠날 기회를 엿보게 될 것이다.

견은 끊임없이 기회를 탐색하고 도전한다. 따라서 훈련사는 견이 신뢰하고 존경할 수 있도록 적절한 보상의 기회를 제공해야 한다. 견은 서열 관계가 명확한 동물로, 친구보다는 믿고 의지할 수 있는 리더를 필요로 한다. 훈련사는 99%의 칭찬과 1%의 단호함을 통해 긍정적인 보상을 기반으로 신뢰를 쌓아야 하며, 필요할 때는 강한 리더십을 발휘하여 견이 믿고 따를 수 있는 알파독이 되어야 한다.

② 견의 학습 방법과 활용

견이 학습하는 방법은 세 가지다.

첫째, 관찰을 통한 학습이다. 이는 눈으로 보고 배우는 방식으로, 어린 강아지들이 어미의 행동을 모방하는 것과 같다. 자견의 경우 이 방법을 통해 효과적으로 학습하지만, 성견이 되면 학습 효과가 감소하기 때문에 훈련 과정에서 잘 활용되지 않는다.

둘째, 고전적 조건화 학습 방법과 셋째, 조작적 조건화 학습 방법이다. 이 두 가지 방법은 훈련사들이 가장 많이 사용하는 학습 방식으로, 견의 행동을 원하는 방향으로 유도하는 데 효과적이다.

(1) 고전적 조건화

고전적 조건화는 자극과 자극 간의 결합을 통해 학습하는 방법이다. 대표적인 예로, 클리커 소리 후에 먹이를 반복적으로 제공하면 시간이 지나면서 견은 클리커 소리만 듣고도 보상을 기대하며 침을 흘리거나 기분이 좋아지는 반응을 보이게 된다. 칭찬 역시 같은 방식으로 학습된다. 칭찬 후 보상을 반복적으로 주면 견은 칭찬 자체를 보상으로 인식하게 된나.

고전적 조건화는 보상뿐만 아니라 처벌에도 적용될 수 있다. 예를 들어, 명령어 '안 돼' 후에 강제적인 충격이 가해지면 견은 '안 돼'라는 말이 충격과 연결된다는 것을 학습하고, 이후에는 충격이 없어도 이 말을 들으면 행동을 멈추거나 주저하게 된다.

환경과 상황도 조건화될 수 있다. 예를 들어, 특수목적견이 두 가지 이상의 임무를 수행해야 하는 경우, 특정 조건을 결합시켜 임무를 구별할 수 있도록 한다.

폭발물 탐지 훈련에서는 장비 조끼를 착용한 후 출발하는 방식을 반복하면, 견은 장비 조끼를 착용하면 탐지해야 한다는 것을 학습한다. 공격 훈련에서는 경고 방송 후 출발을 반복하면 견은 경고 방송을 들으면 공격해야 한다고 인식한다.

장소도 조건화될 수 있다. 예를 들어, 특정 장소에서만 폭발물 탐지 훈련을 하면 견은 자연스럽게 그 장소에서 폭발물을 찾으려는 행동을 보이게 된다.

효과적인 고전적 조건화를 위한 규칙과 주의 사항

고전적 조건화의 효과를 극대화하려면 몇 가지 규칙을 준수해야 한다.

새로운 자극이 더 쉽게 결합된다

- 견은 처음 접하는 자극에 더 쉽게 반응한다. 예를 들어, 평소에 클리커 소리를 들려준 상태에서 훈련하는 것보다 견이 클리커 소리를 전혀 모를 때 처음 노출시키는 것이 더 효과적이다.
- 명령어를 가르칠 때도 마찬가지다. 훈련 초기에는 말을 하지 않다가 명령어를 입히는 순간에만 목소리를 내는 것이 더 효과적이다. 즉, 자극을 결합하려면 훈련 중에는 해당 자극에 노출시키지 않다가 결합하는 순간에만 노출해야 한다.

자극과 자극 간의 시간차가 짧을수록 학습이 빠르다

- 시간차가 짧을수록 조건화가 더욱 쉽게 성립된다. 예를 들어, 수색 훈련에서 장비 조끼를 착용하고 1시간 뒤에 출발하는 것보다, 장비 조끼를 착용한 즉시 출발시키는 것이 더 효과적이다. 또한, 자극의 순서에 따라 학습 효과가 달라진다. 자극 결합 방식은 크게 네 가지로 나뉜다.

❶ **흔적 조건**: 새로운 자극(클리커 소리)을 먼저 제시한 후, 시간이 지난 뒤 보상(먹이)을 제공하는 방법

예 클리커 클릭 → 잠시 후 먹이 제공

❷ **지연 조건**: 새로운 자극(클리커 소리)을 먼저 시작하고, 보상(먹이)을 제공하면서 자극을 유지하는 방법

예 클리커 클릭을 유지하면서 먹이 제공

❸ **동시 조건**: 새로운 자극(클리커 소리)과 보상(먹이)이 동시에 제공되는 방법

예 클리커 클릭과 먹이를 동시에 제공

❹ **역향 조건**: 보상(먹이)을 먼저 제공한 후, 새로운 자극(클리커 소리)을 나중에 제시하는 방법

예 먹이를 먼저 주고 클리커 클릭

이러한 원리는 처벌 훈련에도 동일하게 적용된다.

- '안 돼'라고 한 후 충격을 주면 → 흔적 조건
- '안 돼'와 충격을 동시에 주면 → 동시 조건
- 충격을 먼저 주고 '안 돼'라고 하면 → 역향 조건

경험에 따르면 자극 결합은 시간차가 짧은 흔적 조건이 가장 효과적이다. 따라서 훈련할 때는 먼저 새로운 자극을 제공한 후, 짧은 시간 내에 보상을 주는 방식을 활용하는 것이 가장 좋다.

(2) 조작적 조건화

조작적 조건화는 자극과 반응이 결합하여 특정 행동의 발생 가능성을 증가시키거나 감소시키는 학습 방식이다. 견이 특정 행동을 했을 때 이에 따른 자극을 제공함으로써, 원하는 행동을 강화하거나 불필요한 행동을 줄이는 데 활용된다.

강화에는 긍정 강화와 부정 강화가 있다. 긍정 강화는 특정 행동 이후 보상을 제공하여 해당 행동의 빈도를 증가시키는 방법이다. 예를 들어, '앉아' 훈련을 할 때 견이 올바르게 앉으면 먹이나 장난감을 주어 행동을 강화하는 것이 긍정 강화에 해당한다. 반면, 부정 강화는 특정 행동 이후 불편한 자극을 제거하여 행동 빈도를 높이는 방식이다. '앉아' 훈련 중 견이 앉을 때까지 목줄을 이용해 압박을 가하고, 견이 행동을 취했을 때 압박을 해제하는 것이 부정 강화의 예시이다.

반대로, 특정 행동의 빈도를 줄이기 위해서는 처벌을 활용할 수 있다. 처벌에는 긍정 처벌과 부정 처벌이 있다. 긍정 처벌은 특정 행동을 했을 때 불쾌한 자극을 가해 행동의 빈도를 감소시키는 방법이다. 예를 들어, '기다려' 훈련 중 견이 보상물을 향해 움직이면 목줄을 강하게 당겨 충격을 주는 것이 긍정 처벌이다. 반면, 부정 처벌은 견이 특정 행동을 했을 때 좋아하는 보상을 제거하여 행동의 빈도를 낮추는 방식이다. 같은 기다려 훈련 상황에서 견이 움직이려고 할 때 앞에 놓인 보상물을 치워버리는 것이 부정 처벌의 예시이다.

효과적인 강화를 위해서는 체계적인 계획이 필요하다. 훈련 초반에는 연속 강화를 통해 견이 올바른 행동을 할 때마다 보상을 제공하여 이해도를 높인다. 이후, 견이 충분히 학습한 단계에서는 보상 횟수를 점차 줄이는 비율 강화로 전환하여 견의 집중력과 인내심을 기른다. 처음에는 1:1 비율로 보상을 주다가 점차 2:1, 3:1, 4:1의 비율로 늘려, 예를 들어 5번 앉았을 때 한 번 보상이 나오도록 조정한다. 마지막으로는 변동 강화를 활용하여 보상 시기를 예측할 수 없도록 만들어 집중력을 높인다. 견이 특정 행동을 했을 때 어떤 경우에는 2번에 한 번, 어떤 경우에는 4번에 한 번 보상을 주는 식으로 변화를 주는 방식이다.

강화뿐만 아니라 정적 처벌을 활용하여 행동을 교정하는 방법도 존재한다. 정적 처벌에는 강제적인 충격이 포함될 수 있으며, 이를 사용할 경우 충분한 교육과 신중한 접근이 필요하다. 잘못된 처벌 방식은 견의 신뢰를 무너뜨리고, 핸들러를 리더가 아닌 독재자로 인식하게 만들 수 있기 때문이다. 따라서 핸들러는 견이 처벌을 이해하고 있는지 반드시 확인해야 하며, 처벌 강도를 조절하여 최소한의 충격으로 교정을 실시해야 한다.

견은 강한 처벌을 받을 경우 세 가지 단계로 반응한다. 첫 번째는 회피 및 도피 반응이다. 견이 처벌을 이해하고 같은 실수를 반복하지 않으려 한다면 이는 훈련이 성공적으로 진행된 경우에 해당한다. 두 번째 단계는 공격 반응이다. 견이 처벌을 이해하지 못했을 때, 핸들러에게 위협적인 태도를 보이거나 공격을 시도할 수 있다. 이는 핸들러가 과도한 처벌을 했거나, 견이 상황을 올바르게 이해하지 못했을 때 발생한다. 세 번째 단계는 무기력 상태이다. 견이 반복적인 처벌에도 불구하고 상황을 회피할 방법을 찾지 못하면 바닥에 엎드려 아무런 반응도 보이지 않는 상태가 된다. 이 단계에 도달하면 더 이상 훈련이 불가능하며, 견은 학습된 무기력 상태에 빠져 어떤 자극에도 반응하지 않게 된다.

훈련 과정에서 핸들러가 반드시 명심해야 할 점은, 견이 공격 반응을 보이면 이미 실패한 훈련이라는 것이다. 처벌을 반복적으로 사용했음에도 불구하고 특정 행동이 교정되지 않는다면, 이는 견이 교육을 이해하지 못하는 것이므로 훈련 방법을 변경해야 한다. 같은 처벌이 효과가 없다면 처벌 방법을 바꾸거나 다른 처벌 도구를 사용하여 견이 올바르게 상황을 인식할 수 있도록 도와야 한다.

훈련의 기본 원칙은 긍정 강화와 부정 처벌을 중심으로 진행하는 것이다. 견이 충분히 학습한 후에는 긍정 처벌과 부정 강화를 병행하여 보다 정교한 훈련을 진행할 수 있다. 훈련은 견이 즐거움과 재미를 느끼고 핸들러와의 신뢰를 쌓아가는 과정이어야 한다.

(3) 학습의 과정

견의 학습 과정은 습득, 숙달, 일반화의 세 단계로 이루어진다. 모든 훈련은 이 세

가지 단계를 기반으로 진행되어야 하며, 견이 새로운 행동을 배운 후에도 지속적인 훈련을 통해 수행 능력을 향상시키고 다양한 환경에서도 안정적으로 행동할 수 있도록 해야 한다.

1 습득

"이 행동을 하면 좋은 일이 생길 거야!"

습득 단계는 견이 새로운 행동을 배우는 초기 학습 단계이다. 이 과정에서는 견이 특정 행동을 했을 때 좋은 결과가 따른다는 것을 이해하도록 동기를 부여해야 한다. 순수 보상을 통해 견에게 학습의 즐거움을 주며, 긍정적인 경험을 쌓는 것이 중요하다.

이 단계에서는 음식 보상을 활용하는 것이 가장 효과적이다. 음식은 견에게 절대적인 보상이 될 수 있으며, 장난감처럼 회수할 필요가 없고 시간을 절약하면서 훈련을 빠르게 진행할 수 있는 장점이 있다. 다만, 음식 보상을 최대한 효과적으로 활용하기 위해서는 훈련 전에 견의 식사량을 조절하여 먹이에 대한 집중력과 욕구를 높이는 것이 필요하다.

습득 단계에서는 순수한 보상 중심의 훈련을 통해 견이 자연스럽게 행동을 학습하도록 유도해야 하며, 명령어와 행동을 연관 짓는 과정이 강조된다.

2 숙달

"이 행동을 하면 좋은 일이 생기지만, 하지 않으면 좋지 않은 일이 생길 수도 있어."

숙달 단계는 견이 학습한 행동을 더욱 정교하게 수행하도록 만드는 과정이다. 견은 기본적인 명령을 이해한 상태지만, 단순한 보상만으로 행동을 유지하기는 어렵다. 특히, 견은 기회주의적 포식자로, 핸들러가 주는 보상보다 더 큰 보상과 기회가 있다고 판단되면 언제든지 명령을 무시하고 자신에게 유리한 방향으로 움직이려 한다.

특히 경찰견, 군견, 탐지견과 같이 임무를 수행하는 견들은 핸들러의 통제가 필수적이기 때문에 숙달 단계에서는 강제 훈련과 회피 훈련이 병행된다. 견이 명령을 거부하거나 수행 반응이 부족할 경우 처벌을 통해 경고를 주고, 명령을 수행하지 않았을 때 일어날 수 있는 좋지 않은 상황을 인식하도록 해야 한다. 이를 통해 견이 '하지 않으면 안 된다'는 개념을 확립할 수 있다.

이 단계에서는 보상의 비율을 점진적으로 줄이면서도, 견이 행동을 지속할 수 있도록 만들어야 한다. 명령어를 따랐을 때 좋은 일이 생기는 것뿐만 아니라, 따르지 않으면 불편한 결과가 따른다는 것을 학습하는 과정이기 때문에 훈련의 강도가 증가할 수 있다.

3 일반화

"어떤 상황에서도 이 행동을 수행해야 한다."

마지막 단계인 일반화는 견이 배운 행동을 다양한 환경에서도 안정적으로 수행할 수 있도록 만드는 과정이다. 견이 특정한 장소나 조건에서만 명령을 수행하는 것이 아니라, 어떠한 환경에서도 훈련된 행동을 유지할 수 있도록 해야 한다. 이를 위해 훈련 장소를 훈련장에서 벗어나 제3의 장소로 변경하며, 다양한 환경에서 적응하는 훈련을 진행해야 한다. 예를 들어, 사람이 많은 곳, 바닥이 미끄러운 곳, 소음이 심한 곳, 유혹이 많은 곳(음식, 동물, 장난감 등), 핸들러의 복장이 달라진 상황, 보상물의 유무 등, 이처럼 다양한 조건에서 훈련을 진행함으로써 견이 특정한 환경에만 의존하지 않고 어디에서든지 행동을 수행할 수 있도록 만든다.

고전적 조건화에서 장소의 조건화가 성립된다는 점도 고려해야 한다. 만약 견이 특정한 장소에서만 훈련을 지속하게 되면 그 장소에서만 명령을 수행하는 습관이 형성될 가능성이 크다. 따라서 견이 특정 장소에 지나치게 익숙해지기 전에, 즉 훈련의 80% 정도가 숙달된 시점에서 장소를 변경하여 다양한 환경에서 훈련을 진행해야 한다. 이를 통해 견은 어떠한 환경에서도 안정적으로 수행할 수 있는 능력을 갖추게 되며, 훈련이 완성된다.

2 E-Collar 활용 종합 훈련

E-Collar 훈련은 단순한 처벌 도구가 아니라 신호 체계로 사용하여 견이 올바르게 이해하고 학습할 수 있도록 도와주는 것이 목적이다. 처음에는 낮은 강도의 신호로 시작하여 견이 이를 학습할 수 있도록 하고, 점차 강도를 조절하면서 교정이 가능한 처벌 개념으로 확장할 수도 있다.

핵심은 견줄과 E-Collar의 연결 과정이다. 훈련 초반에는 견줄과 E-Collar를 함께 사용하여 견이 E-Collar의 자극을 기존의 견줄 신호와 동일하게 받아들이도록 훈련해야 한다. 이 과정을 통해 자극과 자극 간의 결합을 형성하여 조건화를 성립시키는 것이 중요하다. E-Collar 훈련은 고전적 조건화와 조작적 조건화의 원리를 함께 적용해야 한다.

① 고전적 조건화 과정

먼저 견줄과 E-Collar를 연결하는 조건화 과정을 진행해야 한다. 견이 견줄의 신호와 E-Collar의 신호를 동일한 의미로 받아들이도록 학습시킨다. 이 과정이 완료되면 견줄 없이도 E-Collar만으로 훈련을 진행할 수 있다.

② 조작적 조건화 과정

고전적 조건화가 성립된 후에는 조작적 조건화를 통해 강화 및 처벌 훈련을 적용해야 한다. 긍정 처벌과 부정 강화의 개념을 활용하여 견이 원하는 행동을 수행하도록 유도한다. 예를 들어, 견이 특정 명령을 따르지 않을 경우 E-Collar의 자극을 가하고, 올바른 행동을 했을 때 자극을 해제하는 방식으로 교정을 진행할 수 있다.

E-Collar 훈련에서 주의할 점은 고전적 조건화 없이 바로 조작적 조건화를 적용하면 견이 혼란을 느낄 수 있다는 것이다. 그러므로 처음에는 낮은 강도로 신호를 보내면서 견이 이를 이해하도록 유도하여 E-Collar를 처벌 도구가 아니라 견과의 소통을

위한 신호 도구로 활용해야 한다. 견줄 없이도 E-Collar가 견줄의 역할을 할 수 있도록 견과의 연결 과정을 충분히 거쳐야 한다.

E-Collar는 올바르게 사용하면 먼 거리에서도 효과적인 교정과 훈련을 가능하게 해주는 중요한 도구가 된다. 하지만 무작정 처벌의 개념으로 접근하면 견이 이해하지 못하고 불안감을 느낄 수 있기 때문에 체계적인 학습 과정을 거쳐 점진적으로 훈련하는 것이 핵심이다.

3 훈련 장비

E-collar 활용 종합 훈련에 사용되는 장비는 〈그림 6-1〉과 같다.

그림 6-3_ 훈련 장비

4 목줄의 신호를 이용한 복종 단계

복종 훈련의 방법은 다양하지만, 그 목적은 동일하다. 핸들러의 명령어만으로 견이 이를 받아들이고 행동할 수 있도록 하는 것이 궁극적인 목표이다. 또한, 훈련 과정에서 핸들러의 움직임을 최소화하여 견이 핸들러의 몸짓이 아니라 목소리만으로도 통제될 수 있도록 해야 한다.

이번에 소개할 목줄 신호를 이용한 복종 훈련은 미국에서 배운 방식으로, 목줄을 당기는 위치에 따라 견에게 특정 행동을 학습시키는 방법이다. 또한, 필요에 따라 E-Collar를 함께 활용하여 견줄과 E-Collar를 조건화하는 방식으로 사용할 수도 있다.

이 훈련은 총 7단계로 이루어져 있으며, 견이 각 단계를 충분히 이해한 후 다음 단계로 넘어가야 한다. 훈련에서는 끈기와 인내심이 필수적이다. 견이 특정 단계를 완전히 숙달하지 못했다면 다음 단계로 진행하지 않고, 이전 단계로 돌아가 다시 수행하는 과정이 필요하다.

훈련이 성공적으로 진행되려면 일관성 있는 지침과 견의 이해도를 고려한 접근이 필수적이며, 핸들러는 견의 반응을 세심하게 관찰하며 진행해야 한다. 각 단계마다 견이 충분히 적응하고 수행할 수 있는지를 확인하는 것이 중요하다.

복종 훈련은 단순한 명령 수행을 넘어 핸들러와의 신뢰 관계를 구축하고, 다양한 환경에서도 안정적으로 행동할 수 있도록 만드는 과정이다. 이를 위해 단계별 훈련을 차근차근 진행하여 견이 자연스럽게 명령을 받아들이고 반응할 수 있도록 지도해야 한다

1 복종 공식

- 1단계: 유인
- 2단계: 유인 + 보상
- 3단계: 유인 + 신호(자극) + 보상
- 4단계: 신호(자극) + 보상
- 5단계: 충격 + 보상
- 6단계: 명령어 + 충격 + 보상
- 7단계: 명령어 + 보상

2 E-Collar 응용 및 대입

- 8단계: 명령어 + E-Collar + 충격 + 보상
- 9단계: 명령어 + E-Collar + 보상
- 10단계: 명령어 + 보상

(1) 유인

① 유인은 먹이를 주면서 견의 자세를 유도하는 단계이다. 견이 내가 원하는 자세를 할 수 있는지 확인하면서 긍정 강화로 견에게 즐거움과 재미를 준다.

② 유인 단계는 습득하는 첫 과정으로 순수 보상인 먹이를 사용한다.

③ 견이 핸들러의 손을 집중하고 잘 따라올 수 있도록 먹이를 쥐고 있는 손을 견의 코에 갖다 대고 조금씩 주면서 자세를 유도한다.

(2) 유인 + 보상

① 2단계 유인은 1단계와 다르게 견이 자세를 정확히 취하면 손을 펴서 먹이를 보상한다.

② 정확한 자세가 나올 때 보상이 나가야 한다.

(3) 유인 +신호(자극) + 보상

① 신호를 추가하여 목줄이 당겨지는 위치에 따라 자세를 알려준다.

② 신호는 핀치칼라를 사용하여 알려준다. 핀치칼라는 당기는 위치에 따라 자극점이 확실하기 때문에 견이 이해하기 더 수월하다.

예 '앉아'는 위로 당긴다. '엎드려'는 옆으로 당긴다. '놔'는 아래로 당긴다.

③ 먹이를 쥔 손으로 유인하면서 핀치칼라를 일정한 방향으로 당기고 풀고 빠르게 반복적으로 한다.

④ 손으로 유인을 하고 동시에 지연 신호를 준 상태에서 견이 자세를 취하면 즉시 손을 펴서 보상을 준다.

⑤ 이때 핀치칼라는 처벌이 아닌 신호이다. 견이 충격과 스트레스를 받으면 안 된

다. 핸들러는 힘 조절을 하여 일정한 방향에 일정한 세기로 정확하게 신호를 알려 주어야 한다.

(4) 신호(자극) + 보상

1. 손으로 자세를 유도하는 유인 없이 지연 신호만으로 자세를 취하면 보상을 준다.
2. 유인을 한 번에 제거하면 견이 이해하는 데 어려울 수 있으므로 핸들러는 허리를 굽히거나 자세를 낮추는 등 유인 과정을 조금씩 축소시키면서 제거한다.

(5) 충격 + 보상

1. 지연 신호는 지속적으로 강도가 약한 신호를 주었다면 충격은 강도를 약간 높혀 한 번의 흔적 신호로 자세를 알려준다
2. 흔적 신호부터 약간의 충격이 가해지고 견의 회피 훈련이 진행된다. 따라서 보상도 상황에 따라 동기 부여를 할 수 있는 장난감으로 교체하여 욕구가 떨어지지 않도록 한다.
3. 갑자기 강한 충격이 오면 오히려 견의 수행에 방해가 되고 학습을 이해하지 못하므로 조금씩 강도를 높여야 한다

(6) 명령어 + 충격 +보상

1. 견이 목줄이 당겨지는 방향에 따라 행동을 정확히 이해했다면 명령어를 입혀준다.
2. 모든 복종 훈련은 먼저 자세를 알려주고 명령어는 자세가 완성되면 그때 조건화시킨다.
3. 먼저 명령어를 내리고 1초 정도 시간차를 두고 충격을 줘서 자세를 알려준다
4. 명령어와 충격 사이의 시간을 통해 생각할 시간과 기회를 주어 명령어를 정확히 이해할 수 있도록 해야 한다.
5. 명령어를 내리고 다음에 오는 역향 신호의 충격을 회피하기 위해서 견은 행동을 수행할 것이다.

(7) 명령어 + 보상

❶ 명령어로만 바른 자세가 나온다면 보상을 줘 행동을 강화한다

E-Collar 응용 및 대입

- 훈련에 앞서 e-colla를 목줄과 목 사이에 엄지손가락만 들어갈 정도로 조여 주고 견에게 맞는 신호의 세기를 찾아야 한다. 목줄을 견에게 채우고 자유로운 상황에서 0단계에서 조금씩 단계를 높여준다. 전기 신호를 줄 때 어느 지점에서 견은 목을 긁거나 이상함을 감지하는 행동을 할 것이다. 이 지점이 훈련을 시작하는 단계이다. 보통 전기 신호의 세기 단계를 1~120 정도라고 할 때 15단계에서 견들이 반응을 보인다. 핸들러는 자신의 견이 반응하는 신호 세기를 알고 훈련에 임해야 한다. 견에게 맞는 적정 신호 세기를 알았다면 이제 E-Collar와 견줄 간의 연관 훈련을 실시한다.

(8) 명령어 + E-Collar + 충격 + 보상

❶ e-colla는 초기 핀치칼라의 위치 신호와 같이 충격이 아닌 신호로 사용한다.
❷ 명령어를 내리고 시간차를 두고 전기 신호와 충격을 순차적으로 진행한다.
❸ E-Collar 훈련의 주안점은 전기 신호 다음에 핀치칼라 충격이 온다는 것을 알려 주는, 즉 예고 같은 뜻이다.
❹ E-Collar와 핀치칼라의 충격은 고전적 조건화와 같은 효과가 나타난다.

(9) 명령어 + E-Collar + 보상

❶ E-Collar 뒤에 핀치칼라 없이 견이 행동을 취하면 보상을 통해 강화시킨다.
❷ 항상 순차적인 진행으로 명령어 다음에 오는 E-Collar와 핀치칼라(뾰족한 바늘이 있는 초크체인)의 충격을 견이 회피할 수 있도록 기회를 주어야 한다.

(10) 명령어 + 보상

❶ 명령어 후 정확한 자세가 나오면 보상으로서 강화한다

⑤ 특화 훈련

특수목적견은 임무를 수행하는 견들로서 예상하지 못하는 상황에서의 돌발 행동을 방지하고 시민들에게 피해를 주지 않기 위해 절대적으로 핸들러의 통제 안에 있어야 한다. 많은 복종 훈련이 있지만, '앉아', '엎드려', '따라', '와', '놔' 다섯 가지 동작은 필수적으로 해야 한다. 임무에 따라 추가적인 복종 훈련이 있지만, 임무에 필요 없는 불필요한 복종은 지양하여 견에게 혼란을 주어서는 안 된다. 모든 복종 동작에는 '기다려' 훈련이 포함된다. 때문에 따로 '기다려'라는 명령어를 입히지 않고 동작 하나하나에 '기다려'를 할 수 있도록 훈련을 해야 한다.

자극 위치에 따른 복종 자세

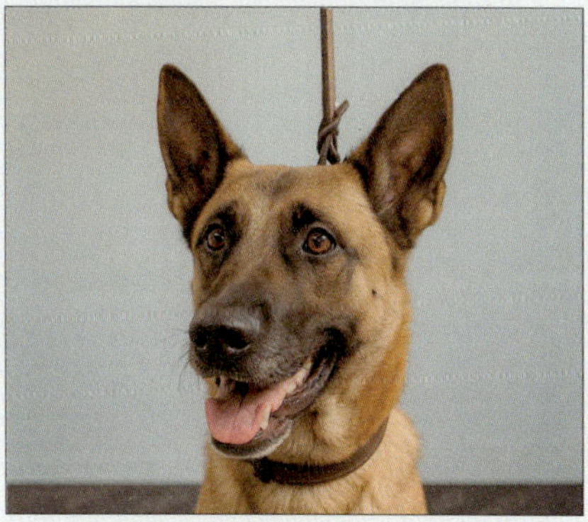

▲ '앉아' 머리 위

▲ '엎드려' 오른쪽

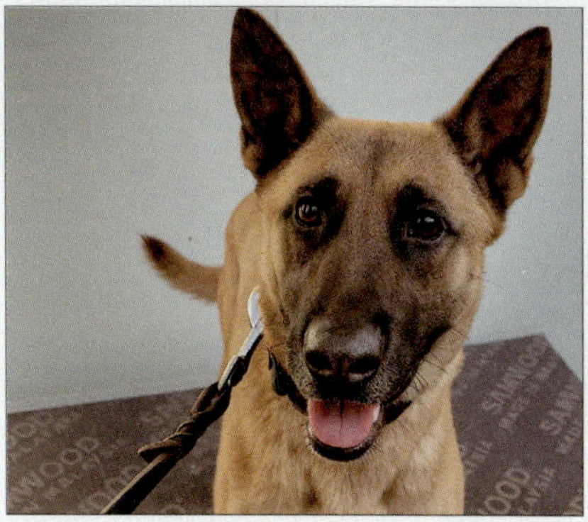

▲ '따라' 대각선 아래

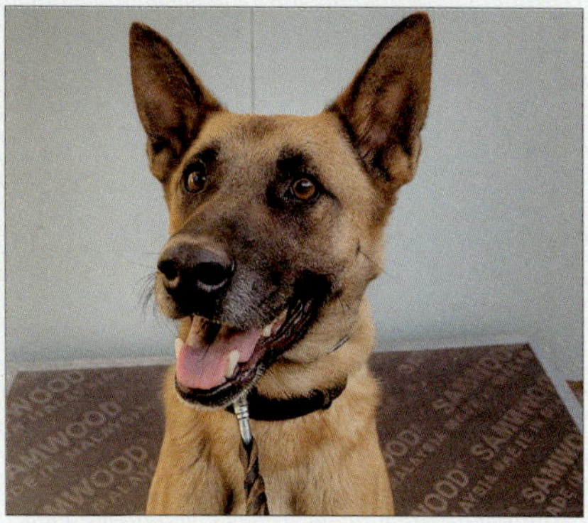

▲ '놔' 아래

(1) '앉아' 유인

견이 좋아하는 먹이를 손에 움켜쥐고 코앞에 다가가 조금씩 먹이면서 견의 머리 위로 손을 천천히 움직여 '앉아' 자세를 유도한다.★

★먹이는 목 넘김이 부드러운 소시지류를 손톱의 반만큼 잘라 사용하는 것이 좋다.

▲ 먹이를 먹이면서 앉아 자세를 유도한다.

1 유인 + 보상

- 먹이를 손에 움켜쥐고 코앞에 다가가 견이 집중할 수 있도록 한다.★
- 견이 손에 집중하면 견의 먹이 위로 손을 천천히 움직여 '앉아' 자세를 유도한다.
- 견이 자세를 취하는 즉시 손을 펴서 먹이를 보상한다.

★한 번에 먹이 보상을 줄 수 있을 만큼의 양으로 줄인다.

▲ 먹이를 집중시킨다. ▲ '앉아' 자세를 유도한다. ▲ 자세를 취하면 보상한다.

2 유인 + 신호 + 보상

- 먹이를 쥔 손을 견의 코에 대고 '앉아' 자세를 유도한다. 이때 다른 손으로 견줄을 잡고 신호를 준다.
- 신호는 핀치칼라를 착용하여 견의 목 아래에 자극이 가도록 위아래로 진동을 준다. 이때 강하게 하여 견에게 충격을 주면 안 되고 견이 자극점만 알 수 있도록 최대한 약하게 한다.★
- 견이 자세를 취하면 손을 펴서 보상을 준다.

★자극이 한 곳에만 집중하도록 핀치칼라를 조이지 않게 착용해야 한다.

▲ 오른손은 자세를 유도하고 왼손은 신호를 추가한다.

3 (E)신호 + 보상

- 행동을 소극적으로 하고 신호만으로 견의 올바른 자세가 되도록 유도한다.
- 핸들러는 정자세로 서 있고 견줄의 신호만으로 견이 자세를 취하면 보상을 준다.

▲ 유인을 제거하고 신호만으로 자세를 유도한다.

4 (E)충격 + 보상

- 핸들러는 정자세를 취하고 지속적인 신호를 줬던 강도보다 약간 강하게 1회만 위로 당긴다.
- (약→중) 견이 놀라지 않게 너무 세게 하지 않고 조금씩 강도를 높여야 한다.
- 충격 강도의 세기에 따라 견의 의욕이 떨어지지 않도록 장난감 보상으로 교체한다.

▲ 신호보다 세기를 높여 1회 위로 당긴다.

5 명령어 + 충격 + 보상

- '앉아'를 명령어로 말하고 그 뒤에 핀치칼라를 위로 당겨 충격을 준다.★1
- 명령어 뒤에 충격이 오고 적절한 자세를 취하면 충격을 회피할 수 있다는 것을 견에게 알려 줘야 한다.★2
- 자세를 취하면 즉시 보상을 준다.

★1 견이 이해할 수 있도록 순차적으로 진행해야 한다.
★2 강도를 점점 강하게 하여 견의 회피 반응을 빠르게 해야 한다.

▲ 명령어 ▲ 충격 ▲ 보상

6 명령어 + 보상

- 명령어를 내리고 충격을 주기 전에 견이 자세를 취하면 즉시 보상을 준다.
- 명령어와 충격 사이에 충분한 시간을 주어 견에게 기회를 줘야 한다.
- 점차 명령어와 충격 간 거리를 줄여 견의 빠른 움직임을 유도하고 자세를 취한 후 보상의 시간차를 늘려 견에게 '기다려'를 알려준다.

▲ 명령어 ▲ 보상

(2) '엎드려' 유인

- 먹이를 쥔 손을 코에 붙이고 조금씩 주면서 집중시킨 후 아래 방향으로 내려 엎드려 자세를 유도한다.
- 먹이를 ↓ 방향으로 유인하여 엎드려 자세를 만든다.

▲ 먹이를 먹이면서 엎드려 자세를 유도한다.

1 유인 + 보상

• 먹이로 집중을 시킨 후 자세를 유도하고 바른 자세가 나오면 손을 펴서 보상을 준다.

▲ 먹이로 유인하고 자세를 취하면 보상을 준다

2 유인 + 신호 + 보상

• 먹이를 쥔 손으로 견을 집중시킨 후 유인과 동시에 핀치칼라 오른쪽으로 신호를 반복적으로 준다.
• 견이 자세를 잡으면 손을 펴서 보상을 준다.

▲ 오른손은 자세를 유도하고 왼손은 신호를 추가한다.

3 신호 + 보상

- 몸과 손의 유인을 조금씩 제거하고 신호만을 이용하여 엎드려 자세를 만든다.
- 핀치칼라의 신호만으로 엎드려 자세를 취하면 즉시 보상을 준다.

▲ 유인을 제거하고 신호만으로 엎드려 자세를 유도한다.

4 충격 + 보상

- 한 번의 자극만으로 엎드려 자세를 만든다.
- 거부 반응이 오지 않게 신호 시에 주었던 힘에서 조금씩 강도를 높여준다.

▲ 신호보다 세기를 높여 1회 오른쪽으로 당긴다.

5 명령어 + 충격 + 보상

- '엎드려'라고 말한 후 시간차를 두고 견의 오른쪽 방향으로 충격을 준다.
- '엎드려' 다음에 오는 충격을 예측하여 견이 스스로 엎드려 자세를 취하도록 유도해야 한다.
- 자세를 취하면 즉시 보상을 통해 동기 부여를 한다.

▲ 명령어 ▲ 충격 ▲ 보상

6 명령어 + 보상

- '엎드려' 명령어를 하고 견에게 자세를 취할 기회를 주고, 충격을 주기 전 올바른 자세를 한다면 즉시 보상하여 강화한다.
- '앉아'와 마찬가지로 명령어와 충격 간 거리를 좁혀 빠른 행동을 강화하고 보상의 시간차를 늘려 '기다려'를 알려준다.

▲ 명령어 ▲ 보상

(3) '따라' 유인

- 먹이를 손에 쥐고 먹이를 주면서 집중시킨 후 핸들러의 왼쪽 허벅지 옆선에 견이 위치하도록 유인한다.
- '따라'는 초기 위치가 중요하다. 견의 머리가 너무 앞에 나오거나 뒤로 빠지면 안 된다. 견의 코 기준으로 핸들러 오른쪽 허벅지 옆선 중앙에 위치하도록 유도한다.
- 먹이를 주면서 크게 U 자를 그리면서 자세를 알려준다.

▲ '따라' 자세 유인 과정

1 유인 + 보상

- 먹이를 쥔 손으로 집중을 시키고 유인한 후 올바른 자세가 나오면 손을 펴서 보상을 준다.

▲ 먹이로 유인하고 자세를 취하면 보상을 한다.

2 유인 + 신호 + 보상

- 초기 유인 단계에서는 먹이를 왼손으로 쥐고 오른손으로 견의 기준 오른쪽 대각선 아래쪽으로 신호를 주면서 자세를 유도한다.
- 견이 자세 잡는 것을 어느 정도 이해했다면 손을 바꿔 왼손으로 견줄을 잡고 오른손으로 먹이를 쥐고 유인한다.★

★정자세에서 견이 핸들러의 왼쪽에 위치하기 때문에 모든 복종 동작은 왼손으로 견줄을 잡고 교정한다.

▲ '따라' 오른손으로 신호

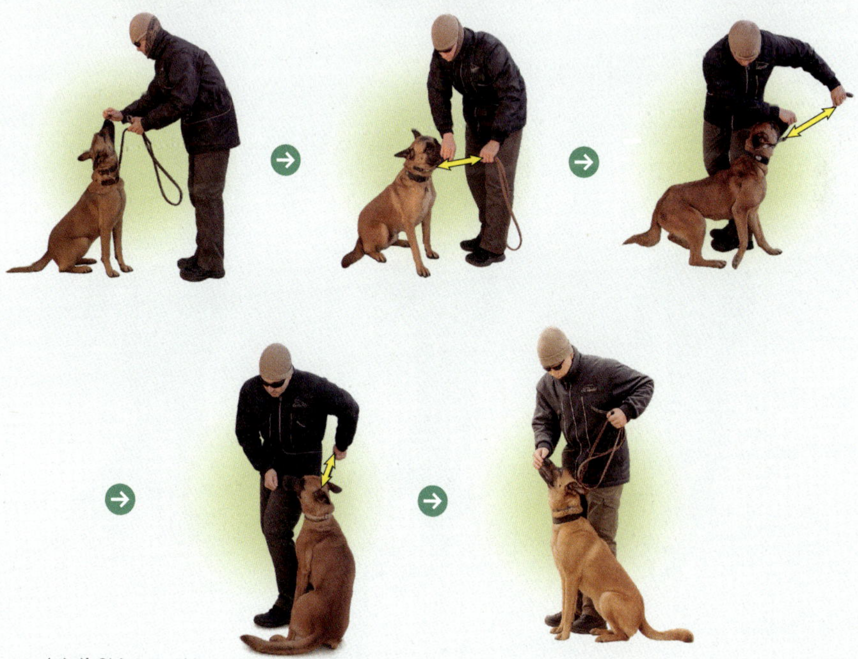

▲ '따라' 왼손으로 신호

3 신호 + 보상

- 유인을 제거하고 신호만으로 '따라' 자세를 유도한다.
- 손의 유인을 바로 제거하면 견이 혼란스러워하므로 상체를 이용하여 도움을 준다.
- 상체를 사용하지 않고 정자세에서 신호만으로 '따라' 자세가 되도록 훈련을 진행한다. 견이 자세를 취하면 즉시 보상을 준다.

▲ 유인을 제거하고 신호만으로 따라 자세를 유도한다.

4 충격 + 보상

- 견의 오른쪽 대각선 아래로 1회 당기고 견이 자세를 취하면 보상을 준다.
- 처음부터 견이 핸들러의 왼쪽 허벅지 중앙에 정확하게 위치를 잡기는 힘들다. 핸들러는 조금씩 움직이면서 자세를 맞춰주고 점차 견이 핸들러에게 자세를 맞추도록 교정해야 한다. ★

★견 훈련은 차근차근 단계를 높여 초기에는 핸들러가 많이 맞추어 주어 빠르게 습득하는 데 중점을 둬야 한다.

▲ 자극 1회만으로 '따라' 자세를 유도한다.

5 명령어 + 충격 + 보상

- 견이 1회 충격만으로 자세를 잘 잡는다면 '따라'라고 말한 후 충격을 줘서 자세를 잡는다.
- '따라' 명령어와 충격을 연관시켜 회피 훈련이 되도록 한다.

6 명령어 + 보상

- 명령어만으로 '따라' 자세가 완성되면 보상을 줘 동기 부여를 한다.
- 옆으로 붙는 개념을 아는 단계로, 이제부터는 정확한 위치를 교정하여 훈련을 병행한다.
- '따라'는 핸들러의 옆 허벅지에 붙어 있는 자세이다.★

★명령어를 내리고 견이 핸들러 옆에 붙었을 때 즉시 보상을 주는 대신 핸들러가 조금씩 움직여 견이 따라오면 보상을 준다. 연속 보상에서 변동 보상으로 전환하여, 점차 움직임의 길이와 방향 등을 다양하게 설정하여 숙달 및 일반화를 촉진한다.

▲ '따라'

(4) '와' 유인

- 견을 자유롭게 풀어놓고 견이 핸들러와 이격이 되면 핸들러는 보상물을 꺼내 견을 핸들러에게 다가오도록 유도한다.
- 견이 핸들러에게 다가오면 즉시 보상물을 주어서 핸들러에게 오면 보상이 나온다는 것을 알려준다.★

★멀리 떨어진 상태에서 먹이를 이용하는 것보다는 눈에 잘 보이는 장난감을 이용하는 것이 견을 유인하는 데 더 수월하다.

- 보상물은 견이 핸들러에게 다가왔을 때 진행 방향으로 던져주어서 견의 속도가 줄지 않도록 해야 나중에 빠른 '와'가 된다.
- 핸들러가 장난감으로 유혹해도 견이 보지 못한다면 추임새를 이용하여 휘파람을 불거나 소리를 내어 주의를 끌고 장난감으로 유인한다.

▲ '와' 유인

1 유인 + 보상

- 견이 핸들러에게 왔을 때 즉각적으로 수었던 보상을, 시간차를 두어서 견이 와서 핸들러 앞에서 멈췄을 때 보상한다.
- 핸들러 쪽으로 가면 보상이 나오는 것에서 핸들러에게 가면 보상이 나오는 것으로 견이 이해하도록 해야 한다.

▲ '와' 유인 + 보상

2 유인 + 신호 + 보상

- '와'의 신호 자극점은 정해져 있지 않고 핸들러가 있는 방향 쪽으로 견줄을 당겨 신호를 알려준다.
- 긴 견줄(10m 이상)을 견에게 연결하고 견이 핸들러와 멀어졌을 때 견줄을 살짝 당기고 보상물을 보여주어 견이 핸들러에게 오도록 유도한다.
- 견이 핸들러 앞으로 왔을 때 보상하고 칭찬한다.
- 견에게 먼저 신호를 주고 견이 핸들러를 봤을 때 장난감으로 유인하여 견이 빠르게 핸들러에게 오도록 유도해야 한다.
- 처음에는 신호를 주고 바로 보여주었던 보상을, 점차 견이 출발하고 중간에 보상을 보여주었다가 결국에는 다 왔을 때 보상물을 보여주어 유인한다.★

★뛰어오는 거리를 늘려 보상을 보여주는 유인 과정을 조금씩 소거한다.

▲ '와' 신호 + 유인 + 보상

3 신호 + 보상

- 핸들러는 보상을 보여주는 유인 과정을 생략하고 견줄을 살짝 당겨 신호를 준다.
- 견이 신호만으로 핸들러에게 왔다면 보상을 하여 칭찬한다.

4 충격 + 보상

- 신호 단계보다 약간 강하게 충격을 1회 주고 견이 핸들러에게 오면 보상과 칭찬을 충분히 해준다.
- 너무 강하게 충격을 주면 견은 놀라서 핸들러에게 뛰어오는 속도가 줄어들 수 있으므로 조금씩 단계를 높여야 한다.

5 명령어 + 충격 + 보상

- 핸들러는 '와' 명령어를 내린 후 충격을 주어서 '와' 다음에 충격이 온다는 것을 견에게 알려준다.
- 견이 핸들러에게 오면 보상하여 칭찬해 준다.
- 적응된 장소에서 '와' 훈련은 순조롭게 잘 진행된다. 다양한 환경과 장소에서 견의 주의를 분산시키고 '와' 명령어에 견이 반응하도록 훈련을 진행한다.

▲ 명령어 후 줄을 당겨 핸들러에게 오도록 유도한다.

6 명령어 + 보상

- 핸들러가 명령어를 내리고 충격을 주기 전에 견이 핸들러에게 온다면 충분한 칭찬과 보상으로 행동을 강화한다.

(5) '놔' 유인

- 견이 좋아하는 장난감을 물린 상태에서 핸들러는 다른 장난감을 보여주어 물고 있는 장난감을 자연스럽게 놓게 유도한다.
- 견이 물고 있는 장난감을 놓게 하는 것이 목적이므로 다른 장난감을 흔들거나 눈앞에 놓는 등 다양한 방법으로 놓게 한다.

▲ 장난감 유인

1 유인 + 보상

- 견이 놓았을 때 즉시 주던 장난감을 견이 장난감을 놓고 침착해졌을 때 보상을 준다.★

★유인 단계는 견의 눈앞에 다른 장난감을 보여주어 개 스스로 다른 장난감을 취득했다면, '유인+보상' 단계는 장난감을 보여주지만, 핸들러가 보상을 준다는 개념으로 훈련을 진행해야 한다.

▲ 장난감 유인 + 보상

2 유인 + 신호 + 보상

- 견이 이탈하지 못하도록 가죽 목줄에 견줄을 연결하여 기둥에 묶는다.
- 견이 장난감을 물고 있는 상태에서 핀치칼라와 연결된 견줄을 견의 아래 방향으로 당기면서 신호를 주고 다른 손으로 장난감을 보여주어 견이 물고 있는 장난감을 놓게 유도한다.★
- 견이 물고 있는 장난감을 놓으면 즉시 갖고 있는 장난감을 주어서 보상한다.

★장난감을 먼저 보여주면 갖고 있는 공을 바로 놓기 때문에 신호를 먼저 한다.

▲ 유인 + 신호

3 신호 + 보상

- 견이 신호를 이해했어도 자신이 물고 있는 장난감보다 동기 부여가 적다면 놓지 않을 것이다.
- 핸들러는 아래로 핀치칼라로 자극을 주면서 보상물을 주려는 행동을 취해 견이 물고 있는 장난감을 놓게 해야 한다.★
- 견이 장난감을 놓으면 즉시 보상물을 꺼내 준다.

★보상물이 들어 있는 주머니나 파우치에 손을 넣고 주려는 시늉을 한다.

▲ 신호 + 보상

4 충격 + 보상

- '놔' 훈련에서는 충격 보상 단계를 생략하고 바로 명령어로 진행한다.★

★'놔' 훈련에서의 충격은 세기가 강하여 바로 명령어 단계로 시작하여 견이 받는 자극을 최소화한다.

5 명령어 + 충격 + 보상

- '놔' 훈련은 견에게 신호를 입혀 놓게 하는 것보다는 충격을 주어서 보상물을 놓게 하는 개념이 맞다.★1
- 이전 과정을 통해 견은 자신이 갖고 있는 장난감을 놓아도 핸들러가 또 다른 장난감을 준다는 생각을 갖게 해야 한다.
- 신호를 주어서 핀치칼라의 자극을 적응시켰다면 이제부턴 본격적으로 충격을 주고 견이 갖고 있는 장난감을 놓지 않으면 불편한 상황이 나온다는 것을 알려주어야 한다.
- 핀치칼라를 견의 귀 바로 아래 목의 가장 상단 부분에 검지손가락만 들어갈 정도로 착용시킨다.★2
- 핸들러는 명령어를 내린 후 시간차를 두고 견이 기둥에 묶인 방향의 반대 방향으로 강하게 당겨 충격을 준다.
- 견이 놀라 장난감을 놓는다면 그 즉시 칭찬과 보상을 하여 견을 격려해준다.★3

★1 신호를 이해해도 자신은 이미 장난감을 갖고 있기 때문에 견 입장에서는 놓을 이유가 없다.
★2 최소한의 힘으로 가장 강한 충격을 주기 위해서는 핀치칼라의 착용법이 중요하다.
★3 충격을 주어서 한 번에 놓게 해야 하지만, 견이 놓지 않는다고 횟수를 늘려 충격을 지속적으로 주면 안 된다. 충격의 세기를 좀더 강하게 2회 정도 더 진행한다. 그래도 놓지 않으면 방법을 바꿔야 한다. 견이 3회 이상 반복했지만, 학습이 잘 안 된다면 교육이 잘못되고 있고 견이 이해를 못 하고 있다는 뜻이므로 과감히 다른 방법으로 바꿔야 한다. 절제되고 통제된 특수목적견들은 강제 훈련이 필요하다. 하지만 필요 이상의 충격은 학대가 될 수 있고 견의 신뢰를 잃게 된다.

▲ 명령어 + 충격 + 보상

6 명령어 + 보상

- '놔' 명령어를 내리고 충격을 가하기 전에 견이 장난감을 놓는다면 즉시 보상을 주어서 칭찬한다.★

★시간이 경과하고 핸들러가 '놔'를 명령했지만, 견은 언제든지 기회를 엿보고 장난감을 다시 물 수 있다. 작은 충격만으로도 견은 과거 트라우마로 인해 큰 충격으로 기억하여 명령의 행동을 수행하지 못할 수 있다. 따라서 그전에 견이 기회를 엿보고 물지 못하도록 반복된 패턴을 지양하고, 충분한 동기를 제공해 견이 믿고 따를 수 있는 핸들러가 먼저 되어야 한다.

6 E-Collar 응용 및 대입

E-Collar의 신호는 타이밍이 매우 중요하다. 견줄과 같은 손에 파지를 하여 순차적으로 자극을 준 후 다른 손으로 즉각적으로 보상해 견의 의욕이 떨어지지 않게 한다.

'앉아', '엎드려', '따라', '와', '놔' 명령에 E-Collar를 접목시켜 응용 가능하며 각 훈련 단계별 명령어를 입히기 전에 E-Collar와 충격을 조건화시키는 것이 핵심이다.

▲ E-Collar 파지

▲ 정자세에서의 파지

1 명령어 + E-Collar + 충격 + 보상

- 완성된 복종에서 E-Collar를 결합시키는 것보다 복종 훈련 단계 명령어를 입히기 전 E-Collar를 대입시키는 것이 더 효율적이다. 예를 들어, '앉아' 명령어를 말한 후 E-Collar의 신호를 주고 핀치칼라를 위로 당겨 견의 자세를 알려준다.
- E-Collar 신호 뒤에 핀치칼라의 충격이 온다는 것을 알려준다.

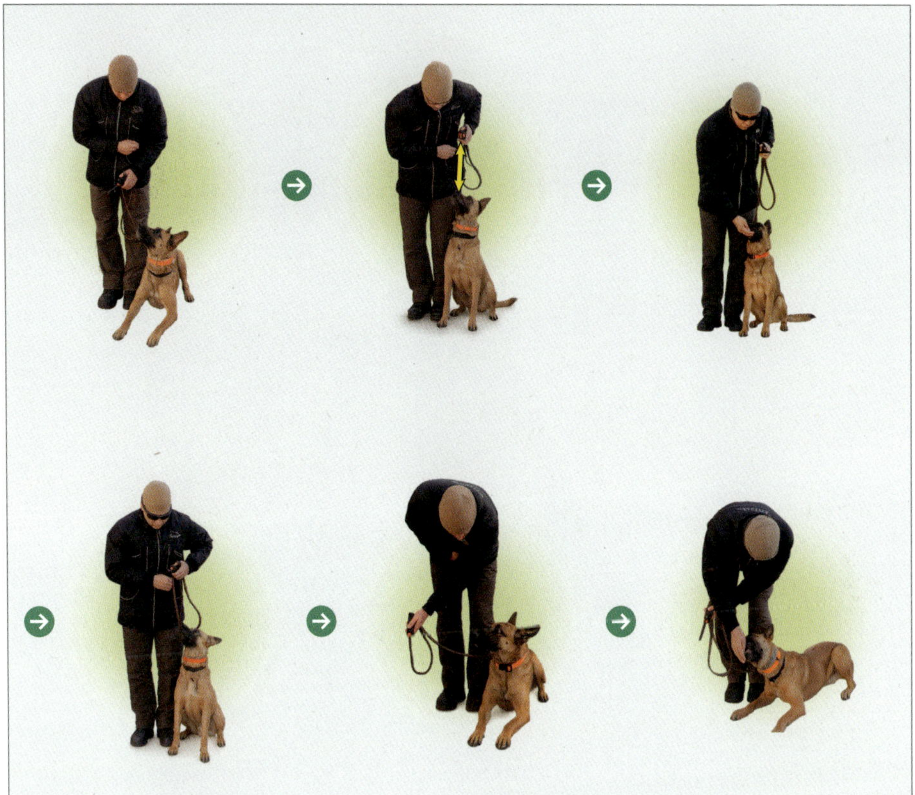

▲ E-Collar + 충격 + 보상

2 명령어 + E-Collar + 보상

- '앉아', E-Collar, 핀치칼라, 보상순으로 교육을 진행하면서 견이 E-Collar만으로도 자세를 취한다면 즉시 보상을 준다.

3 명령어 + 보상

- '앉아'만으로 자세를 취하면 보상을 주어 강화한다.

★'앉아', '엎드려', '따라', '와', '놔' 등 모든 복종 동작에 충격을 주기 전에 E-Collar를 먼저 자극하고 후에 충격을 주어서 E-Collar와 충격을 조건화시키면 견은 E-Collar만으로 충격과 같은 자극을 받는다. 응용에서 주안점은 E-Collar만으로 충격을 주어서 견을 교육시키는 것보다는 핀치칼라의 신호 및 충격을 같이 조건화하여 견이 확실히 이해하도록 도와주어야 한다.

로트와일러(Rottweiler)

7

공격견 양성 및 심화 훈련

행동의 과학
훈련의 원리로 풀다

이 장에서는 특수목적견의 행동 형성에 영향을 주는 유전, 성격, 환경 요인을 살펴보고, 시각 · 청각 · 후각을 통한 의사소통 방식을 다룹니다. 고전적 조건화, 조작적 조건화, 클리커 트레이닝 등의 이론을 통해 과학적인 훈련 원리를 이해하고, 실제 훈련에 적용하는 방법을 익힐 수 있습니다.

1 장소적 위치에 따른 공격견 기초 양성

시작에 앞서 핸들러와 헬퍼가 공통적으로 주의할 점이 있다. 핸들러는 공격 훈련 시 낮고 음산한 목소리로 견에게 칭찬 및 명령을 해야 한다는 점이다. 이는 탐지 훈련과 공격 훈련을 구분 짓기 위함으로 견을 차에서 꺼낼 때부터 시작해야 한다. 헬퍼는 견을 꺼내기 전에 항상 준비되어 있어야 한다. 견을 유혹할 때는 너무 강한 목소리로 견이 겁먹게 해서는 안 되고, 그렇다고 너무 높은 톤의 목소리로 같이 놀고 싶어 하는 느낌을 주어서도 안 된다. 강함과 약함을 반복적으로 사용하여 견이 싸워서 이길 수 있겠다는 자신감을 심어주어야 한다. 또한 대상물이 물리고 나서는 정말 아픈 것처럼 비명이 아닌 신음 소리를 내야 하며, 현장을 벗어날 때는 직선 방향으로 조금씩 이동해야 한다. 이는 실전에서 범인이 도망치려는 습성을 훈련에서도 적용함과 동시에 이렇게 함으로써 견이 여러 곳을 물지 않고 한 곳을 끈질기게 물 수 있다.

1 1단계

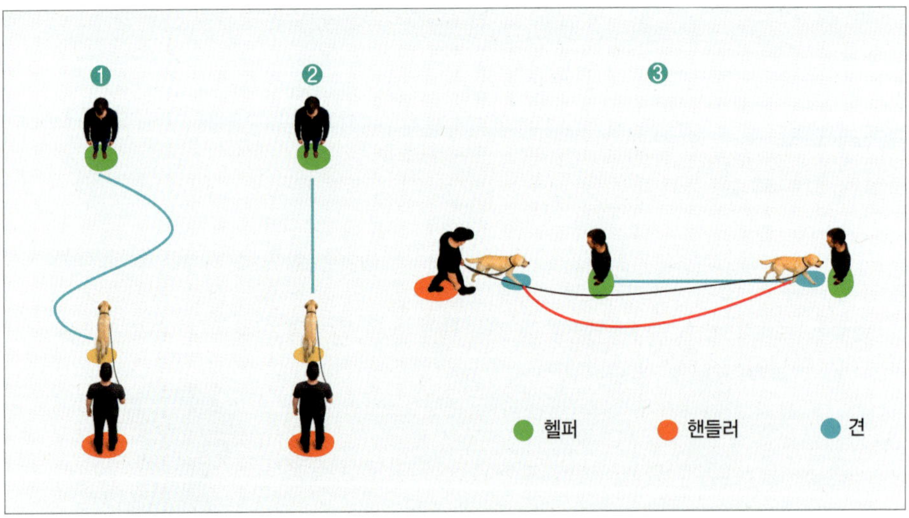

1단계 훈련의 목적은 방어 소매를 사용하여 견이 사람을 무는 것을 두려워하지 않게 하고 즐거운 놀이로 인식하게 하는 것이다.

훈련 시작 단계에서는 방어 소매를 사용하고, 헬퍼는 미리 훈련장에 와서 대기한다. 핸들러는 견을 차에서 꺼내 바로 가죽 목줄을 착용시키고 드라이브 상태로 헬퍼가 있는 곳으로 이동한다. 이때 핸들러는 견을 꺼냄과 동시에 낮고 음산한 목소리로 끊임없이 견에게 칭찬한다. 그렇게 헬퍼가 있는 곳에 도착했다면 견줄을 천천히 풀어주어 드라이브 상태를 높인다. 이 훈련에서는 견이 쫓아가 무는 것이 아니라 헬퍼가 다가와 물려주는 것임을 명심하고 헬퍼는 훈련에 대한 충분한 이해와 숙지를 하고 있어야 한다.

1. 헬퍼는 스틱을 이용하여 견과 싸우려는 동작을 취하며 견을 흥분시키고, 핸들러는 낮은 목소리로 끊임없이 칭찬한다. 헬퍼는 지그재그로 측면에서 접근하여 팔을 내민다. 이때 팔은 몸과 밀착되어 있어야 하며 견이 물기 편하게 각도를 조절해야 한다. 물리는 위치가 너무 낮거나 높아 견이 제대로 물지 못하면 부상을 입을 위험이 있으며, 이로 인해 공격 훈련을 기피하게 될 수도 있다.
2. 견이 물었다면 헬퍼는 자세를 높인 상태로 팔을 당기고 신음 소리를 내며 견의 반대 방향으로 조금씩 이동한다. 이때 핸들러는 견줄을 조금씩 당기면서 견에게 접근하고, 견의 몸통 부분을 두드리며 칭찬한다. 이후 팽팽한 상태로 견줄을 당기며 조금씩 풀어준다. 이 과정을 두 번 정도 반복하여 견에게 소유욕과 의욕을 충분히 높여준다.
3. 핸들러는 회수 준비를 해야 한다. 먼저, 왼손 엄지에 견줄 끝을 걸고 오른쪽 엄지에 짧게 견줄을 건 뒤, 견의 몸통을 양다리 사이에 끼운다. 다음으로 가죽 목줄을 견의 목 최상단으로 끌어올린 후 양 엄지손가락을 밀어 넣어 안쪽으로 말아 올리며 견의 숨통을 조인다. 이때 숨통을 조이기 전에 모든 준비가 됐다면 헬퍼에게 '그만'을 외치고, 헬퍼는 모든 행동과 소리를 중단하고 그대로 멈춘다. 견이 물었던 것을 놓는다면 그 즉시 땅으로 내리고 숨을 쉴 수 있게 해줌과 동시에 견줄을 짧게 잡아 헬퍼를 다시 물지 못하게 한다. 동시에 드라이브 상태를 유지한다. 헬퍼는 견이 입을 놓음과 동시에 몸을 웅크리고 간헐적으로 신음 소리를 내주어 견에게 승리했음을 인식시킨다.
4. 다음 단계로 들어갈 때 헬퍼는 웅크린 채로 대기하고, 핸들러는 견을 데리고 뒤쪽으로 나온다. 이때 핸들러는 견을 강하게 채지 말고 드라이브 상태를 유지하

도록 하여 견이 시선을 헬퍼에게 둘 수 있게 하면서 뒤로 물러난다.

⑤ 핸들러는 견줄 끝을 잡고 있어야 하며 훈련 준비가 됐다면 헬퍼에게 신호를 준다. 신호를 받은 헬퍼는 일어나 소리를 지르며 견에게 일직선으로 달려온다. 이때도 역시 팔은 몸과 밀착해 있어야 하며, 너무 강하게 달려와 견을 밀거나 지나쳐 가는 일이 없어야 한다. 이후 회수 때까지의 방법은 1번과 같다.

⑥ 회수가 되고 견이 드라이브 상태가 되었다면 핸들러가 신호를 주고, 헬퍼는 견을 흥분시킨 다음 일직선으로 뛰기 시작한다. 몇 걸음 나아갔을 때 핸들러는 낮은 명령어와 함께 견줄을 풀어주고 견 후미에서 뛰어간다. 헬퍼는 뒤를 보며 달리다가 견이 접근하면 상체를 옆으로 틀어 밀착된 팔이 뒤를 향할 수 있게 하고, 견이 뛰어올라 물기 편하게 팔의 각도를 올려준다. 물린 다음에는 견이 충격을 받지 않게 몸을 회전시켜 견을 안전하게 착지시킨다.

⑦ 이후 회수까지의 방법은 전과 같다. 모든 훈련 중 견이 방어 소매를 정확히 물지 못했다면 빨리 회수한 후 다시 해야 한다. 모든 훈련이 끝났다면 핸들러는 이전과는 정반대로 목소리 톤을 높여 칭찬하며 차량으로 복귀하는데, 이때도 견줄을 최대한 길게 주어 드라이브 상태를 유지하며 견을 끌고 와야 한다. 강하게 목줄(촉체인)을 채거나 해서는 절대 안 된다.

② 2단계

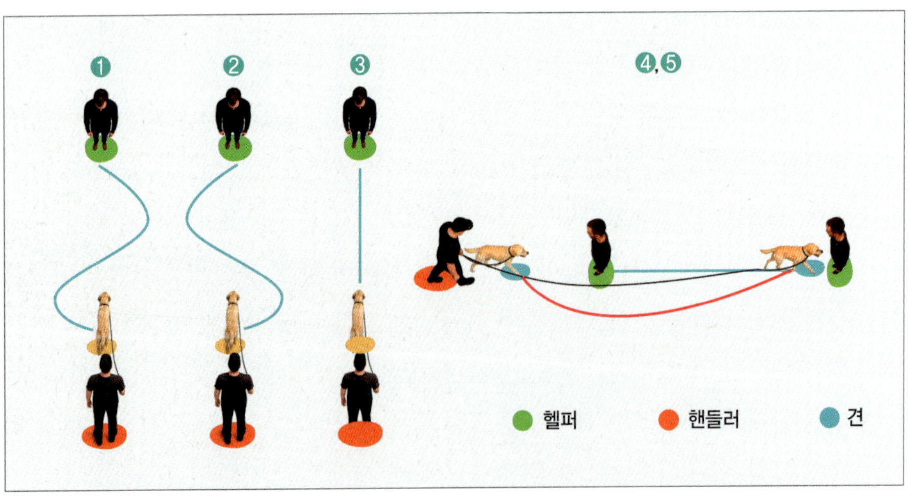

2단계 훈련의 목적은 견이 전신 보호복에 적응하도록 하고, 팔뿐만 아니라 사람의 전후방을 포함한 다양한 부위를 물 수(바이트=bite) 있도록 하는 것이다. 2단계부터는 더이상 방어 소매를 쓰지 않고 전신 슈트를 입고 훈련한다. 방어 소매를 계속 쓰다 보면 견이 팔만 물게 되어 팔이 보이지 않을 경우 견이 당황하여 헬퍼를 물지 못하는 경우가 발생하기 때문이다. 따라서 훈련 시 헬퍼의 보이는 곳이라면 어느 부위이건 즉각적으로 견이 물 수 있게 훈련시켜야 하고, 대부분의 방법은 1단계와 비슷하다.

1. 핸들러는 견을 드라이브 상태로 유지하며 훈련 위치로 이동한다. 낮고 음산한 목소리의 칭찬은 계속해야 한다. 헬퍼는 견을 흥분시키며 지그재그로 다가가 오른쪽 겨드랑이 뒤쪽을 물도록 유도한다. 견에게 물릴 때쯤 헬퍼는 양손을 모아 가슴으로 끌어당겨 겨드랑이 아랫부분으로 슈트의 주름을 잡아 견이 쉽게 물 수 있게 해주어야 한다. 그리고 재빨리 몸을 틀어서 다가가야만 견이 정확한 위치를 물 수 있다.
2. 겁을 먹거나 속도가 느리다면 견이 팔을 물 확률이 크다. 그렇다면 재빨리 견의 입을 놓게 해서 다시 실시해야 한다. 물렸다면 헬퍼는 신음 소리를 내며 직선 방향으로 조금씩 이동한다.

   핸들러는 견줄을 당겼다 풀었다를 반복하며 칭찬한 뒤 회수 준비를 하고, 준비가 끝나면 헬퍼에게 "멈춰"라는 신호를 보내 견이 입을 놓도록 유도한다. 견이 입을 놓았다면 핸들러는 즉시 견을 땅에 내려 숨을 쉴 수 있게 하고, 견줄을 짧게 잡아 다시 달려들지 못하게 유지한다. 헬퍼는 몸을 웅크려 견에게 승리의 기쁨을 만끽하게 해준다.
3. 1번과 마찬가지 방법으로 훈련하는데, 바뀐 것은 왼쪽 겨드랑이 뒤쪽을 물도록 유도하는 것이다.
4. 핸들러가 준비를 마치면 헬퍼는 일어나 견을 흥분시킨 다음 소리를 지르며 견에게 직선으로 달려든다. 이때는 팔을 주는 것이 아니라 견 앞에서 재빨리 몸을 돌려 등을 물 수 있게 유도한다. 이후 방법은 전과 동일하다.
5. 준비가 완료되면 헬퍼는 견을 유혹한 다음 직선으로 달린다. 이때도 역시 양팔을 모아 가슴으로 당겨 겨드랑이 아래쪽에 슈트의 주름이 충분히 잡히게 해야 하며, 고개를 살짝 돌려 견이 뛰어오는 것을 확인하며 달린다. 물렸다면 자연스

럽게 회전하여 견의 충격을 완화하고 이후 방법은 전과 동일하다.

6. ⑤번과 같은 방법으로 진행하되, 헬퍼는 뒤를 돌아 견을 확인하며 뛰는 것이 아니라 앞만 보고 달려야 한다.

3 3단계

3단계 훈련의 목적은 견이 전신 보호복에 적응하도록 하고, 팔뿐만 아니라 가슴, 허벅지 등 사람의 전방에서도 다양한 부위를 물 수 있게 하는 것이다. 3단계에서는 견을 기둥에 묶은 상태로 실시한다. 드라이브 상태인 견을 기둥으로 데리고 와 약 2미터 길이의 쇠견줄로 옮겨 묶는다. 헬퍼는 핸들러가 준비 작업을 마칠 때까지 근처 보이지 않는 곳에 숨어 있다가 준비가 완료되면 나온다. 헬퍼의 이동 경로는 2단계의 1, 2, 3번과 같다.

1. 헬퍼가 유혹하기 시작하면 견의 드라이브가 높아지는데, 이때 핸들러는 견이 뛰어오르지 못하게 견줄을 아래로 지그시 누르고 있어야 한다.
2. 헬퍼는 스틱을 이용하여 허벅지 바깥쪽을 두드리면서 견의 시선을 유도하며 접근한다. 견이 가까이 다가오면 재빨리 다리를 틀어 허벅지를 견에게 노출시켜 물도록 유도한다. 이때 반드시 팔은 열중쉬어 자세를 취해야 하는데, 이는 견의 시선이 팔 부분으로 가지 않도록 하기 위함이다.
3. 왼쪽, 오른쪽 각각 한 번씩 실시한다. 개가 물었다면 헬퍼는 앞으로 갔다 돌아오기를 반복하여 견이 당겨졌다 풀어졌다를 반복할 수 있게 한다. 핸들러는 견의 옆구리 가슴 부위를 두드리며 낮고 음산한 목소리로 계속 칭찬하면서 견줄이 팽팽해지도록 당긴다. 이후 회수 방법은 전과 같으며, 회수 후 핸들러가 물러나지 못하므로 헬퍼가 웅크린 자세로 조금씩 거리를 벌린다.
4. 헬퍼는 스틱으로 가슴을 두드려 견의 시선을 사로잡은 다음 소리를 지르며 견에게 직선으로 달려온다. 이때 핸들러는 견줄을 누르고 있다가 헬퍼가 다가오면 살짝 놓아준다. 개가 정확한 부위를 물었다면 이후 방법은 전과 같다. 만약 정확한 부위를 물지 못했다면 재빨리 입을 놓게 하고 다시 실시하며, 모두 성공적으로 끝났다면 견을 차량에 넣고 잠시 휴식을 취한다.

⑤ 다음은 발목을 무는 훈련으로, 위와 같은 방법을 사용하여 지그재그로 견에게 접근하여 허벅지와 같이 발목 바깥쪽을 견이 물 수 있게 한다.

④ 실내(기초 1)

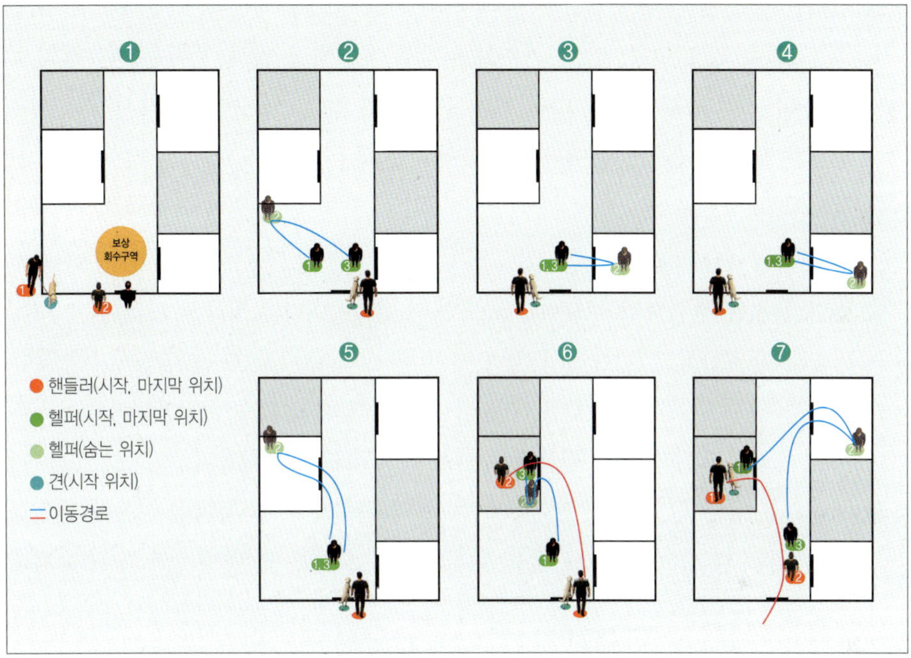

실내 공격 훈련의 목적은 건물 내 환경에 적응하도록 하고 냄새를 이용하여 헬퍼를 찾을 수 있게 하기 위함이다. 3개의 방을 이용하여 총 7회의 훈련을 실시한다. 이 훈련 역시 핸들러와 헬퍼 간의 의사소통과 호흡이 매우 중요하며, 훈련에 대한 이해가 바탕이 되어야 한다.

① 핸들러는 견을 차에서 내려 드라이브 상태로 건물의 입구가 보이지 않는 벽 끝으로 이동한다. 이때 헬퍼는 전신 슈트를 입고 건물 입구에 서서 대기한다.

② 핸들러와 견이 코너를 돌자마자 헬퍼는 견을 보고 공격 자세를 취하고 핸들러는 견을 드라이브 상태로 헬퍼에게 접근시킨다. 이때 핸들러는 견이 자유롭게 뛰게 해서는 안 되며 드라이브 상태를 최고로 높여서 물게 만들어야 한다.

③ 헬퍼는 견이 가까이 오면 뒤로 돌아 등이나 발을 물 수 있도록 해준다. 견이 물었다면 헬퍼는 조금씩 움직여 물린 상태로 건물 안으로 들어갔다 나온다. 이때 핸들러는 견의 옆구리 가슴 부위를 두드리며 칭찬하고 헬퍼를 따라 이동한다. 건물 안으로 들어갔다가 나왔다면 입구 밖에서 회수하고 헬퍼는 웅크린 채로 대기한다. 핸들러는 드라이브 상태를 유지한다.

④ 헬퍼는 웅크린 상태로 조금씩 움직여 건물 안으로 들어간다. 핸들러는 견이 헬퍼를 볼 수 있게 입구에서 드라이브 상태를 유지하고 있고, 헬퍼는 핸들러의 신호에 따라 견의 주의를 끈 다음 왼쪽 구석으로 달려 몸을 벽에 밀착시킨다. 이때 양팔은 모아 가슴으로 끌어당기고 있어야 한다.

⑤ 헬퍼가 구석으로 달리기 시작하면 핸들러는 지체 없이 견줄을 놓아 견이 헬퍼를 따라갈 수 있게 한다.

⑥ 견이 헬퍼를 물었다면 핸들러는 문밖에서 "견을 데리고 밖으로 나오라"는 경고 방송을 계속하고, 헬퍼는 경고 방송에 따라 견을 데리고 입구 쪽으로 이동한다. 헬퍼가 입구 안쪽까지 왔다면 핸들러는 들어가 견을 회수한다. 헬퍼는 그 자리에서 웅크리고 대기하고, 핸들러는 견을 데리고 밖으로 나온다.

⑦ 핸들러는 오른쪽 첫 번째 방이 보이는 문의 왼쪽으로 견과 함께 이동해 대기하고, 헬퍼는 핸들러의 신호로 견을 유혹한 다음 오른쪽 첫 번째 방으로 달려 방의 가운데에서 양팔을 모으고 서 있는다.

⑧ 헬퍼가 달리기 시작하면 핸들러는 지체 없이 견줄을 놓아 견이 헬퍼를 따라갈 수 있게 한다. 헬퍼가 방으로 들어가는 것을 견이 꼭 보고 따라갈 수 있게 빠르게 견을 풀어주어야 한다. 견이 헬퍼를 물었다면 핸들러는 문밖에서 경고 방송을 하고 헬퍼는 이 방송에 따라 입구까지 이동한다. 2번과 같이 견을 회수하여 밖으로 나온다.

⑨ 3번과 같은 방법을 사용하지만, 이번에는 헬퍼가 조금 더 깊숙한 구석 모서리로 숨어서 실시한다. 이후의 방법은 전과 같다.

⑩ 4번과 같은 방법으로 왼쪽 첫 번째 방에서 실시한다. 핸들러는 반드시 견이 왼쪽 방의 입구를 볼 수 있는 곳에 대기하고 있어야 하며, 헬퍼가 달리기 시작하면 빠르게 견을 풀어주어 헬퍼를 따라 견이 방으로 따라 들어갈 수 있게 해야 한다. 헬퍼는 방 안에 들어가서 견이 바로 볼 수 있는 구석에 숨는다. 이후 방법은 전

과 같다.

⑪ ⑤번과 같은 방법을 사용하지만, 헬퍼는 들어가서 돌아야만 보이는 문 쪽 구석에 숨는다. 견이 헬퍼를 물었다면 핸들러는 경고 방송을 하며 방 안으로 들어간다. 헬퍼가 문 쪽을 바라본 상태로 견을 회수한 다음 드라이브 상태로 대기한다.

⑫ 핸들러는 헬퍼가 숨을 오른쪽 끝 방의 문이 보이는 곳에서 견과 대기하고, 핸들러의 신호에 따라 헬퍼는 왼쪽 방에서 오른쪽 끝방 구석으로 달린다.

⑬ 핸들러는 헬퍼가 달리는 순간 견을 풀어 헬퍼를 따라갈 수 있게 한다. 핸들러는 헬퍼가 물리면 경고 방송을 하면서 헬퍼를 앞세워 견을 칭찬하고, 견줄을 당기며 입구까지 이동한 다음 견을 회수한다.

⑭ 헬퍼는 견을 흥분시킨 뒤 방 안으로 달리고, 핸들러는 견을 밖으로 데리고 나온다.

⑤ 실내(기초 2)

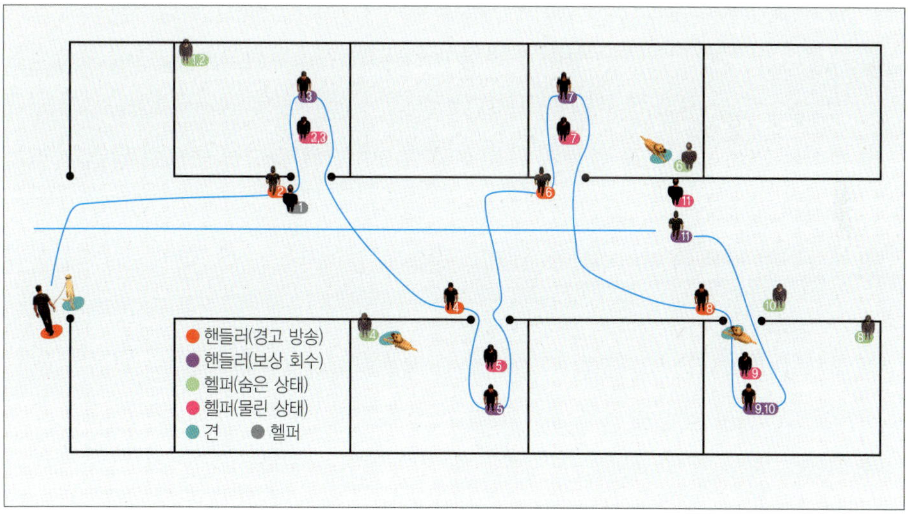

실내 공격 훈련의 목적은 견에게 수색 패턴을 가르치고 핸들러의 위치를 알려주며, 목표물이 보이지 않는 곳에 있을 때 냄새를 통해 목표물을 향해 짖도록 만드는 것이다. 이 단계부터는 견이 무엇을 해야 하는지 알고 있기 때문에 현장으로 이동하는 동안 견에게 계속 칭찬할 필요가 없다.

1. 핸들러는 추적끈을 사용해 견을 드라이브 상태로 입구까지 데려온다. 이때 헬퍼는 1번 방 앞에서 대기하고 있어야 한다.
2. 핸들러는 안쪽이 보이지 않게 견을 문 쪽에 밀착시키고 견의 옆에서 몸을 숙인 채 낮고 큰소리로 투항 방송을 한다. 이때 견이 짖는다면 지체 없이 출발시킨다. 약 세 번의 방송 중에도 견이 짖지 않는다면 낮고 음산한 목소리로 '찾아' 명령을 내리고 견을 출발시켜 따라간다.
3. 헬퍼는 견이 입구로 들어오는 것이 보이자마자 위협하며 1번 방으로 들어가 입구 쪽에 등을 보이며 서 있는다.
4. 견이 방으로 들어와 헬퍼를 물면 헬퍼는 신음 소리를 내며 견에게 만족감을 준다. 이때 핸들러는 문밖에서 기다리고 있다가 헬퍼의 신음 소리가 들리면 큰소리로 헬퍼를 입구쪽으로 유도한 다음, 방으로 들어가 견을 칭찬한다.
5. 헬퍼는 문쪽을 바라보고 서 있고, 핸들러는 헬퍼의 등 뒤로 돌아가 견을 놓게 만든다.
6. 다음 훈련이 준비되면 핸들러는 헬퍼에게 신호를 주고, 신호를 받은 헬퍼는 견을 위협한 다음 돌아서서 2번 방으로 달린다.
7. 핸들러와 견은 달아나는 헬퍼를 일정한 거리를 두고 따라가는데, 이때 핸들러는 "멈춰라"라는 경고 방송을 하며 따라간다.
8. 헬퍼는 견이 따라오고 있는지 뒤를 살피며 2번 방의 깊숙한 곳으로 달려가 벽을 등지고 서 있는다.
9. 핸들러는 헬퍼를 따라가다가 헬퍼가 방으로 들어가는 순간 '찾아' 명령과 함께 견을 풀어주고 방 밖에서 엄폐한 상태로 대기한다.
10. 견에게 물린 헬퍼는 신음 소리를 내고, 핸들러는 "내 견을 데리고 밖으로 나와라"라는 경고 방송을 하여 헬퍼를 입구 쪽으로 유도한다.
11. 헬퍼가 입구 쪽에 왔다면 핸들러는 들어가 헬퍼 등 뒤로 돌아가서 견을 칭찬하며, 헬퍼가 문 쪽을 향해 서게 유도한 다음 견이 입을 놓게 만든다.
12. 마찬가지 방법으로 3, 4번 방을 훈련한다.
13. 4번 방에서 견이 입을 놓은 후 핸들러의 신호에 따라 헬퍼는 견을 위협한 다음 문밖으로 나가 문을 닫는다. 이때 문을 완전히 닫지 말고 손가락이 들어갈 만큼의 틈을 둔다.

⑭ 핸들러는 헬퍼가 문밖을 나가 문을 닫으려 할 때 '찾아' 명령을 주며 견을 풀고 방 안에서 대기한다.

⑮ 견은 밖에 헬퍼가 있다는 것을 냄새를 통해 알게 되면 물기 위해 매우 흥분한다. 흥분이 최고조에 올라 견이 짖었다면 헬퍼는 즉시 문을 열고 맞은편 벽을 바라보고 서서 견이 물 수 있게 한다.(견이 짖지 않는다면 핸들러가 옆에서 소리로 자극을 준다.) 다소 시간이 걸릴 수 있지만, 반드시 짖은 후 문을 열어준다.

⑯ 핸들러는 밖으로 나가서 견을 칭찬해주고, 헬퍼를 입구 쪽으로 향하게 한 뒤 견을 놓는다.

⑰ 핸들러가 준비를 완료하면 헬퍼에게 신호를 준다. 신호를 받은 헬퍼는 견을 위협한 뒤 1번 방 안쪽까지 달린다.

⑱ 핸들러와 견은 "멈춰라"라는 경고 방송을 하며 헬퍼를 따라 1번 방까지 달린 다음, 핸들러는 밖에서 대기하고 견은 방 안쪽까지 들어갔다가 나올 수 있게 한다. 그런 다음 드라이브 상태로 견을 건물 밖으로 유도한다. 이는 다음 훈련에서 견이 1번 방으로 들어가게 하기 위함이다.

⑥ 실내(기초 3)

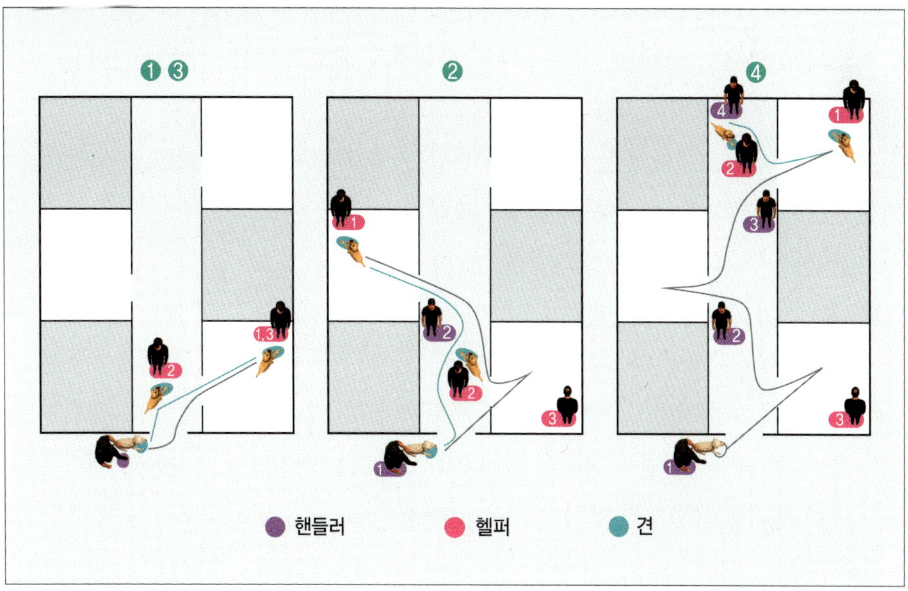

이 훈련의 목적은 견에게 순차적으로 수색하는 패턴을 가르치고 눈이 아닌 코를 이용하여 목표물을 찾을 수 있게 하는 것이다. 방법은 '실내(기초2)'와 비슷하지만 한 가지 다른 점은 헬퍼가 유혹할 필요가 없고 사전에 숨어 있어 냄새로 견이 찾을 수 있게 한다는 점이다.

1. 헬퍼는 추적끈을 이용하여 견을 드라이브 상태로 입구에 대기시키고 헬퍼는 1번 방 구석에 벽을 바라보고 서 있는다.
2. 견을 문에 밀착한 다음 흥분시키며 두 번 정도 경고 방송을 한다. 이때 견이 짖는다면 지체 없이 '찾아' 명령과 함께 추적끈을 풀어준다.
3. 이때 핸들러는 문밖에서 대기하며 견을 살피는데, 1번 방을 지나치지 않게 추적끈에 제동을 걸어 1번 방 안으로 견이 들어갈 수 있게 해야 한다. 자연스럽게 제동을 걸지 못하고 잡아채면 견이 다시 돌아오고, 너무 많이 풀어주면 복도 끝까지 달려갈 수 있으니 각별히 주의해야 한다.
4. 견이 헬퍼를 물면 헬퍼는 신음 소리를 내고, 핸들러는 경고 방송을 통해 헬퍼를 입구 쪽으로 유도한다.
5. 헬퍼가 문밖으로 나오면 견을 칭찬하고, 헬퍼를 1번 방 쪽을 바라보게 한 다음 견을 회수한다.
6. 핸들러의 신호에 헬퍼는 견을 유혹한 다음 1번 방으로 들어가고 견이 1번 방으로 들어가는 헬퍼를 보았다면 핸들러는 견을 데리고 밖으로 나와 안이 보이지 않는 곳에 대기한다.
7. 핸들러의 신호에 헬퍼는 2번 방 구석으로 이동하여 벽을 바라보고 서 있는다.
8. 핸들러는 헬퍼의 이동이 끝났다고 판단되면 견을 문에 밀착시킨 다음 경고 방송을 시작한다. 출발 방법은 위와 동일하다.
9. 문밖에서 추적끈을 조절하여 1번 방으로 견이 들어갔다 나와 2번 방으로 달려가면 재빨리 추적끈을 회수하며 진입한다.
10. 2번 방을 지나치지 않게 추적끈에 제동을 걸어 2번 방 안으로 견을 유도한 다음, 견이 들어갔다면 추적끈을 풀어주고 핸들러는 문밖에서 엄폐하고 대기한다.
11. 견이 헬퍼를 물었다면 헬퍼는 신음 소리를 내고, 핸들러는 경고 방송을 통해 헬퍼를 2번 방 밖으로 유도한다.

⑫ 헬퍼가 문밖으로 나오면 견을 칭찬하며 헬퍼를 1번 방 쪽을 바라보게 한 다음 견을 회수한다.

⑬ 핸들러의 신호에 헬퍼는 견을 유혹한 다음 달려서 1번 방으로 들어가고, 핸들러는 드라이브 상태의 견과 함께 "멈춰라"라는 경고 방송을 하며 헬퍼를 따라간다.

⑭ 핸들러는 견이 1번 방으로 헬퍼를 따라 들어가지 못하게 하며 자연스럽게 문밖으로 나온다.

⑮ 동일한 방법으로 1번 방을 훈련하는데, 견이 첫 번째 방을 지나치지 않게 하기 위함이다.

⑯ 핸들러의 신호에 따라 헬퍼는 3번 방으로 이동하여 벽을 바라보고 서 있는다.

⑰ 핸들러는 헬퍼의 이동이 끝났다고 판단되면 견을 문에 밀착시킨 다음 경고 방송을 시작하고 출발시킨다.

⑱ 문밖에서 추적끈을 조절하여 1번 방으로 견이 들어갔다 나와 다시 2번 방으로 달려가면 재빨리 추적끈을 회수하며 진입한다.

⑲ 2번 방을 지나치지 않게 추적끈에 제동을 걸어 2번 방 안으로 견을 유도한 다음, 견이 들어갔다면 추적끈을 풀어주고 핸들러는 문밖에서 엄폐하고 대기한다.

⑳ 견이 2번 방을 나와 3번 방으로 달려가면 재빨리 추적끈을 회수하며 따라가다 제동을 선다. 3번 방 안으로 견을 유도하고 추적끈을 풀어주며 핸들러는 문밖에서 엄폐하고 대기한다.

㉑ 견이 헬퍼를 물었다면 헬퍼는 신음 소리를 내고 핸들러는 경고 방송을 통해 헬퍼를 3번 방 밖으로 유도한다.

㉒ 헬퍼가 문밖으로 나오면 견을 칭찬하고, 헬퍼를 1번 방 쪽을 바라보게 한 다음 견을 회수한다.

㉓ 핸들러의 신호에 헬퍼는 견을 유혹한 다음 달려 1번 방으로 들어가고 핸들러는 드라이브 상태의 견과 함께 "멈춰라"라는 경고 방송을 하며 헬퍼를 따라간다.

㉔ 핸들러는 견이 1번 방으로 헬퍼를 따라 안으로 들어가게 한 다음 자연스럽게 문밖으로 끌고 나온다. 이때 견이 헬퍼를 물지 못하게 한다.

㉕ 높은 목소리로 견을 칭찬하며 훈련을 종료한다.

㉖ 건물 훈련을 반복하여 실시하는데, 점차적으로 방 수를 늘린다. 헬퍼가 엄폐해

있으면서 견이 조금 더 자세히 냄새를 맡을 수 있게 훈련시킨다.

㉗ 가장 중요한 점은 훈련의 마지막에 항상 헬퍼가 1번 방에 숨고 견이 그것을 보고 나와야 한다는 것이다. 그래야만 다음 훈련에서 견이 1번 방을 지나치지 않는다.

7 계단 훈련

계단 훈련의 목적은 대부분의 견들이 계단을 불편해하여 평소 활동력을 보여주지 못하는 경우가 많기 때문에 두려움을 극복하고 드라이브를 높여 정확한 포인트를 물게 하기 위함이다.

① 훈련은 통로가 없이 바로 계단으로 연결되는 입구에서 실시한다. 헬퍼는 입구가 보이는 곳에서 대기하고, 핸들러는 견줄을 사용하여 드라이브 상태로 건물 밖에서 대기한다.

② 핸들러는 견을 벽에 밀착시키고 경고 방송을 시작한다. 견이 짖으면 바로 출발시킨다.

③ 헬퍼는 견이 뛰어오는 게 보이면 견을 유혹한 다음 계단으로 올라가 중간 평지에 멈춰서 벽을 향해 선다.

④ 헬퍼는 견에게 물렸다면 신음소리를 내고 핸들러는 경고 방송을 통해 헬퍼를 1층 입구로 유도한다.

⑤ 헬퍼가 입구 쪽에 다다르면 핸들러는 진입하여 견을 칭찬하고, 헬퍼를 계단 쪽을 바라볼 수 있게 유도한 다음 견을 회수한다.

⑥ 핸들러의 신호에 따라 헬퍼는 견을 유혹한 다음 조금 더 높이 올라가 계단 중간에 서 있는다. 사라지는 것을 견이 봤다고 판단되면 핸들러는 견을 데리고 밖으로 나온다.

⑦ 핸들러는 견을 벽에 밀착시킨 다음 경고 방송을 시작하고 견이 짖으면 바로 출발시킨다.

⑧ 헬퍼는 뒤를 살피며 견이 헬퍼 앞으로 돌아오지 못하게 한다. 돌아오려고 한다

면 발로 막아 견이 계단을 올라오면서 물 수 있도록 해야 한다. 어떤 견은 헬퍼보다 더 커 보이기 위해 위로 올라가 공격하는 경우도 있기 때문이다.

⑨ 헬퍼는 견에게 물렸다면 신음 소리를 내고, 핸들러는 경고 방송을 통해 헬퍼를 1층 입구로 유도한다.

⑩ 점차적으로 거리를 늘리고 밝기를 조절하며 아래가 보이는 계단 등에서 훈련하여 견이 어떠한 계단에서도 임무 수행을 할 수 있게 훈련한다.

⑪ 또한 위에서 내려오면서 무는 훈련도 병행하여 실시하는데, 이러한 훈련은 비교적 쉽게 극복할 수 있다.

8 야지 훈련

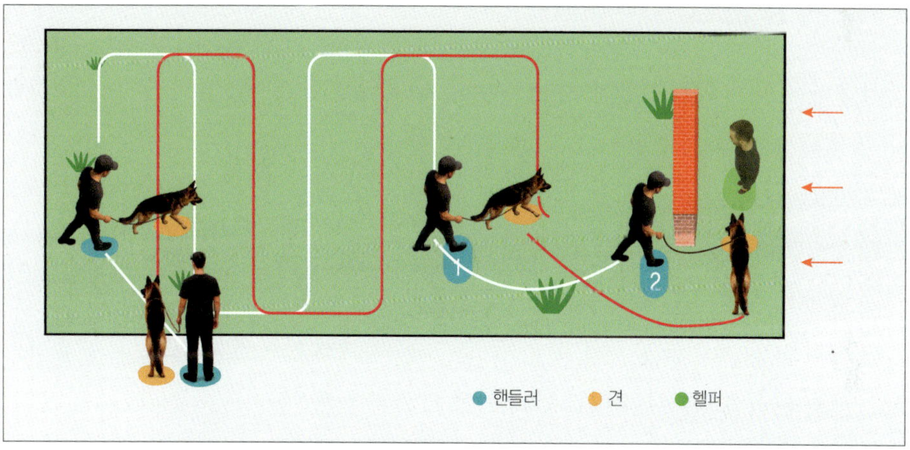

이 훈련의 목적은 주차장이나 들판, 숲, 공항이나 항만 등 강한 바람과 시끄러운 소음 속에서도 임무 수행이 가능하도록 하기 위함이다.

① 방법은 탐지 훈련 중 야지 탐지와 같다.

② 바람을 고려해서 일정한 범위를 정한 다음, 바람이 불어오는 방향 끝쪽에 몸을 엄폐할 수 있는 컨테이너나 작은 건물이 있다면 그 뒤에 헬퍼를 숨긴다.

③ 핸들러는 추적끈을 이용하여 드라이브 상태인 견을 데리고 시작점으로 이동한다.

④ 경고 방송을 하며 견을 흥분시켜 짖게 만든 다음 '찾아' 명령을 하고 출발시킨다.

⑤ 자연스럽게 견을 'ㄹ' 자 모양으로 유도하여 헬퍼에게 다가간다. 이때 좌우로 너무 많이 벌려 헬퍼가 보인다거나 너무 가까이 다가가서는 안 된다.

⑥ 냄새를 맡고 견이 헬퍼에게 접근하면 따라가지 말고 건물이나 컨테이너 등에 엄폐하여 대기한다.

⑦ 헬퍼가 견에 물려 신음 소리를 내면 핸들러는 경고 방송을 통해 헬퍼를 핸들러가 보이는 곳으로 나오게 유도한다.

⑧ 대부분의 견은 몇 번만 훈련하면 금방 적응할 수 있게 된다. 다양한 환경에서 거리 및 넓이에 변화를 주어 훈련을 실시한다.

⑨ 차량 훈련

차량 훈련의 목적은 견들이 차량 내부나 차량 위에서 거부감 없이 임무를 수행할 수 있도록 하기 위한 것이다.

① 차량 두 대를 일정한 거리를 두고 나란히 주차한다. 앞 차량은 헬퍼가 사용할 차량이고 뒤 차량은 핸들러와 견이 엄폐물로 사용할 차량이다.

② 헬퍼는 앞 차량의 운전석 쪽 문을 열고 문과 좌석 사이에 서 있는다. 핸들러는 견을 내려 드라이브 상태로 엄폐 차량 뒤쪽에서 대기한다.

③ 핸들러는 경고 방송을 하고 견이 짖으면 출발시킨 다음 그 자리에서 대기한다.

④ 헬퍼는 견이 달려오면 유혹한 다음 팔을 주고 비명을 지른다.

⑤ 핸들러는 경고 방송을 통해 헬퍼를 차량 뒤로 유도한다.

⑥ 핸들러는 헬퍼가 차량 쪽을 바라보게 유도한 다음 견을 회수하고 엄폐 차량으로 돌아온다.

⑦ 헬퍼는 앞 차량의 운전석 쪽 문을 열고 문과 좌석 사이에 서 있는다.

⑧ 핸들러는 경고 방송을 하고 견이 짖으면 출발시킨 다음 그 자리에서 대기한다.

⑨ 헬퍼는 견이 달려오면 유혹한 다음 재빨리 운전석에 앉는다.

⑩ 이후 회수 방법은 전과 동일하다.

⑪ 헬퍼는 운전석에 앉아 문을 닫고 창문을 개방한 상태로 대기한다.

⑫ 핸들러가 견을 출발시키고 견이 창문으로 접근하면 헬퍼가 재빨리 팔을 물도록 유도하며 견을 안으로 끌어당긴다. 견의 회수 방법은 전과 동일하다.

⑬ 헬퍼는 운전석 쪽 창문만 개방한 상태로 모든 문을 닫은 다음 보조석에 앉아 대기한다.

⑭ 헬퍼는 견이 창문을 뛰어 넘어오면 팔을 물도록 유도한다. 간혹 뛰어넘지 못한다면 소리로 유혹하여 뛰어넘을 수 있게 도와준다. 이후 회수 방법은 전과 동일하다.

⑮ 같은 방법으로 운전석과 조수석을 번갈아 가면서 훈련한다.

2 물기(bite)에 따른 공격견 기초 양성

1 공격견의 이해

공격견은 일반 시민들이나 일부 핸들러들에게 다소 생소한 개념일 수 있다. 공격견의 역할과 활용 방식에 대한 이해도 역시 다양하다. 공격견의 운용 방식은 핸들러의 목적에 따라 다소 차이가 있으며, 이에 따라 훈련 방향도 달라질 수 있다. 참고로 이 책은 미국에서 습득한 훈련법을 기반으로 한 필자 개인적인 견해를 바탕으로 집필했다는 점을 이해해주기 바란다.

공격견은 살상용이 아니라 제압용이라는 점을 명확히 인식해야 한다. 공격견의 주된 역할은 목적물을 효과적으로 제압하여 저항을 최소화하는 것이며, 이러한 목표를 달성하기 위해서는 견의 본능을 활용한 체계적인 훈련이 필요하다.

(1) 본능의 활용

공격 훈련에서 중요한 요소는 견이 선천적으로 가지고 있는 사냥 본능과 방어 본능을 적절히 활용하는 것이다.

사냥 본능은 견이 자신의 것을 빼앗기지 않으려 하고 목표를 성취하려는 본능을 의미하며, 주로 초기 훈련에서 집중력을 높이는 데 활용된다. 반면 방어 본능은 외부로부터 위협을 감지하고 이에 대응하려는 본능으로, 특정 자극에 반응하여 적절한 방어 행동을 취할 수 있도록 유도하는 과정에서 점진적으로 강화된다.

훈련의 시작은 사냥 본능을 이용한 물기 훈련부터 진행된다. 핸들러는 견 앞에서 방호 소매를 이용해 견의 소유욕을 자극하며, 이를 반복함으로써 견이 방호 소매에 대한 성취감을 느끼도록 유도한다. 이후 훈련이 진행됨에 따라 방호 소매의 두께를 점차 줄이고 최종적으로는 방호 소매 없이도 상대방을 인식하고 반응하도록 훈련한다.

사냥 본능이 충분히 강화된 후에는 방어 본능을 높이는 과정이 진행된다. 견이 방호 소매를 물고 있을 때 핸들러가 약한 수준의 위협을 가하며, 견은 이에 대응하여 더욱 강하게 물려고 하는 반응을 보이게 된다.

처음에는 가벼운 위협을 통해 반응을 유도하고, 점진적으로 강도를 높이면서 방어 본능을 강화한다. 다만, 훈련 초기부터 과도한 위협을 가하면 견이 위축될 수 있으므로 강도를 점진적으로 조절해야 한다. 방어 본능이 강화되면 견은 특정한 위협 요소에 대해 자연스럽게 반응하게 되고, 방호 소매 없이도 상대방을 공격할 수 있도록 훈련이 이루어진다.

공격견 훈련에서 가장 중요한 부분은 사냥 본능과 방어 본능이 균형을 이루도록 조절하는 것이다. 사냥 본능이 지나치게 높으면 방호 소매가 없는 상대에게는 반응하지 않을 가능성이 높고, 반대로 방어 본능이 과도하면 특정 부위를 집중적으로 무는 것이 아니라 무차별적인 공격을 하게 될 위험이 있다. 따라서 두 본능이 조화롭게 유지될 수 있도록 세밀한 조정이 필요하며, 이를 통해 견이 특정 상황에서 적절한 공격을 수행할 수 있도록 유도해야 한다.

(2) 정확한 물기

공격 훈련에서 또 하나 중요한 요소는 정확한 물기이다. 견이 물었을 때 강도가 약하면 상대방이 저항하거나 움직일 경우 물기가 풀려 도주할 가능성이 있으며, 이로 인해 2차 공격이 발생할 위험이 있다. 따라서 공격견은 한 번 물었을 때 깊고 강하게 물어야 하며, 이를 통해 최소한의 공격으로 상대방을 효과적으로 제압할 수 있어야 한다.

특히, 정확한 물기를 방해하는 요소로는 상대방이 움직이면서 물기가 흔들리는 경우, 일정한 장력을 가하며 저항하는 경우, 점진적으로 강한 힘을 가하는 경우가 있고, 이는 심화 과정에서 보다 자세히 다뤄야 할 부분이다.

공격견 훈련은 매우 위험한 과정이므로 핸들러의 신호에 대한 조건화 훈련이 반드시 병행되어야 한다. 견은 훈련자의 특정 신호(음성 명령, 손동작 등)가 있어야만 공격을 수행하도록 훈련해야 하며, 이를 통해 불필요한 공격을 방지하고 통제된 환경에서만 임무를 수행할 수 있도록 해야 한다. 또한 다양한 환경에서 반복 훈련을 진행하여 실내, 실외, 야간, 소음이 있는 환경 등에서도 동일한 반응을 보일 수 있도록 해야 한다. 이를 통해 공격견이 예상치 못한 상황에서도 안정적으로 반응할 수 있도록 만들고, 실제 임무 수행에서도 훈련된 대로 움직일 수 있도록 준비해야 한다.

(3) 공격 훈련의 목표

공격견 훈련은 단순히 개의 공격성을 높이는 것이 아니라 정확하고 효과적인 제압 기술을 교육하는 것이 핵심이다. 초기에는 사냥 본능을 활용하여 집중력을 높이고, 이후 방어 본능을 점진적으로 강화하면서 두 본능이 균형을 이루도록 조절하는 것이 중요하다. 특히 공격 훈련에서 가장 중요한 요소는 정확한 물기로, 이를 통해 최소한의 공격으로 상대방을 효과적으로 제압하는 것이 목표가 되어야 한다.

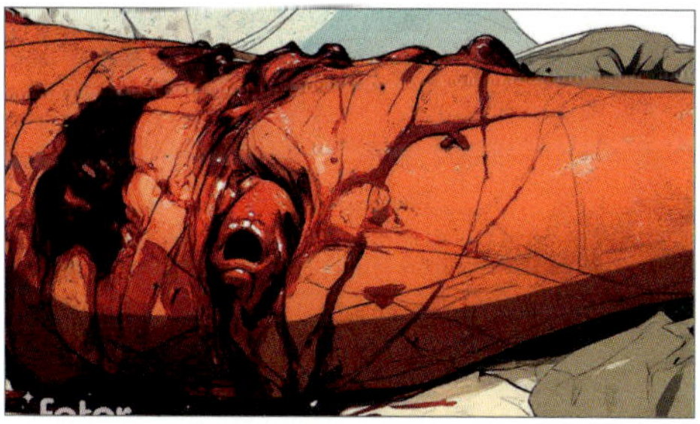

▲ 잘못된 물기: 피해 범위가 넓다

핸들러는 훈련 과정에서 견의 신체적·정신적 상태를 면밀히 관찰하여 공격이 무분별하게 이루어지지 않고 철저히 통제된 범위 내에서 수행될 수 있도록 한다.

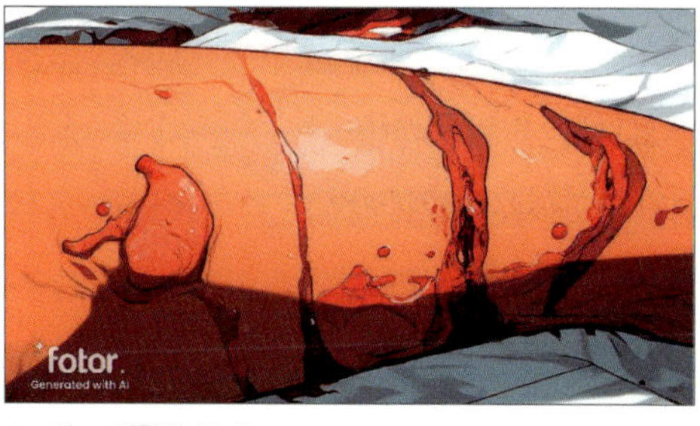

▲ 깊고 정확한 물기

② 훈련 용어

1. prey drive - 사냥 본능
2. defence drive - 방어 본능
3. mouth grip - 견의 물기 정확도
4. bite - 물기
5. full bite - 깊숙하고 꽉 찬 물기
6. sleeve - 방호 소매
7. decoy - 공격견의 물기를 받아주는 전문 훈련사
8. handler - 견을 운용하는 사람
9. prey guarding - 견과 디코이(decoy) 사이에 미끼(방호 소매)를 놓고 디코이가 미끼를 뺏으려는 모션을 취하면서 견을 흥분시켜 사냥 본능을 높이는 행위
10. prey passes - 미끼(방호 소매)를 견이 물지 못하게 눈앞까지 가져가 유혹하고 뒤로 빼서 흥분을 유도하는 행위
11. chock off - 미끼를 문 견의 목줄을 지그시 조여 기도를 압박해 숨을 쉬지 못하게 하여 미끼를 놓게 하는 행위
12. post - 핸들러가 견줄을 잡고 견이 앞으로 전진하지 못하게 고정하는 행위

③ 훈련 장비

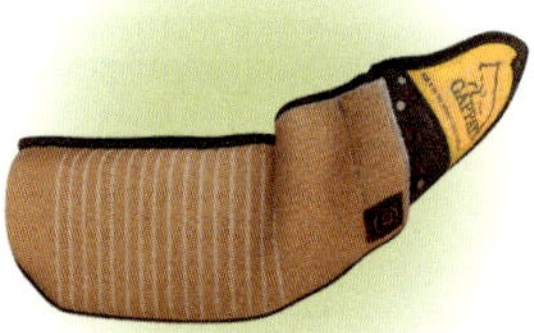

기본 방호 소매

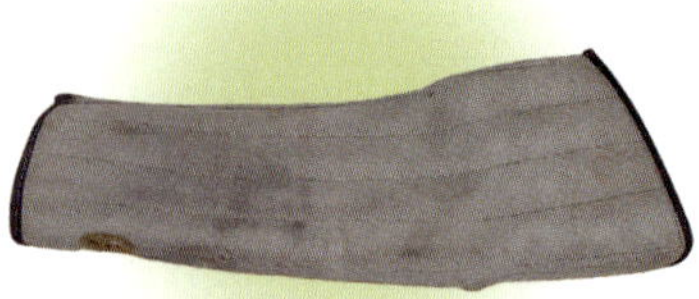

얇은 방호 소매

공격견 훈련에서 방호 소매는 필수적인 도구로, 훈련 초기부터 점진적으로 변화를 주어 견이 실제 상황에서도 효과적으로 대응할 수 있도록 한다. 기본 방호 소매로 시작하여 점차 얇아지며, 최종적으로는 견의 시각에서 실제 사람의 팔과 유사한 크기의 방호 소매로 훈련을 마무리하는 것이 일반적이다.

본격적인 훈련에 앞서 견은 방호 소매와 같은 재질로 제작된 황마 터그와 바이트 패드를 활용하여 적응 훈련을 진행하고 이를 통해 견이 물기 훈련에 대한 거부감을 줄이고, 물었을 때 적절한 압력을 가하는 방법을 자연스럽게 익히도록 한다.

훈련이 진행됨에 따라 다양한 지점에서 물기 훈련을 할 수 있도록 특수 설계된 방호 장비가 활용된다. 삼두용 방호 소매는 상대방의 삼두근(위팔 뒷부분)을 목표로 하는 훈련에 사용되며, 이두용 방호 소매는 이두근(위팔 앞부분)을 물도록 유도하는 데 활용된다. 하체 공격 훈련을 위해 정강이용 방호 다리와 뒤정강이용 방호 다리도 사용되며, 이를 통해 개가 다양한 부위를 정확하게 물 수 있도록 조정한다. 이러한 훈련 도구들은 견이 방호 소매와 유사한 촉감을 가진 표적을 무는 데 익숙해지도록 하며, 점진적으로 실전과 유사한 조건에서도 반응할 수 있도록 돕는다.

최종적으로 개는 방호 소매가 없는 상태에서도 상대방을 효과적으로 제압할 수 있도록 훈련되어야 하며, 이를 위해 단계적으로 훈련 방식을 발전시켜 나가는 것이 중요하다.

두꺼운 방호복

중간 두께의 방호복

방호복 역시 방호 소매와 마찬가지로 두께에 따라 다양한 종류가 있으며, 훈련 목적에 따라 적절한 두께가 선택된다. 방호복의 두께가 두꺼울수록 견의 물기 압력이 덜 전달되어 보호 효과가 높아지지만, 반대로 기동성이 저하되는 단점이 있다. 반면, 방호복이 얇아질수록 기동성은 향상되지만, 견의 강한 물기 압력이 직접적으로 전달되어 착용자가 멍이 생기거나 통증을 느낄 가능성이 커진다.

일반적으로 쇼(Show) 위주의 스포츠견 훈련에서는 두꺼운 방호복을 사용한다. 이는 시각적으로 강한 공격성을 강조하는 퍼포먼스적인 요소가 포함된 훈련이 많기 때문에 훈련자의 안전을 보장하기 위한 목적이 크다. 경찰견 훈련에서는 실전성을 고려하여 중간 두께의 방호복이 주로 사용되고, 중간 두께의 방호복은 보호 기능과 기동성의 균형을 맞추면서도, 견이 실제 공격 시 느끼는 촉감과 유사한 환경을 제공할 수 있도록 설계된다.

실전 훈련이 진행될수록 방호복의 두께를 점진적으로 줄여, 견이 실제로 상대방을 제압할 때와 유사한 감각을 익힐 수 있도록 한다. 또한, 견의 물기 압력이 증가함에 따라 핸들러는 강한 물림에 대한 반응과 방어 동작을 연습할 수 있으며, 이를 통해 훈련의 실효성을 높일 수 있다. 따라서 방호복 선택은 단순히 핸들러의 보호를 위한 것이 아니라 견의 물기 기술을 발전시키고 실전 적용 능력을 높이기 위한 중요한 요소 중 하나로 고려되어야 한다.

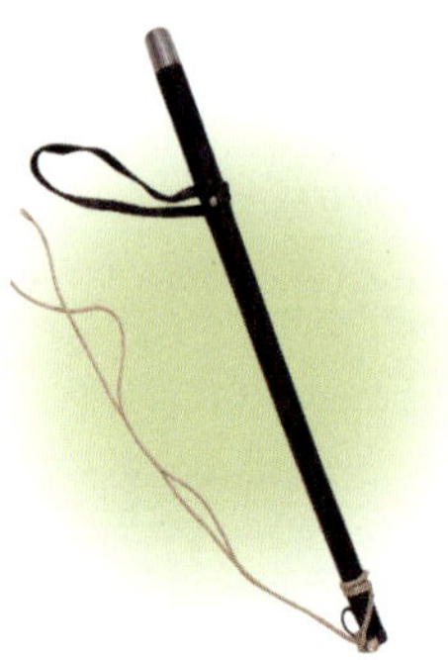

채찍 스틱(줄)

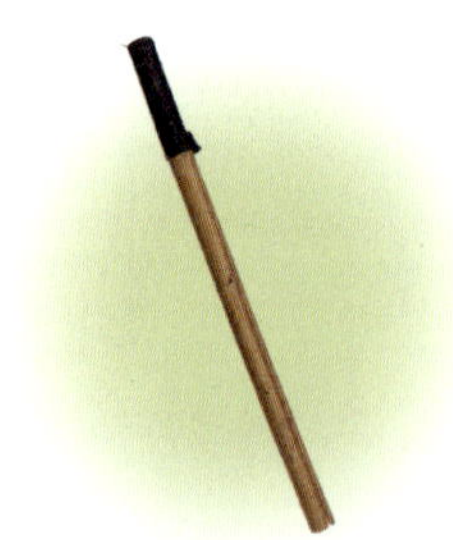

일반 스틱(막대)

훈련 과정에서는 견이 다양한 외부 자극에 적응할 수 있도록 여러 가지 방법이 활용된다. 특히, 총소리와 유사한 소음을 발생시키는 도구를 이용하여 견이 실제 상황에서도 흔들림 없이 임무를 수행할 수 있도록 훈련한다. 훈련 중 채찍을 휘두르면 총소리와 비슷한 소음이 발생하기 때문에, 디코이는 견이 물고 있을 때 채찍을 이용하여 이러한 소리를 발생시켜 견이 갑작스러운 큰 소음에 적응하도록 유도한다. 이는 경찰견이나 군견이 실전에서 총성이 울려도 공격 동작을 멈추지 않도록 하기 위한 필수적인 훈련 방법 중 하나이다. 또한, 대나무를 여러 겹 갈라놓고 흔들면 마찰로 인해 특유의 크고 날카로운 소음이 발생하는데, 이를 이용하여 견이 극도의 소음 환경에서도 집중력을 유지할 수 있도록 훈련한다.

이와 같은 방법은 실전에서 불꽃, 폭발음, 고함 소리 등 예상치 못한 소음이 발생할 수 있는 환경에 견을 적응시키는 과정의 일환이다. 더 나아가 견이 무기를 사용하는 목적물에 적응할 수 있도록 스틱을 활용한 훈련을 진행한다. 이 과정에서 헬퍼는 견이 공격 중일 때 스틱을 이용하여 가벼운 저항을 가하고, 견이 이에 대한 반응을 익히도록 유도한다. 이는 실제 상황에서 상대가 몽둥이, 막대기 등의 무기를 사용하며 저항할 경우 견이 주저하지 않고 공격을 지속할 수 있도록 하기 위함이다. 이러한 훈련 기법들은 견이 실전 환경에서도 동요하지 않고 침착하게 임무를 수행할 수 있도록 돕는 역할과 궁극적으로는 공격견의 완성도를 높이는 필수적인 과정 중 하나로 자리 잡고 있다.

4 기초견 양성 과정

공격견 훈련에서 가장 중요한 요소는 정확한 물기이다. 공격견 양성 과정의 50% 이상이 정확한 물기를 위한 훈련으로 구성되며, 마지막 단계인 환경 적응 훈련에서도 물기의 교정과 유지가 지속적으로 이루어진다. 정확한 물기는 단순히 공격력을 높이는 것이 아니라 최소한의 공격으로 목표를 효과적으로 제압하고 불필요한 부상을 방지하는 데 필수적인 요소이다.

훈련 초기 단계에서는 견이 물기를 가장 쉽게 수행할 수 있도록 환경을 조성하여, 목적물을 깊고 강하게 물 수 있도록 유도하는 것이 핵심이다. 이를 위해 정적인 상태에서 방호 소매를 활용하여 견이 자연스럽게 강한 압력으로 물 수 있도록 하며, 견이 목적물을 무는 동안 올바른 물기 자세를 유지하도록 훈련한다.

단계가 높아질수록 견이 보다 능동적으로 반응할 수 있도록 훈련이 발전된다. 견 혼자서 목표물을 향해 달려가 물기, 다양한 부위(팔, 이두근, 삼두근, 앞다리 및 뒷다리 등) 물기 그리고 공격 중 방해 요소를 극복하는 훈련이 추가된다. 예를 들어, 상대방이 움직이면서 저항할 경우에도 견이 흔들림 없이 깊고 강한 물기를 유지할 수 있도록 훈련하며, 소음, 밀어내기, 몸 흔들기 등의 방해 요소가 가해지는 상황에서도 개가 정확하게 목표물을 물도록 유도한다.

이러한 훈련을 통해 공격견은 다양한 환경에서도 흔들림 없이 목표를 정확하게 물고 제압할 수 있도록 성장하며, 실전에서 신뢰할 수 있는 제압 능력을 갖추게 된다.

최종적으로 정확한 물기는 공격견의 효율성을 결정짓는 가장 중요한 요소이므로 지속적인 훈련과 교정을 통해 완성도를 높이는 것이 필수적이다.

(1) 기둥 훈련

기둥 훈련은 견의 움직임을 제한한 상태에서 디코이가 정확한 물기를 유도하는 방식으로, 견이 올바른 자세와 강한 압력으로 목표물을 물 수 있도록 조정하는 훈련이다.

이 과정에서는 견의 사냥 본능(Prey Drive)을 효과적으로 자극하여 실전에서 흔들림 없는 물기를 수행할 수 있도록 돕는다.

1 견을 기둥에 묶기

- 핸들러는 약 8m 길이의 견줄(리드줄) 을 사용하여 견을 기둥에 묶는다.
- 견이 자유롭게 움직일 수 있도록 하되, 훈련 범위를 제한하여 집중력을 유지하도록 한다.

2 디코이 등장

- 디코이는 견이 보이지 않는 위치에 대기한다.
- 핸들러와 견이 준비되면 디코이는 방호 소매를 좌우로 크게 흔들면서 천천히 접근한다.

3 사냥 본능 자극하기

- 디코이는 방호 소매를 견의 1m 앞 땅바닥에 내려놓고 1m 뒤로 빠진다.
- 방호 소매를 견과 핸들러 사이 중앙에 놓고 방호 소매를 뺏는 시늉을 하여 견의 사냥 본능을 자극한다.★

★디코이의 시선이 견과 마주치지 않도록 하며, 시선은 방호 소매에 집중해야 한다. 디코이는 견과 싸우려는 사람이 아닌 방호 소매를 뺏으려는 사람으로 인식되어야 한다.

▲ 방호 소매를 좌우로 흔들고 견 앞에 놓는다.

▲ 뺏는 시늉으로 사냥 본능을 높인다.

4 방호 소매 착용

- 견이 충분히 흥분하면 방호 소매를 왼손에 착용한다.
- 대부분 사람이 오른손잡이이므로 방어 본능을 키우기 위해 오른손으로 위협하는 것이 효율적이다.

5 방호 소매를 이용한 유혹

- 디코이는 왼손에 착용한 방호 소매를 위에서 아래로 견의 코앞까지 이동시킨다.
- 견이 물기 직전에 빠르게 뒤로 빼서 견이 물지 못하게 하며 흥분도를 높인다.★

★방호 소매를 위에서 아래로 유혹함으로써 견이 스스로 점프하여 무는 행동을 유도한다.

6 방호 소매 유혹 반복

- 위 과정을 총 3회 반복하여 견이 물 위치를 학습하도록 한다.
- 3회 반복을 통해 견의 욕구를 증가시키되, 4회 이상 반복하면 상실감이 생길 수 있으므로 주의한다.

7 방호 소매 물리기

- 유혹 4회째에는 견이 깊이 물 수 있도록 방호 소매를 끝까지 밀어 넣어준다.

▲ 방호 소매 위에서 아래로 유혹 3회

▲ 방호 소매를 깊숙이 물려준다.

8 깊고 정확한 물기 유도하기

- 견이 방호 소매를 물면 견줄이 팽팽해진 상태에서 디코이는 자신의 체중을 이용해 지그시 당겨준다.
- 견이 방호 소매를 놓치지 않도록 적절한 힘 조절이 필요하다.
- 지그시 당기고 있던 힘을 순간적으로 풀어 견의 앞쪽으로 방호 소매를 가져다 놓고 고정한다.
- 견은 방호 소매를 빼앗기지 않으려는 사냥 본능 때문에 더 깊고 강하게 무는 행동을 하게 된다.
- 방호 소매와 견의 입 사이에 공간이 없고, 더 이상 방호 소매가 견의 입속으로 들어갈 수 없는 상태여야 한다.

9 깊게 무는 순간 칭찬

- 견이 깊게 다시 물면 즉시 견의 앞발이 지면에서 살짝 떨어지도록 가슴까지 들어 올려 가볍게 칭찬을 진행한다.
- 견의 앞다리를 지면에서 떨어지게 함으로써 견이 자신의 방향으로 당기거나 머리를 터는 행동을 방지한다.

10 움직이는 목적물 적응

- 목적물이 움직여도 정확한 물기가 유지되도록 반원을 그리며 옆으로 천천히 이동한다.

▲ 지그시 당기고 풀어 정확한 물기를 유도한다.

▲ 견을 들고 이동한다.

11 깊고 정확한 물기 유도

- 디코이는 오른쪽 끝으로 이동한 후 다시 지그시 당기고, 견의 앞쪽으로 방호 소매를 가져가 견이 고쳐 물게 유도하여 완벽한 물기를 완성한다.
- 주의할 점은 이동하거나 당기는 동안 깊고 정확한 물기가 유지된다면 고쳐 물게 하는 과정은 생략 가능하다.

12 움직이는 목적물 적응

- 견이 정확히 물고 있으면 왼쪽 끝으로 반원을 그리며 천천히 이동한다.
- 점진적으로 강도를 높여 나중에는 달리거나 심한 저항에도 물기가 풀리지 않도록 훈련한다.

13 깊고 정확한 물기 후 성취감 제공

- 디코이는 방호 소매를 지그시 당기고 내주며 견이 깊고 정확한 위치를 고쳐 물면 칭찬한다.
- 칭찬과 동시에 방호 소매를 놓고 견이 가져가도록 하여 사냥 본능을 높이고 성취감을 제공한다.

14 방호 소매 놓기

- 핸들러는 견의 목줄을 지그시 압박하여 방호 소매를 놓게 한 후, 견과 함께 2보 뒤로 이동한다.★

★핸들러는 견에게 다가가 진정시키면서 자세를 잡고, 목줄을 급하게 압박하지 않고 천천히 진행해야 한다.

15 디코이 도주 및 훈련 반복

- 디코이는 방호 소매를 가져가 보이지 않는 곳으로 도망하거나 견의 체력이 남아 있다면 위 과정을 다시 반복한다.
- 보통 3회 진행하는 것이 적절하다.

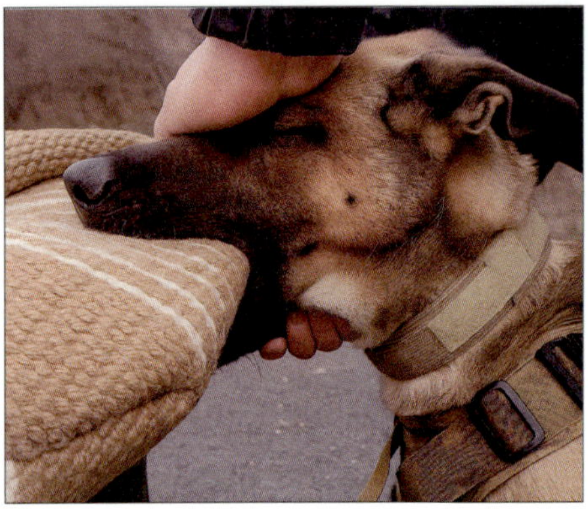

▲ 깊은 물기: 방호 소매와 견 입 사이에 공간이 없다.

▲ 깊지 못한 물기: 방호 소매와 견 입 사이 공간이 많다.

(2) 견 보내기

견의 개방된 움직임 속에서 능동적으로 목적물에 다가가 깊고 정확한 물기를 할 수 있도록 유도한다. 기둥 훈련과 연계하여 수동적인 훈련에서 능동적인 훈련으로 자연스럽게 진행하여 교육 효과를 극대화한다.

1 핸들러의 자세 고정

- 핸들러는 견줄을 긴 줄에서 짧은 줄로 교체하고, 두 다리를 앞뒤로 벌린 상태에서 견줄을 허리춤에 고정하여 견이 앞으로 전진하지 못하게 대기한다.
- 핸들러의 고정 자세가 단단해야 디코이가 거리감을 익히고 섬세한 훈련을 진행할 수 있다.

2 사냥 본능 자극

• 디코이는 방호 소매를 들고 천천히 견에게 접근한 후, 견 앞에 놓고 뺏으려는 시늉을 하며 사냥 본능을 자극한다.

3 방호 소매로 유혹

• 디코이는 방호 소매를 착용한 후 위에서 아래로 견의 코앞까지 전진과 후퇴를 3회 반복하여 유혹한다.

4 디코이 도망가기

• 디코이는 뒤를 돌아 견과 일직선상에서 방호 소매가 보이도록 팔을 펴고 천천히 달려간다.

▲ 디코이는 3회 유혹 후 뒤를 돌아 달려간다.

▲ 견줄을 잡고 같이 뛰어간다.

5 견 출발

• 디코이와 10m 정도 거리가 벌어지면 핸들러는 견줄이 팽팽하게 유지된 상태에서 빠르지 않게 견과 함께 출발한다.
• 처음 단계에서는 견의 돌발 행동을 방지하고 정확한 위치의 물기가 가능하도록 견줄을 잡고 같이 달려간다.

6 방호 소매 물리기

• 견이 방호 소매를 정확히 물 수 있도록 핸들러는 견줄을 이용하여 위치를 잡아

주고 디코이는 방호 소매가 흔들리지 않게 고정된 상태에서 견이 물 수 있도록 유도한다.

- 견이 방호 소매를 물면 칭찬한다.

7 깊고 정확한 물기 유도

- 핸들러의 신호에 맞춰 디코이는 자신의 쪽으로, 핸들러는 반대 방향으로 견줄을 지그시 당긴다.
- 순간적으로 핸들러와 디코이는 힘을 풀어 방호 소매를 견의 앞쪽으로 가져다 놓고 고정한다.
- 견이 깊고 정확한 위치에 고쳐 물었다면 디코이는 견의 앞발이 지면에서 떨어지도록 들어올리면서 칭찬과 함께 이동한다.

▲ 정확한 고쳐 물기를 유도한다.

▲ 방호 소매를 내어준다.

8 움직이는 목적물 적응

- 목적물이 움직여도 깊고 정확한 물기가 유지되도록 훈련을 진행한다.

9 성취감 제공

- 디코이와 핸들러는 깊고 정확한 물기를 유도하고 견이 수행하는 즉시 방호 소매를 내어주어 견에게 성취감을 준다.

10 훈련 반복

- 견의 수행 능력에 따라 견 보내기 횟수를 늘려 훈련을 진행한다.

11 다양한 상황 적응 훈련

- 견 보내기 훈련 단계는 견의 능동적인 수행 능력을 키우는 훈련이므로 도망가는 목적물, 멈춰 있는 목적물, 다가오는 목적물 등 다양한 상황을 적용하여 훈련을 진행한다.

세부 훈련 단계

- 도망가는 디코이를 핸들러와 견이 함께 달려가 물기
- 도망가는 디코이를 견만 출발하여 물기
- 20m 앞에 견을 바라보며 멈춰 있는 디코이를 핸들러와 견이 함께 달려가 물기
- 20m 앞에 견을 바라보며 멈춰 있는 디코이를 견만 출발하여 물기
- 멀리서 견 쪽으로 천천히 다가오는 디코이를 핸들러와 견이 함께 달려가 물기
- 멀리서 견 쪽으로 천천히 다가오는 디코이를 견만 출발하여 물기
- 멀리서 견 쪽으로 빠르게 달려오는 디코이를 견만 출발하여 물기

(3) 다양한 부위 물기

견이 특정 부위만 물도록 훈련하면 실제 상황에서 제압 능력이 제한될 수 있다. 본 훈련은 견이 목적물의 자세 및 상황에 따라 적절한 부위를 깊고 정확하게 물 수 있도록 교육하는 것을 목표로 한다.

1 기본 훈련 부위 설정

- 상체: 팔, 이두, 삼두
- 하체: 정강이, 뒤정강이
- 경찰견 훈련의 경우 치명상을 유발할 수 있는 얼굴, 목, 겨드랑이, 사타구니 부위는 피해야 한다.

2 부위별 훈련

- 방호복 또는 부위별 방호 장비를 착용하고 기둥 훈련 및 견 보내기 훈련과 동일한 방식으로 진행한다.

- 목적에 따라 특정 부위를 집중적으로 물도록 훈련하거나 특정 부위 제한 없이 물도록 하는 방식도 활용 가능하다.

3 이두 물기 훈련

① 디코이 준비

- 방호복 하의만 착용하고 상의는 벗은 채 견이 보이지 않는 곳에서 대기한다.

② 사냥 본능 자극

- 핸들러가 기둥 훈련을 준비하면 디코이는 방호복을 들고 좌우로 흔들면서 천천히 접근한다.
- 견 앞에 방호복을 놓고 뺏으려는 시늉을 하여 사냥 본능을 자극한다.

③ 이두 물기 유도

- 디코이는 방호복을 착용한 후 왼팔을 옆으로 핀 상태에서 이두를 앞뒤로 흔들면서 천천히 전진한다.
- 견이 이두에 집중할 수 있도록 몸을 고정하고, 이두 부위만 앞뒤로 움직여 견을 유도한다.

④ 이두 물리기

- 견의 코앞까지 다가가 이두를 다시 앞뒤로 유혹한다.★
- 견이 물려고 할 때 깊숙이 이두를 넣어 정확한 물기가 이루어지도록 유도한다.

★물리는 위치가 다른 신체 부위보다 앞에 나와 있어야 하고, 이두는 특히 자세가 잡기 어려워 간혹 무릎이나 얼굴이 앞으로 나와 견에게 물릴 수 있으므로 견의 시선을 확인하면서 전진해야 한다.

⑤ 깊고 정확한 물기 유도 및 이동

- 견이 이두를 물면 디코이는 체중을 이용해 지그시 당긴 후 견의 앞쪽으로 이두를 전진하여 더욱 깊고 정확히 물 수 있도록 유도한다.
- 견이 정확히 고쳐 물었으면 순간적으로 일어나 견의 앞발이 지면에 떨어지게 하고 반원을 그리며 오른쪽으로 이동하여 1회, 다시 왼쪽으로 이동해 1회 깊숙이 물기 유도를 반복한다.

⑥ 최종 성취감 부여

- 마지막 3회째 디코이는 방호복을 벗어 견에게 내주어 성취감을 준다.
- 디코이는 지그시 당기기 전에 상의를 풀어 오른팔을 뺀 상태에서 깊숙이 물기를 유도하며, 견이 깊숙이 물었을 때 즉시 상의를 벗어 성취감을 제공한다.

▲ 깊고 정확한 물기를 유도한다.

4 삼두 물기 훈련

- 이두에서 위치만 삼두로 바꾸고 팔과 동일하게 훈련을 진행한다.

5 하체 물기 훈련(정강이, 뒤정강이)

① 디코이 준비점

- 하체 보호 장비를 착용하고 견이 보이지 않는 곳에서 대기한다.

② 사냥 본능 자극

- 방호복을 들고 견 앞에서 좌우로 흔들며 사냥 본능을 유도한다.

③ 정확한 물기 유도

- 정강이 또는 뒤정강이를 견의 눈높이에 맞추어 움직이며 유도한다.
- 견이 물려는 순간 깊숙하게 물 수 있도록 정확한 위치를 제공한다.

④ 훈련 반복 및 강화

- 견이 스스로 올바른 물기 위치를 찾을 수 있도록 3~5회 반복하며, 점진적으로 수행 능력을 향상시킨다.

⑤ 다리 물기 주안점

- 견의 머리가 다리의 바깥쪽을 향하도록 물려야 한다.★
- 깊은 물기를 유도하고 견의 앞다리를 지면에서 띄울 수 없으므로 디코이는 천천히 움직이면서 물기를 유지시킨다.

★견이 물었을 때 머리가 안쪽을 향하면, 목적물이 발을 높이 들었을 때 견의 목이 돌아가 충격을 받아 다칠 가능성이 있다.

▲ 삼두

▲ 다리

6 견 보내기 훈련 절차

① 견 보내기 시작

- 팔, 삼두, 뒤정강이는 도망가는 디코이 물기부터 시작한다
- 이두, 앞정강이는 20m 앞에서 견을 바라보고 멈춰 있는 디코이 물기부터 적용한다.

② 핸들러 준비

- 핸들러는 짧은 견줄로 교체하여 견이 앞으로 전진하지 못하도록 고정 자세를 취한다.

③ 사냥 본능 자극

- 디코이는 방호복 상의를 좌우로 흔들면서 견에게 다가와 견 앞에 방호복을 놓고 사냥 본능을 자극한다.

④ 이두 물기 유도

- 디코이는 방호복을 착용하고 이두를 앞뒤로 흔들면서 견 쪽으로 천천히 전진한다.

- 견의 코앞까지 이두를 유혹하고, 이후 20m 뒤로 달려가 멈춰 서서 견을 바라보며 왼팔을 핀 상태로 대기한다.

⑤ 견 출발

- 디코이가 준비되면 핸들러는 견줄을 잡고 견과 함께 디코이 쪽으로 다가간다.

⑥ 정확한 물기 유도

- 디코이는 견이 다가오는 동안 계속 이두를 앞뒤로 흔들어 유도한다.
- 물기 직전 디코이는 견의 시선을 확인하고, 핸들러는 견줄을 이용하여 정확한 위치를 물 수 있도록 유도한다.

⑦ 부위별 훈련

- 삼두는 팔과 동일하게 훈련을 진행한다
- 하체 물기는, 뒤정강이는 도망가는 목적물 물기, 앞정강이는 20m 앞에서 견을 바라보고 멈춰 있는 목적물 물기부터 진행한다.

▲ 이두 물기를 위해 견 보내기

▲ 잘못된 이두 유혹(견이 얼굴을 물려고 한다.)

(4) 건물 환경 적응 훈련

건물 환경에서 견이 핸들러의 명령에 따라 목적물을 제압할 수 있도록 훈련하는 과정이다. 훈련을 통해 핸들러의 명령 신호를 조건화하고, 실제 범인의 행동을 모방하여 위협적이고 저항하는 디코이의 행동을 추가함으로써 방어 본능을 강화한다. 또한, 방호 소매에서 사람으로 미끼 대상을 전환하여 견이 실제 상황에 적응할 수 있도록 한다. 건물 훈련에서는 도망가는 도주자와 투항자로 구분하여 견이 능동적으로 건물을 수색하도록 훈련을 진행한다.

1 건물 안으로 도망가는 도주자

❶ 훈련 준비

- 건물 입구에서 견과 핸들러가 준비를 완료하면 디코이는 견 앞에 방호 소매를 놓고 사냥 본능을 자극한다.

❷ 디코이의 도주

- 디코이는 방호 소매를 착용한 뒤 유혹 3회 후 건물 내부 객실로 도망간다.
- 견이 쉽게 찾을 수 있도록 가까운 객실에 들어가서 잘 보이도록 대기한다.

❸ 공격 명령 및 견 투입

- 디코이가 준비 완료되면 핸들러는 경고 통보와 공격 명령을 반복적으로 수행한 후 견을 출발시킨다.
- 출발 전 반복적인 경고 통보와 명령을 통해 견에게 공격 조건화가 성립되도록 한다.★

★ 핸들러는 견의 등을 두드리면서 "이 견은 경찰견입니다. 손을 머리 위로 올리고 밖으로 나오십시오"라고 경고 방송 2회 후 공격 명령을 실시한다.

❹ 핸들러의 역할

- 견이 능동적으로 수색할 수 있도록 핸들러는 출발지에서 움직이지 않고 긴 견줄을 이용하여 운용한다.
- 긴 견줄을 이용하여 견의 돌발 행동을 방지한다.
- 실제 상황에서는 핸들러가 건물 내부로 들어가지 않고 입구 밖에서 대기한다.

❺ 디코이의 저항 및 방어 본능 자극

- 견이 디코이를 물면 디코이는 위협적인 행동을 하여 방어 본능을 자극한다.
- 처음부터 과하게 소리를 지르거나 위협적인 행동을 하면 견이 위축될 수 있으므로 점진적으로 적응시키는 것이 중요하다.

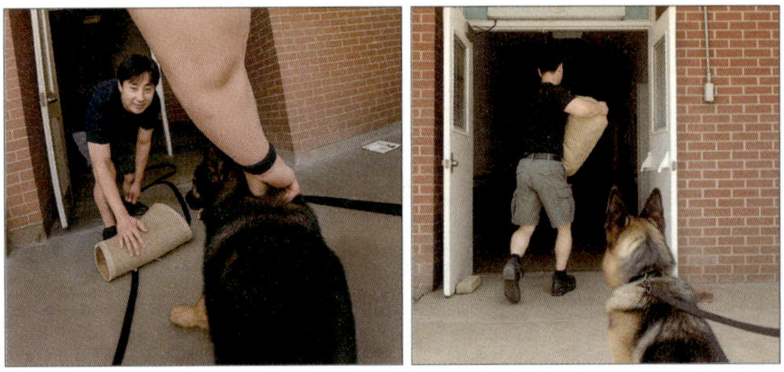

▲ 디코이는 유혹을 하고 건물 안으로 도망간다.

▲ 견만 건물 안으로 보낸다.

❻ 핸들러의 칭찬 및 물기 유도

- 핸들러는 견이 디코이를 물면 즉시 달려가 칭찬하며 깊고 정확한 물기를 유도한다.

❼ 방호 소매 제공 및 초기 위치 복귀

- 견이 정확한 물기를 하면 디코이는 방호 소매를 견에게 내주고, 핸들러는 최초 시작점으로 돌아간다.

❽ 방호 소매 회수 및 재훈련

- 핸들러는 견에게 방호 소매를 놓게 한 후 2보 뒤로 물러나며, 디코이는 방호 소매를 가지고 다시 건물 안 객실로 들어간다.

❾ 점진적인 거리 증가

- 숨었던 객실의 거리를 조금씩 늘려 훈련을 진행하여 견의 수색 능력을 강화한다.

❿ 훈련 목표

- 도주자 훈련의 핵심은 건물 내부 객실에 목적물이 있다는 개념을 견에게 인식시키는 것과 공격 명령 조건화를 성립하는 것에 중점을 둔다.

2 건물 밖으로 나오는 투항자

❶ 디코이의 준비

- 디코이는 방호 소매를 착용한 상태에서 보이지 않게 건물 내부 객실에서 대기한다.

❷ 핸들러의 경고 통보

- 핸들러는 견과 함께 건물 입구에서 투항하라는 경고 통보를 한다.
- 공격 조건화가 성립되었다면 견이 흥분하여 짖거나 출발하려는 몸짓을 보일 것이다.

❸ 견의 반응 유도

- 견이 투항하라는 경고 통보에도 반응하지 않는다면 디코이는 객실에서 얼굴을 반쯤 내밀고 작은 소리를 내어 견의 주의를 끈다.

④ 디코이의 등장

- 견이 짖거나 출발하려는 반응을 보이면 디코이는 빠르게 객실에서 나와 견에게 등을 보이도록 서 있는다.

⑤ 투항자 역할 수행

- 디코이는 오른손을 머리 위로 올리고, 방호 소매를 찬 왼손은 몸쪽으로 숨긴 상태에서 천천히 건물 입구 쪽으로 뒷걸음질 친다.
- 방호 소매에서 사람으로 견의 반응이 전환될 수 있도록, 방호 소매를 감추면서 점진적으로 방어 본능을 올린다.

⑥ 견의 집중 유도

- 디코이가 투항하면서 나오는 데도 견의 반응이 줄어들거나 집중하지 못할 시
  - 디코이는 그 자리에 멈추고 견이 다시 흥분할 때까지 기다린다.
  - 견이 다시 집중할 수 있도록 견과의 거리를 조정하며 움직인다.
  - 견은 목적물이 보이는 순간부터 건물 밖으로 나올 때까지 지속적으로 주시하고 집중해야 한다.

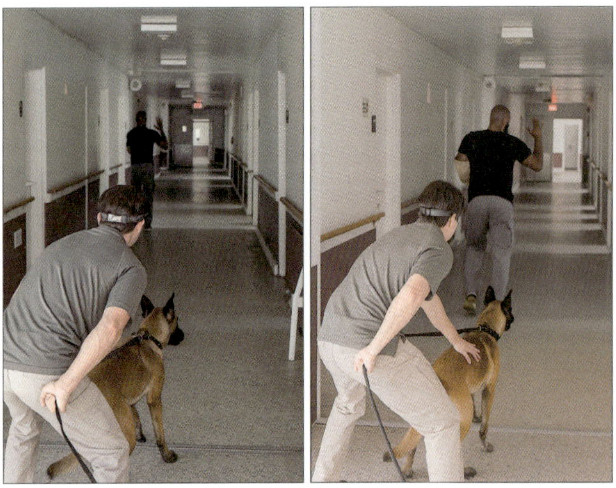

▲ 견이 반응을 보이면 디코이는 천천히 나온다.

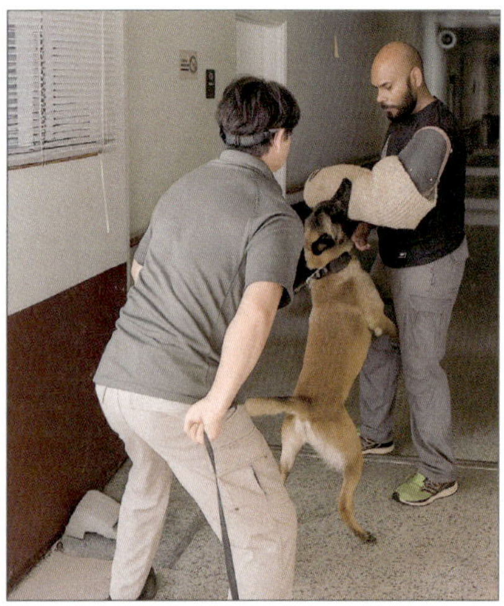

▲ 입구에서 견에게 물린다.

⑦ 방호 소매 물리기 및 정확한 물기 유도

- 디코이가 건물 입구 쪽으로 도착하면 뒤를 돌아 방호 소매를 견에게 물린다.
- 견이 깊고 정확한 물기를 하도록 유도한 후 방호 소매를 내준다.

⑧ 핸들러의 역할 및 디코이 이동

- 핸들러는 견이 방호 소매를 놓게 한 후 디코이가 건물 안으로 들어가는 모습이 보이지 않도록 다른 곳으로 이동한다.
- 디코이가 다시 건물 안 객실로 들어가면 핸들러와 견은 입구로 돌아와 훈련을 반복한다.

3 건물 안에 숨어 있는 범인

① 디코이의 준비

- 디코이는 방호 소매를 착용한 상태에서 건물 내부 가장 가까운 객실에서 대기한다.
- 훈련 단계가 변경될 때 견이 혼란스러워할 수 있으므로, 초기에는 익숙한 방호 소매를 착용하고 방호복으로 점진적으로 전환한다.

② 핸들러의 공격 통보

- 핸들러는 견과 함께 건물 입구에서 공격 통보를 한다.
- 이전 건물 훈련 경험이 있다면 견은 공격 통보만으로도 흥분하여 출발하려는 반응을 보일 것이다.

③ 견의 투입 및 핸들러의 역할

- 핸들러는 공격 명령을 통해 견을 건물 내부로 투입하고, 건물 밖에서 긴 견줄을 활용하여 운용한다.
- 건물 수색의 핵심은 견이 건물 입구에 가까운 객실부터 하나씩 수색하여 안전을 확보하고 전진하는 것이다.

④ 견의 객실 탐색 유도

- 견이 특정 객실을 확인하지 않고 앞으로 이동하려 할 시
  - 핸들러는 견줄을 지그시 잡아 충격 없이 전진하지 못하도록 한다.
  - 견이 가까운 객실로 들어갈 때까지 견줄을 유지하여 이동을 제한한다.
- 견에게 입구부터 가까운 객실을 하나씩 확인해야만 앞으로 이동할 수 있다는 개념을 익히게 해야 한다.

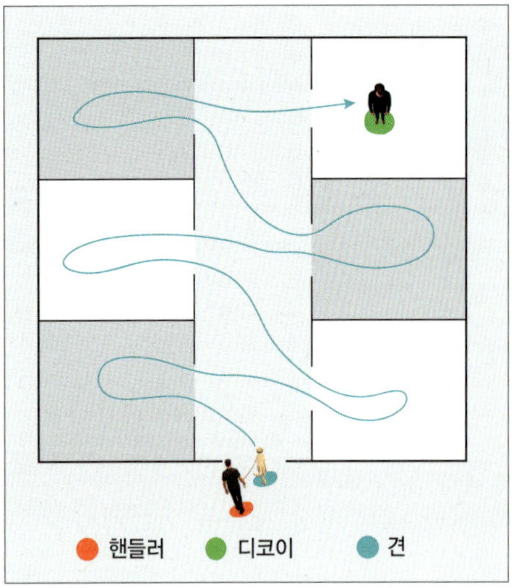

▲ 복도형 객실 수색

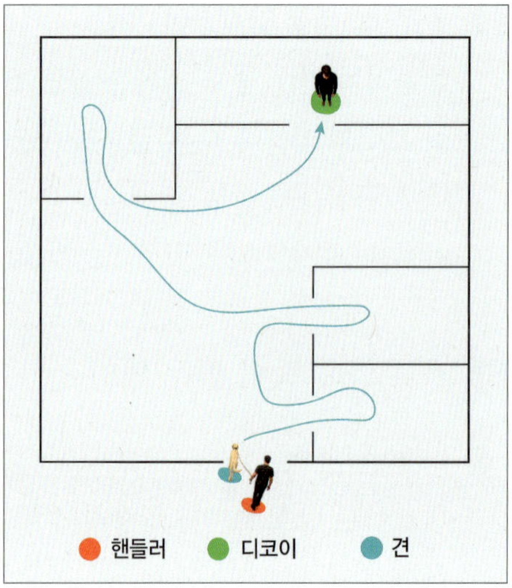

▲ 불규칙 객실 수색

5 견의 객실 진입 및 발견

- 견이 디코이가 있는 객실로 들어가 발견하고 속도가 빨라질 때 핸들러는 견줄을 풀어 견이 쉽게 물 수 있도록 도와준다.
- 견이 디코이를 물었다면 핸들러는 빠르게 다가가 깊고 정확한 물기를 유도한다.
- 디코이의 위치는 순차적으로 객실 문 앞, 객실 문 직선상 끝, 객실 문 대각선 맨 끝, 객실 문 옆 맨 끝에 배치하여 견이 객실에 들어왔을 때 모든 공간을 확인할 수 있도록 한다. 숙달이 되면 불규칙적으로 위치를 변경하여 훈련한다.

6 객실 순차적 탐색

- 디코이는 건물 입구에서 가까운 첫 번째 객실을 시작으로 두 번째 객실, 세 번째 객실을 순차적으로 숨어 견이 놓치는 공간이 없도록 한다.

7 대형 건물 및 넓은 공간 대응

- 건물에 객실이 많고 공간이 넓을 시
  - 핸들러는 견줄의 길이가 끝나는 지점에서 견을 엎드리게 한다.
  - 핸들러는 벽을 타고 조심스럽게 이동하여 견 옆에 위치한다.
  - 다시 공격 명령을 내려 견의 수색을 진행한다.
- 견이 객실을 확인하고 전진했더라도 핸들러는 건물 내부로 진입할 때 최대한 벽에 붙어 몸을 숨기며 객실을 한 번 더 확인해야 한다.

4 닫혀 있는 문 앞에서 짖기

① 디코이의 준비

- 디코이는 견이 볼 수 있도록 유혹한 후 객실로 들어가 문을 10cm 정도 열고 견을 받을 준비를 한다.
- 견이 스스로 문을 밀어 열고 들어오면 즉시 방호 소매를 물릴 수 있도록 한다.
- 견이 문을 치지 못하고 들어오기를 주저하면 디코이는 문 쪽으로 다가가 견이 볼 수 있도록 하거나 소리를 내어 유혹한다.

② 견의 문 반응 유도

- 문을 10cm 열고 발로 고정하여 견이 들어오지 못하게 한다.
- 견이 발로 긁거나 끙끙거리는 소리를 내면 즉시 문을 열고 방호 소매를 물릴 수 있도록 한다.

③ 짖음을 통한 문 개방 유도

- 문을 10cm 열고 발로 고정한 상태에서 견이 짖으면 문을 열어준다.
- 견이 짖는 것을 어려워하면 '짖어' 훈련을 따로 진행하여 디코이가 명령어를 사용하여 유도한다.

④ 후각을 활용한 반응 유도

- 문을 닫고 디코이가 문 앞에서 대기하여 냄새가 최대한 많이 흘러나오도록 한다.
- 견이 문 앞에서 반응을 보이고 짖으면 즉시 문을 열고 방호 소매를 물릴 수 있도록 한다.

⑤ 짖음의 반복 및 강화

- 짖음의 횟수를 늘려 완벽한 통보가 될 수 있도록 반복 훈련을 진행한다.

⑥ 디코이 숨기기 훈련

- 견이 닫혀 있는 객실의 문 앞에서 통보를 잘한다면 디코이가 숨는 모습을 보여주지 않고 훈련을 진행한다.
- 훈련 초반에는 냄새가 잘 흘러나오도록 문 바로 뒤에 숨고, 점진적으로 거리를 늘려 방 끝에 있어도 견이 찾고 통보할 수 있도록 한다.
- 객실뿐만 아니라 장롱, 천장 등 은닉된 목적물 상황도 병행하면서 훈련을 진행한다.

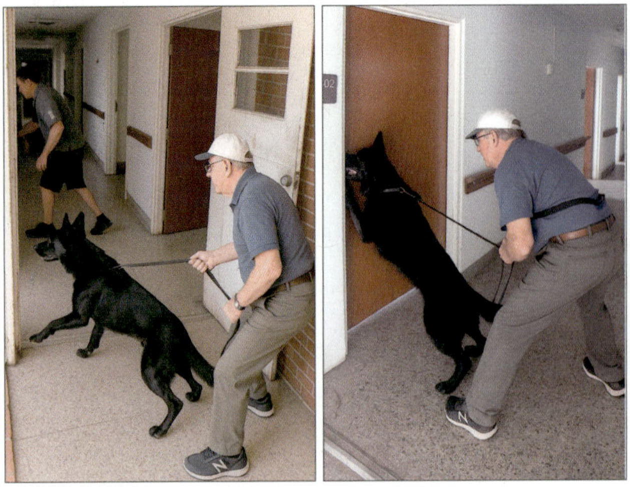

▲ 디코이는 방으로 들어가 문 뒤에서 짖기를 유도한다

▲ 견이 짖으면 디코이는 문을 연다

(5) 차량 환경 적응

건물 수색과 더불어 차량 제압은 공격견의 현장 투입에서 가장 많이 활용되는 상황 중 하나이다. 따라서 건물 훈련과 함께 차량 적응 훈련을 통해 실전 대응력을 높이고, 나아가 다른 상황에서도 응용할 수 있도록 한다. 본 훈련은 견이 차량 안팎에서 목적물을 탐색하고 제압하는 능력을 기르는 것을 목표로 한다.

1 차량 안에 있는 목적물

① 디코이의 준비

- 디코이는 차량 내부에서 대기한다.

② 핸들러와 견의 준비

- 차량에서 약 10m 거리를 두고 핸들러와 견은 준비한다.

③ 사냥 본능 자극

- 준비가 완료되면 디코이는 방호 소매를 들고 차량에서 나와 견 앞에 놓고 사냥 본능을 자극한다.

④ 차량 내 유혹 유도

- 디코이는 방호 소매를 가져와 착용한 후 견을 유혹하며 차량 내부로 들어간다.

⑤ 방호 소매 제공 준비

- 디코이는 운전석에 앉아 문을 열고 방호 소매를 차량 밖으로 내밀어 견이 물 수 있도록 준비한다.

⑥ 핸들러의 공격 명령

- 핸들러는 공격 통보 및 명령을 수행한 후 견을 출발시킨다.

⑦ 견의 제압 및 물기 유도

- 견이 방호 소매를 물면 디코이는 차량 밖으로 나와 핸들러와 함께 깊고 정확한 물기를 유도한다.

⑧ 보상 및 훈련 반복

- 견을 출발 지점으로 돌아오게 한 후 방호 소매를 견에게 내주어 성취감을 제공한 후 훈련을 반복한다.

⑨ 차량 적응 훈련의 핵심

- 본 훈련의 핵심은 견이 차량 안에 목적물이 있다는 개념을 인식하고, 스스로 차량으로 들어가 목적물을 제압하도록 하는 것이다.
- 견이 차량 내부로 들어가는 것에 대한 거부감을 극복할 수 있도록 디코이는 조수석으로 넘어가 견에게 방호 소매를 물린 후, 물린 상태에서 조수석 문을 열어 차량 내부 진입을 유도해야 한다.

▲ 유혹 후 운전석에서 물리는 디코이

▲ 조수석에서 물리는 디코이

2 차량에서 나와 투항하는 목적물

① 디코이의 준비

- 디코이는 방호 소매를 착용한 상태에서 차량 내부에서 대기한다.

② 핸들러와 견의 접근 및 공격 통보

- 핸들러와 견은 차량 쪽으로 접근하며 공격 통보를 한다.
- 공격 통보(예 "경찰입니다. 손을 들고 밖으로 나오십시오.")

③ 디코이의 투항 행동

- 견이 공격 통보에 흥분하면 디코이는 차량 밖으로 나온다.
- 이때 디코이는 오른손을 머리 위로 들고, 방호 소매를 찬 왼손은 견의 시선에서 보이지 않도록 앞에 놓고 등을 보이며 서 있는다.

④ 디코이의 움직임 및 방호 소매 제공

- 디코이는 천천히 등을 보이며 핸들러와 견에게 다가가고, 가까워지면 뒤를 돌아 방호 소매를 물릴 수 있도록 한다.

⑤ 견의 물기 강화 및 보상

- 디코이는 견이 깊고 정확한 물기를 하도록 유도한 후 방호 소매를 내주어 견에게 성취감을 제공한다.

▲ 투항하는 디코이

▲ 견에게 다가가 물려준다.

3 차량에서 나와 도주하는 목적물

① 디코이의 도주 시뮬레이션

- 차량에서 나와 도주하는 목적물 훈련은 투항하는 목적물 훈련과 동일한 방식으로 진행된다.
- 단, 디코이는 투항하는 척하다가 핸들러와 견에게 등을 보이며 다가가다가 갑자기 도주하는 시뮬레이션을 수행한다.

② 견 보내기 적용

- 도주하는 목적물 훈련은 견 보내기 훈련과 동일한 방식으로 진행된다.
- 실제 환경과 유사한 상황을 조성하여 견이 신속하고 정확하게 반응할 수 있도록 한다.

(6) 방호 소매 없는 목적물 물기

본 훈련은 견이 방호 소매나 방호복 없이 핸들러의 명령에 따라 목적물을 직접 물어 제압할 수 있도록 하는 과정이다. 훈련을 통해 디코이의 위협적인 행동을 이용하여 견의 방어 본능을 극대화하고, 단계적인 적응 과정을 거쳐 실전 대응력을 높이는 것이 목표이다.

1 얇은 방호 소매

- 얇은 방호 소매를 사용하는 훈련은 견이 방호 소매가 없는 상태에서도 핸들러의 명령에 따라 목적물을 물 수 있는지 확인하는 시험 과정이다.
- 이전에 진행된 환경 적응 단계에서 견의 방어 본능을 충분히 높여 놓아야 한다.

2 훈련 준비

- 핸들러와 견이 준비되면 디코이는 기존 방호 소매를 2m 앞에 놓는다.
- 디코이는 얇은 방호 소매를 착용하고 착용한 팔을 등 뒤로 감춰 견이 보지 못하게 한다.
- 디코이는 기존 방호 소매를 뺏으려는 시늉을 하며 점진적으로 견의 사냥 본능을 자극하며 전진한다.

3 방호 소매 없는 상황으로 유도

- 디코이는 낮은 자세로 전진하면서 방호 소매에 집중했던 견의 시선을 견의 눈동자로 옮긴다.
- 방호 소매를 넘어서 견의 앞까지 접근하여 견이 사냥 본능에서 방어 본능으로 자연스럽게 전환하도록 유도한다.

4 단계별 반응 확인 및 적응

- 디코이는 견의 반응을 주시하며 견의 시선이 방호 소매에서 디코이로 이동했는지 확인한다.
- 디코이는 좌우로 움직이면서 견의 시선이 끝까지 디코이를 향하는지 확인한다.
- 견이 계속 방호 소매에 시선을 고정한다면 디코이는 더욱 위협적인 행동을 통해 시선을 유도한다.
- 만약 견의 시선이 방호 소매에 고정된다면 방어 본능이 부족한 것이므로 이전 단계로 돌아가 방어 본능을 강화하는 훈련을 다시 진행한다.
- 견의 시선이 디코이로 향하고 흥분한다면 디코이는 등 뒤에 숨겼던 얇은 방호 소매를 내주어 견이 물 수 있도록 한다.
- 정확하고 깊은 물기를 유도하고, 디코이가 얇은 방호 소매를 착용한 상태에서 핸들러는 목줄을 지그시 조여 놓게 한다.

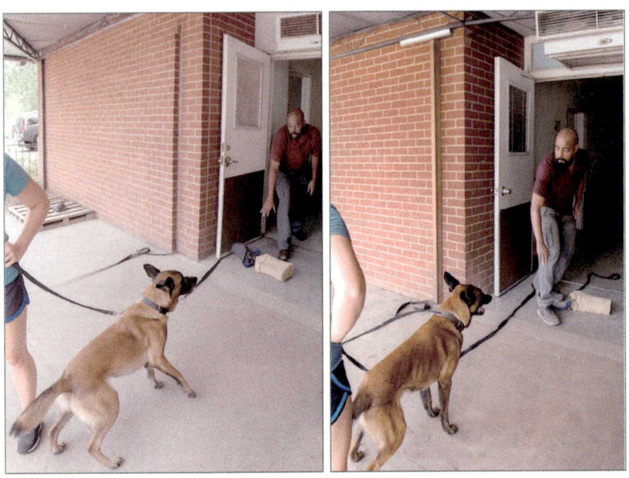

▲ 방호 소매에서 디코이로 미끼를 전환한다.

▲ 왼팔을 숨기고 전진한다.

▲ 좌우 움직이면서 견의 시선을 확인한다.

▲ 얇은 방호 소매를 물린다.

5 실제 상황에 대한 적응 강화

- 핸들러와 견은 다시 준비하고, 디코이는 얇은 방호 소매를 착용한 상태에서 외투를 입어 방호 소매가 완전히 보이지 않도록 한다.
- 디코이는 왼팔을 등 뒤로 하고, 견과 핸들러로부터 약 5m 떨어진 위치에서 대기한다.
- 견이 디코이를 보고 반응하면 디코이는 견의 반응에 맞춰 점진적으로 전진한다.
- 견이 공격할 거리까지 접근하면 디코이는 견이 깊숙이 물 수 있도록 왼팔을 깊숙이 내어준다.
- 얇은 방호 소매는 견의 이빨이 뚫리지는 않지만, 압력이 전달되므로 손등을 위로 하고 팔이 가로로 물려야 뼈 부상을 방지할 수 있다.

6 복습 및 실전 적용

• 얇은 방호 소매를 활용하여 건물 및 차량 훈련 과정을 복습하고 견이 실제 환경에서 적응하도록 한다.

▲ 다양한 환경에서의 얇은 방호 소매 훈련

5 심화 과정

견이 깊고 정확한 물기를 유지하는 것을 방해하는 3가지 요소가 있다. 이 중 목적물의 이동 극복 훈련은 필수 과정이며, 나머지 요소는 선택적이다. 견의 물기 수준이 부족하거나 필요하다고 판단될 경우 극복 훈련을 추가적으로 진행할 수 있다.

▲ 움직이는 디코이

▲ 격하게 저항하는 디코이

(1) 목적물의 이동

1 이동 속도 조절 훈련

- 디코이는 견이 방호 소매를 물면 천천히 이동을 시작하여 정확한 물기를 유지하도록 한다.
- 견이 문 위치가 풀어질 경우, 즉시 다시 깊고 정확한 물기를 유도한 후 천천히 이동을 재개한다.

2 단계별 저항 훈련

- 디코이는 천천히 움직이다가 점진적으로 속도를 올려 빠르게 이동한다.
- 견이 물기를 유지하는지 확인하면서 팔을 흔드는 등 저항을 추가하여 견의 물기 강도를 강화한다.
- 각 단계는 시간을 두고 천천히 진행해야 하며, 견이 깊고 정확한 물기를 유지할 수 있을 때만 다음 단계로 넘어가야 한다.

3 머리 흔들기 행동 제어

- 일부 견은 방호 소매를 물고 머리를 흔들며 터는 행동을 할 수 있다.
- 이 과정에서 물기의 위치가 흐트러질 수 있으므로 즉시 깊고 정확한 물기를 다시 유도하여 터는 행위를 소거해야 한다.

(2) 일정한 장력

1 반대 방향의 힘 극복

- 견이 무는 방향의 반대 방향으로 일정한 힘을 가해 물기를 방해하는 힘을 극복하도록 한다.★

★담을 넘는 목적물을 향해 견이 뛰어가 물었을 때, 견은 지면에서 떨어진 상태이므로 자신의 몸무게를 극복하고 물기를 유지해야 한다.

2 벽 위 유혹 및 물기 유도

- 디코이는 벽 위에 위치하여 견을 유혹한다.
- 핸들러가 견을 출발시키면 디코이는 견의 눈높이에 맞게 아래에서 방호 소매를 물릴 수 있도록 한다.

▲ 벽 아래에서 방호 소매를 물리고 들어 올린다.

▲ 견의 몸무게를 버티도록 한다.

3 물기 유지 및 강화

- 견이 물자마자 디코이는 위로 올려 견의 발이 지면에서 떨어지게 한다.
- 지면에서 떨어지면서 견의 물기가 흐트러진다면 다시 내려 깊고 정확한 물기를 유도한 후 다시 한 번 들어 올린다.
- 핸들러는 칭찬을 통해 깊고 정확한 물기를 강화시키고, 디코이는 견이 지면에서 떨어지는 시간을 점차 늘려 극복하도록 훈련한다.

(3) 점진적 장력

1 장력 증가를 통한 저항 극복

- 기둥에 고무줄 밴드를 묶고 견에게 연결한다.
- 고무줄 밴드는 견이 전진할수록 당기는 장력이 점차 강해져 행동을 방해한다.

2 견의 유도 및 출발

- 핸들러는 견과 함께 기둥 근처에 위치하고, 디코이는 줄의 끝 지점보다 더 먼 곳에서 견을 유혹하며 다가온다.
- 핸들러가 견을 출발시키면 디코이도 달려와 견과 만나는 지점에서 견이 물기 쉽게 방호 소매를 깊숙이 넣어준다.

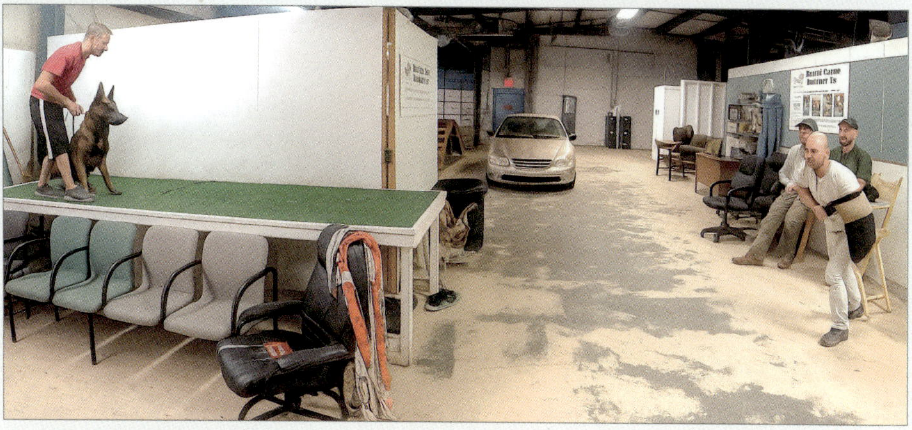

▲ 디코이는 유혹하면서 전진한다.

▲ 디코이가 목표 지점에 도달할 때 견을 출발시킨다.

▲ 방호 소매를 물리고 정확한 물기를 유도한다.

3 장력 극복 훈련 강화

- 견이 방호 소매를 물면 디코이는 뒤로 당겨 장력이 더 가해지도록 하여 견의 깊고 정확한 물기를 유도한다.
- 훈련의 경과에 따라 앞뒤로 반복하며 장력의 크기를 조절하면서 견의 물기 강도를 점진적으로 강화한다.

(4) 방호 소매 '놔'

'놔' 명령은 훈련의 편의성과 빠른 진행을 위해 사용된다. 견의 욕구가 충분히 올라온 시점인 현장 적응 중간 과정에서 병행하면 효과적이다. 그러나 실제 현장에서는 '놔' 명령어를 사용하지 않으며, 숙달된 디코이가 아니면 명령어로 놓게 했을 때 목적물의 움직임이나 주변 환경에 의해 2차 공격이 발생할 수 있다. 따라서 실전에서는 기도를 압박하여 목적물을 놓게 하는 방법을 적용한다.

1 장비 착용 및 견줄 연결

- 견의 목에 초크체인 또는 핀치칼라를 채우고 1m 견줄을 연결한다.

▲ 기둥 훈련에서의 '놔'

▲ 훈련 중에 '놔'

• 가죽 목줄에는 기존 핸들러가 사용했던 견줄을 연결하여 훈련을 진행한다.

2 견이 디코이를 물고 준비 완료

• 견이 디코이를 물고 준비가 되면 핸들러는 견줄을 팽팽히 유지하고, 디코이는 핀치칼라에 연결된 견줄을 잡는다.

3 놔' 명령어와 충격

• 핸들러는 '놔' 명령어를 한다.
• 명령어가 끝남과 동시에 디코이는 견줄을 당겨 견에게 충격을 준다.
• 핸들러는 힘이 분산되지 않도록 디코이의 반대 방향으로 견줄을 팽팽히 유지해야 한다.
• 디코이는 견의 성향에 맞춰 힘을 조절하여 충격을 준다.

4 방호 소매 재물림 유도

• 견이 충격을 받고 방호 소매를 놓으면, 욕구가 떨어지지 않도록 즉시 방호 소매를 다시 물려주고 칭찬한다.

5 반복 학습을 통한 명령어 강화

• 최초 5회는 '놔' 명령어에 반응하여 놓으면 즉시 방호 소매를 다시 물리도록 한다.
• 훈련 성과에 따라 시간차를 두고 방호 소매를 물리는 방식으로 점진적으로 훈련 강도를 높인다.

6 미국 경찰의 실제 상황 운용

경찰견은 경찰 작전에서 중요한 역할을 수행하며, 특히 용의자 제압과 수색 작전에 활용된다. 미국에서는 경찰견의 활용도가 높으며, 경찰서마다 핸들러와 함께 배치되어 있다. 미국은 총기 사용이 비교적 자유로운 국가로, 경찰관의 신변 보호를 위해 무기 사용이 빈번하다. 이에 따라 경찰견은 경찰관의 안전을 확보하고, 무기 사용을 최소화하면서 용의자를 신속하고 효과적으로 제압하는 역할을 한다.

경찰견의 투입 목적은 경찰관의 안전을 보장하는 것과 효율적인 용의자 제압이다. 하지만 경찰견의 투입에는 몇 가지 필수적인 조건이 있어 이를 준수하지 않으면 예상치 못한 위험이 발생할 수 있다.

(1) 경찰견 투입 원칙

1 인질 및 민간인이 있는 공간에서는 경찰견을 투입하지 않는다.

경찰견은 고도로 훈련되었더라도 돌발적인 상황이 발생할 가능성을 완전히 배제할 수 없다. 목적물 전환이나 지정 훈련이 이루어졌다고 해도 실제 작전에서 이를 완벽히 수행하는 것은 어렵고 위험성이 크다. 따라서 인질이나 민간인이 있는 공간에서는 경찰견의 투입을 금지해야 한다.

▲ 견 투입

▲ 목적물 발견

2 경찰견은 2두 이상 동시 투입하지 않는다.

경찰견은 협동 작전에 익숙하지 않으며, 단독 임무 수행에 초점을 맞춘다. 두 마리 이상의 경찰견을 동시에 투입하면 견들끼리 충돌하거나 과도한 흥분 상태에서 서로를 공격할 가능성이 있다. 단, 각각의 경찰견이 다른 임무를 수행하고 동선이 겹치지 않는다면 예외적으로 다수의 경찰견을 운용할 수도 있다.

3 핸들러와 작전 요원의 역할 분담

경찰견이 투입된 작전에서는 핸들러가 작전을 주도해야 하며, 다른 작전 요원들은 핸들러보다 앞서 이동해서는 안 된다.

경찰견이 작전 요원을 공격 목표로 착각할 가능성이 있기 때문이다. 작전 요원들은 핸들러 주위에서 엄호하며 전진하고, 핸들러는 경찰견의 행동을 면밀히 관찰하면서 돌발 상황을 대비해야 한다.

(2) 수색 및 제압 절차

1 숨어 있는 용의자 탐색

경찰견이 수색 중 특정 객실, 장롱 또는 은신처에 반응하며 통보를 하면 핸들러와 작전 요원들은 신중하게 접근해야 한다. 핸들러는 경찰견을 짧게 잡고 벽을 타며 대기하며, 작전 요원들은 핸들러 뒤에서 엄호해야 한다.

문이 열리면 경찰견을 즉시 투입하여 용의자를 제압하고, 이후 작전 요원들이 들어가 주변 위험 요소를 확인해야 한다. 만약 용의자가 투항 의사를 밝히면 문밖에서 경계를 유지하며 용의자가 스스로 나오도록 유도해야 한다.

2 작은 공간에서의 경찰견 운용

가정집과 같은 작은 공간에서는 경찰견의 후각 능력을 활용하여 신속하게 탐색할 수 있다. 좁은 공간에서는 경찰견이 통제 범위를 벗어나기 어렵기 때문에 견줄 없이 투입하는 것이 효과적이다. 이러한 환경에서는 경찰견이 빠르게 냄새를 추적하며 용의자의 은신처를 찾아낼 수 있다.

3 넓은 공간에서의 운용

마당이 넓은 주택, 테라스, 강당, 회의실과 같은 개방된 공간에서는 경찰견을 견줄 없이 투입할 수도 있다. 견줄을 사용하면 체계적인 탐색이 가능하지만, 신속한 대응이 어려울 수도 있다. 반대로 견줄을 사용하지 않으면 빠른 제압이 가능하지만, 수색에서 누락되는 구역이 발생할 위험이 있다. 따라서 용의자의 위치가 명확할 경우 견줄 없이 투입하여 신속하게 제압하는 것이 효과적이다.

4 도망가는 용의자의 제압

도망가는 용의자를 제압하는 것은 경찰견의 가장 중요한 임무 중 하나이다. 도망가는 용의자에 대한 총기 사용은 제한적이며, 장애물이나 은폐물이 있는 경우 더욱 어렵다. 하지만 경찰견은 움직이는 목표물에 즉각 반응하며, 뛰어난 추적 능력은 용의자가 도망치는 것을 방지할 수 있다. 핸들러는 용의자가 도주하는 순간 경찰견이 이를 인지하고 반응하는지 확인한 후 경찰견을 투입한다. 작전 요원들은 경찰견 뒤에서 위치하여 핸들러와 함께 용의자를 추격해야 한다.

▲ 공격 준비

▲ 공격

▲ 목적물 제압

▲ 핸들러 3보 뒤 이동

5 경찰견이 용의자를 제압한 후 연행 절차

경찰견이 용의자를 물면 핸들러와 작전 요원들은 용의자에게 움직이지 말 것을 명령하고, 한 명의 작전 요원은 용의자의 목과 얼굴을 다리로 눌러 견이 용의자의 얼굴을 공격하지 못하도록 차단한다. 만약 용의자가 강하게 저항하면 경찰견이 추가 공격을 가할 수도 있다.

작전 요원들이 용의자를 완전히 포박한 후 핸들러에게 신호를 주면 핸들러는 경찰견을 통제하고 목줄을 압박하여 용의자를 놓게 한 후 3보 뒤로 물러난다. 이후 작전 요원들이 용의자를 연행하고 시야에서 벗어나면 핸들러는 경찰견의 흥분을 가라앉히고 이동한다.

잉글리시 스프링거 스파니엘
(English Springer Spanie)

8

추적 · 수색견 양성 및 심화 훈련

추적과 수색
후각 본능을 실전 능력으로

이 장에서는 추적견과 수색견의 차이를 이해하고, 개가 사람의 흔적을 따라 정확히 추적할 수 있도록 훈련하는 과정을 다룹니다. 지상 교란, 수화 작용, 유류품 탐색 등 후각 자극을 활용한 다양한 훈련법을 통해, 기초 양성부터 심화 단계까지 체계적으로 익힐 수 있습니다. 실전 상황에서도 효과적으로 작동하는 추적 능력을 갖춘 특수목적견을 길러내는 과학적 방법을 소개합니다.

1 추적견의 이해

사람의 흔적을 찾는 방법에 따라 탐색견은 수색견과 추적견으로 나뉜다. 수색견은 공기 중에 떠다니는 인간의 냄새를 감지하여 목적물을 찾으며, 추적견은 지면에 남겨진 흔적을 따라 목표를 추적한다. 수색견은 공기 중의 냄새를 탐지하기 때문에 바람의 영향을 많이 받는다. 바람이 목적물의 냄새를 멀리까지 운반하면 최대 200m 거리에서도 신속한 탐색이 가능하다. 반대로 역풍이 불어 냄새가 차단되거나 엉뚱한 방향으로 흘러가면 불과 5m 거리에서도 목적물을 찾지 못할 수 있다.

반면, 추적견은 지면에 남겨진 흔적을 따라가기 때문에 바람의 영향을 받지 않는다. 따라서 1km 이상의 거리도 추적할 수 있다. 하지만 목표의 출발 지점이나 이동 경로를 알아야만 흔적을 쫓을 수 있기 때문에 흔적 자체가 파악되지 않으면 추적이 불가능하다.

소방청에서는 인명 구조를 위해, 경찰에서는 실종자 수색을 위해 대부분 수색견을 운용한다. 한국의 지형적 특성, 넓은 평야, 들판보다는 산지가 많고 인구 밀도가 높은 점은, 추적견이 목적물의 동선을 정확히 파악하기 어렵게 한다. 이러한 이유로 효율성을 고려했을 때, 수색견이 선호된다. 한편, 과학 수사에서는 증거물 채취를 위해 추적견의 활용을 검토 중이며 증거채취견을 운용 중이다.

1 추적의 목적

수색견과 추적견은 얼핏 보면 목적이 같아 보이지만, 수색견은 사람 자체를 찾는 반면, 추적견은 사람의 동선을 추적한다. 훈련 과정에서도 차이가 있다. 추적견은 목적물의 흔적, 즉 이동 경로를 따라가는 데 중점을 둔다.

기초 훈련 과정에서는 사람이 직접 숨거나 보상을 주지 않는다. 사람이 직접 숨으면 견이 목적지에 도달했을 때 지면에 남은 냄새보다 공기 중의 인간 냄새가 더 강하게 감지되어 추적을 생략하고 공기 중 냄새를 따라가려는 경향이 생길 수 있기 때문이다.

잘 훈련된 추적견은 처음부터 끝까지 일정한 속도를 유지하며 목적물의 동선을 정확히 따라간다. 또한, 동선 곳곳에서 균등한 보상을 제공하면 보다 섬세하고 차분한 추적이 가능하다. 즉, 추적견의 역할은 단순히 목적물을 찾는 것에만 그치지 않는다. 사람이 이동한 경로를 정확히 파악하는 것이 더욱 중요하다는 점을 명심해야 한다.

2 추적의 방법

추적견은 지면에 남아 있는 사람의 흔적을 따라 추적하는 역할을 한다. 사람의 흔적은 크게 두 가지로 나뉘는데, 하나는 사람이 떨어뜨린 고유의 냄새이고, 다른 하나는 사람이 지나가면서 생기는 새로운 지면 냄새다. 사람의 고유 냄새는 박테리아가 피부 세포를 분해하면서 발생하며, 신체에서 지속적으로 방출된다.

반면, 새로운 지면 냄새는 사람이 발을 디디면서 만들어지는 냄새로, 예를 들어 잔디가 꺾이면서 나는 풀냄새나 흙이 밟히면서 생기는 흙냄새가 이에 해당한다. 사람이 지나간 자리에서는 식물과 흙 등의 유기 물질이 손상되면서 박테리아의 활동이 증가하고, 그 과정에서 특정한 냄새가 발생한다. 이러한 냄새는 '지상 교란'이라 불리며, 사람의 고유 냄새보다 더 강하고 견에게 더욱 자극적이기 때문에 쉽게 인식할 수 있다.

박테리아는 유기 물질과 수분이 풍부한 환경에서 더욱 활발히 활동하기 때문에 풀, 흙, 나뭇잎이 많은 곳에서는 지상 교란 냄새가 더 강하게 난다. 실제로 사람도 흙이나 잔디를 밟은 자리와 그렇지 않은 자리를 구별할 수 있을 정도로 냄새 차이가 크다. 따라서 추적견은 사람의 냄새보다 지상 교란 냄새를 더 선호하며, 이를 따라가는 경향이 있다. 그러나 지상 교란이 발생하기 어려운 환경, 즉 유기물이 부족하고 건조한 모래, 콘크리트, 아스팔트 등의 지면에서는 추적이 어려워진다.

추적견의 훈련 방식은 다양하지만, 대부분 처음에는 지상 교란을 최대한 많이 발생시키는 것에서 시작한다. 잔디 위에서 발자국을 깊게 남기면서 이동하면 지상 교란이 강하게 형성되는데, 이렇게 하면 견이 쉽게 냄새를 따라가면서 추적 능력을 기를 수 있다. 처음부터 사람의 냄새만을 인식하도록 하는 것은 어렵기 때문에, 훈련 초기에는 지상 교란을 통해 추적하는 법을 익히게 한 뒤, 점진적으로 사람의 냄새에 집중하도록 유도한다. 훈련은 단계적으로 진행된다.

처음에는 지상 교란이 잘 발생하는, 잔디가 긴 지면에서 시작하고 이후 점차 잔디가 짧은 지면, 잔디가 없는 흙바닥, 부드러운 흙, 딱딱한 흙, 자갈 바닥, 아스팔트 순으로 이동하면서 난이도를 높인다. 하지만 아스팔트에 이르면 기존의 추적 방식을 유지하는 것이 어려워지며, 견들은 추적에 큰 어려움을 겪는다. 추적견 훈련의 최종 목표는 처음에는 지상 교란과 사람의 고유 냄새를 함께 인식하도록 한 뒤, 점차 지상 교란의 의존도를 줄이고 사람의 냄새만을 추적할 수 있도록 하는 것이다. 하지만 견이 사람의 냄새를 인식하지 못하고 지상 교란만 추적하는 경우가 발생할 수도 있다. 이런 경우, 견은 사람의 냄새가 아니라 단순히 지상 교란을 따라 목적물을 찾게 되는 문제가 생긴다. 이러한 문제를 해결하기 위해 수화 작용을 이용한 훈련법도 존재한다. 이 방법은 처음부터 지상 교란 냄새를 인식시키지 않고 사람의 고유 냄새만을 학습하도록 하는 방식이다.

훈련은 지상 교란이 거의 없는 아스팔트나 시멘트에서 시작하며, 이후 점차 흙바닥과 잔디 등 다양한 환경으로 확장한다. 이를 통해 견은 사람의 냄새만을 추적하는 능력을 키울 수 있다.

결국, 추적견의 훈련은 단순히 냄새를 따라가게 하는 것이 아니라 어떤 냄새를 우선적으로 인식하도록 하는 것이 핵심이다. 특히, 지상 교란에 의존하지 않고 사람의 고유 냄새를 추적하는 능력을 기르는 것이 훈련의 중요한 목표가 된다.

▲ 냄새의 흔적

2 수화 작용을 이용한 추적·수색견

1 수화 작용을 이용한 추적

수화 작용의 사전적 의미는 수용액 속에서 용해된 용질 분자나 이온을 물 분자가 둘러싸고 상호 작용하면서 마치 하나의 분자처럼 행동하는 현상을 의미한다. 쉽게 이해하기 위해 예를 들자면, 손등에 소금을 뿌린 후 바람을 불면 소금이 쉽게 날아가지만, 손등에 물을 뿌린 후 소금을 뿌리면 바람이 불어도 소금이 날아가지 않는 것과 같다. 이 원리를 이용하면 냄새도 물 위에 뿌려두면 고정되어 유지될 수 있다.

수화 작용을 이용한 추적견 훈련은 이러한 원리를 응용하여 물을 이용해 사람의 냄새를 지면에 고정시키고, 이를 견에게 인지시키는 방식이다. 훈련에서는 무색, 무취의 증류수만을 사용한다. 일반적인 물에는 약품이나 첨가물이 포함되어 있어 다른 냄새가 섞일 가능성이 있기 때문이다. 따라서 오로지 사람의 냄새만을 인지할 수 있도록 증류수를 활용한다.

훈련 방법은 간단하다. 먼저 분무기에 증류수를 넣어 바닥에 충분히 뿌린다. 그런 다음, 사람이 그 위에 머물러 냄새를 지면에 남기도록 한다. 이후, 냄새가 남은 지면 위에 먹이를 뿌려두고, 사람이 빠진 후 견을 데리고 와 사연스럽게 그 장소에서 먹이를 섭취하도록 유도한다. 이를 통해 견은 사람 냄새가 나는 지면에서 먹이가 나온다는 사실을 학습하며, 후각을 통해 냄새를 인지하는 훈련을 시작하게 된다.

추적견 훈련에서 보상은 주로 먹이를 사용하므로, 견의 식사량을 조절하며 훈련을 진행해야 한다. 또한, 추적 경로 전체에 균등하게 보상이 배치되도록 해야 한다. 훈련이 진행될수록 보상물을 점차 공으로 바꿔 동기를 강화하는 것이 일반적인 방법이다. 하지만 처음부터 공을 사용하거나 너무 빠르게 먹이 보상을 공으로 대체하면 견이 보상을 향한 욕구가 강해져 추적 속도가 빨라지거나 세밀한 후각 추적이 어려워질 수 있다.

핸들러는 이러한 점을 고려하여 견이 빠르게 보상을 받기 위해 서둘러 추적하기 전에, 오직 후각만을 사용하여 천천히 추적 경로를 따라가도록 유도해야 한다. 이를 위해 보상물을 적절하게 조절하며, 견이 냄새를 충분히 탐지하는 데 집중할 수 있도록 훈련을 진행하는 것이 중요하다.

② 훈련 장비

수화 작용을 이용한 추적견 훈련에서 사용하는 주요 장비는 분무기, 증류수, 그리고 소시지이다. 분무기는 최소 1km 이상의 거리를 뿌릴 수 있는 대용량 제품이 적합하며, 일정한 양이 균등하게 분사될 수 있도록 조절 기능이 있는 것이 좋다. 균등한 분사가 이루어져야 냄새가 일정하게 유지되며, 견이 추적할 때 혼란을 겪지 않는다.

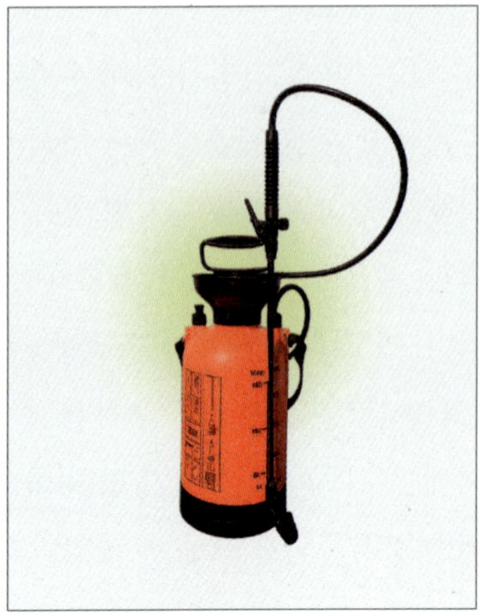

▲ 분무기 + 증류수

먹이로는 사료보다 동기 부여가 더 강하고 목 넘김이 부드러운 소시지를 사용하는 것이 효과적이다. 소시지는 견이 쉽게 씹고 삼킬 수 있어 보상 효과가 즉각적으로 나타나며, 훈련 중에도 빠르게 섭취할 수 있다. 또한, 먹이의 크기는 너무 크면 견이 후각이 아닌 시각으로 찾을 가능성이 높아 손톱의 반 정도 크기로 잘라주는 것이 적절하다. 이렇게 하면 견이 냄새를 맡으며 자연스럽게 먹이를 찾도록 유도할 수 있다.

훈련에서 장비의 선택과 활용은 추적견이 올바르게 후각을 사용하도록 유도하는 핵심 요소이므로, 균등한 분사, 적절한 냄새 고정, 그리고 효과적인 보상 시스템을 유지하는 것이 중요하다.

3 기초견 양성 과정

① 지면 적응

본격적인 추적 훈련에 앞서, 먼저 사람의 냄새가 남아 있는 지면 위에서 자연스럽게 먹이를 섭취하도록 유도하는 과정이 필요하다. 이 단계에서는 견이 사람 냄새가 나는 지면에서 먹이를 발견하고, 이를 긍정적인 경험으로 연결 짓도록 하는 것이 핵심이다. 분무기를 이용해 증류수를 바닥에 고르게 분사한 후, 사람이 그 위에 머물러 냄새를 남긴다.

이후, 냄새가 남아 있는 지면 위에 작게 자른 소시지를 뿌려둔다. 견은 냄새가 남아 있는 지면 위에서 자연스럽게 먹이를 찾게 되며, 이를 통해 사람 냄새가 있는 곳에는 보상이 따른다는 인식을 형성하게 된다. 이러한 경험이 반복되면서, 견은 사람 냄새가 있는 지점을 긍정적으로 인식하게 되고, 후각을 활용하는 본격적인 추적 훈련으로 자연스럽게 연결될 수 있다.

(1) 냄새 바닥

1 냄새 지면 조성

- 핸들러는 증류수가 들어 있는 분무기를 사용하여 경질 바닥(콘크리트, 아스팔트 등)에 정사각형(1.5 × 1.5m) 형태로 물을 분사한다.

2 냄새 부여 및 먹이 배치

- 헨들러는 증류수가 뿌려진 바닥 위에 자연스럽게 머물며, 자신의 냄새를 남긴다.
- 이후 소시지를 골고루 뿌려 견이 냄새 지면에서 자유롭게 먹이를 찾을 수 있도록 한다.
- 초기 단계에서는 견이 사람 냄새만 인지하도록 하면 되므로 굳이 다른 사람의 냄새를 사용할 필요는 없다.

(2) 견의 탐색 및 보상 경험 제공

① 견을 냄새가 묻은 지면 위에 자유롭게 풀어두어 즐겁게 소시지를 찾아 먹을 수 있도록 한다.

② 견이 적극적으로 후각을 사용하며 자연스럽게 냄새를 탐색하는 경험을 하도록 유도한다.

(3) 훈련 종료 및 긍정적 강화

① 견이 모든 소시지를 다 먹으면 가볍게 칭찬한 후 켄넬(이동장)에 넣어 휴식을 취하게 한다.

② 이 과정은 견이 부담 없이 훈련을 즐길 수 있도록 하는 중요한 요소다.

(4) 냄새 지면 형태 변화

① 초기에는 정사각형(1.5 × 1.5m) 형태로 진행하지만, 견이 적응하면 점차 냄새 지면을 길 모양으로 변형해 나간다.

② 직사각형 (1.2 × 1.8m)

③ 넓은 직사각형 (0.6 × 2.4m)

④ 좁은 길 형태 (0.3 × 3m)

⑤ 이렇게 점진적으로 모양을 변형하면 견이 사람 냄새를 길 따라 추적하도록 유도하는 과정으로 자연스럽게 연결된다.

⑥ 냄새 바닥 훈련은 단순한 적응 단계이므로 각 패턴을 1회씩만 수행하면 된다. 이를 통해 견이 사람 냄새가 나는 지면에서 후각을 사용하여 보상을 찾는 경험을 자연스럽게 받아들이도록 한다.

▲ 냄새 바닥 만들기

▲ 사람이 머물면서 냄새를 떨어뜨린다.

▲ 냄새 바닥 위에 먹이를 놓는다.

▲ 좋은 기억을 심어준다.

② 추적 길

추적 훈련에서 가장 중요한 요소는 핸들링 기술보다 추적 경로를 어떻게 설계하느냐이다. 견의 추적 능력은 훈련자의 개입보다는 훈련 환경과 추적 길의 구성 방식에 따라 자연스럽게 성장한다. 따라서 훈련 과정은 복잡하지 않으며, 체계적으로 단계를 설정하고 계획을 세워 진행한다면 누구나 추적견을 양성할 수 있다.

훈련은 짧은 거리에서 시작하여 점진적으로 거리를 늘려가는 방식으로 진행된다. 처음에는 10m 거리에서 시작하고, 견의 숙련도가 높아짐에 따라 점차 거리를 늘려 최대 800m까지 확장한다. 이렇게 단계적으로 거리를 늘리면서 견이 추적에 대한 자신감을 쌓을 수 있도록 유도한다.

또한, 견이 다양한 환경에 적응할 수 있도록 추적 경로의 형태와 지면의 특성을 점진적으로 변화시킨다. 처음에는 일직선 경로에서 시작하여 점차 곡선을 포함한 경로로 발전시키고, 이후에는 자유로운 형태의 경로를 설정하여 난이도를 높인다.

지면의 변화도 중요한 요소 중 하나다. 첫 시도는 딱딱한 지면(아스팔트, 콘크리트)에서 시작하고, 견이 적응함에 따라 부드러운 지면(흙, 잔디)으로 전환하면서 점진적으로 훈련 환경을 변화시킨다. 이러한 방식으로 훈련을 진행하면 견은 점차 다양한 환경에서 추적 능력을 발휘할 수 있게 되며, 후각을 활용하여 목표를 찾아가는 능력을 효과적으로 키울 수 있다.

(1) 일직선 추적 길 조성

1. 핸들러는 출발 지점에서 다리 사이에 분무기를 두고, 10m 길이로 일직선 형태의 추적 길을 만든다.
2. 이때 추적 길의 폭은 견의 코 폭과 비슷한 정도로 좁게 유지해야 한다.

(2) 추적 길의 난이도 조절

1. 초기 단계에서는 추적 길을 좁고 두껍게 뿌려 견이 쉽게 찾아갈 수 있도록 한다.
2. 단계가 높아질수록 냄새가 넓고 얇게 퍼지도록 분사하여, 실제 사람 냄새가 지면에 자연스럽게 떨어지는 환경과 유사하게 만든다.

(3) 먹이 배치

1. 핸들러는 추적 길을 만든 후, 끝 지점에서 다시 시작점으로 돌아오고, 복귀하는 길에 소시지를 배치한다.
2. 15cm 간격으로 일정하게 시작 지점까지 먹이를 놓는다.
3. 추적 길이 만들어진 직후 바로 훈련을 시작해야 한다.
4. 사람 냄새가 공기 중으로 날아가기 전에 견이 후각을 이용하여 정확하게 추적할 수 있도록 유도하는 것이 중요하다.

▲ 길 만들기

▲ 소시지 놓기

(4) 추적 시작 전 조건화

① 핸들러는 견을 대동하여 추적 시작점으로 이동한 후, 일직선 추적 길에서 추적 명령어를 내린다.

② 추적 전에 견에게 조건화를 시켜 추적 훈련의 의식을 심어야 한다.

(5) 추적 전 행동 패턴

① 출발 전에 '엎드려'를 시켜 견을 진정시킨다.

② 견줄(리드줄)을 앞다리 사이로 통과시켜 오른쪽 뒤로 빼서 잡는다.

③ 이러한 행동을 통해 훈련의 조건화를 형성하는 동시에, 견이 추적할 때 코를 지면에서 떼지 않고 고개를 드는 행위를 방지할 수 있다.

(6) 추적 진행 시 핸들러의 역할

① 핸들러는 견보다 앞서가면 안 되며, 바로 옆에서 또는 살짝 뒤에서 견을 보조해야 한다.

② 초기 단계에서는 견이 아직 추적의 개념을 완전히 이해하지 못하기 때문에 옆에서 도움을 주면서 진행해야 한다.

③ 핸들러는 견줄을 이용해 견이 너무 빠르게 가거나 고개를 들려고 할 때 적절한 힘을 가하여 교정한다.

④ 훈련이 진행될수록 핸들러는 점점 뒤로 빠지면서 견줄의 길이를 늘려 견이 혼자 추적하도록 유도한다.

(7) 훈련 종료 및 반복 진행

① 견이 추적을 마치면 가볍게 칭찬한 후 켄넬(이동장)에 넣어 휴식을 취하도록 한다.

② 핸들러는 같은 장소와 방법으로 다시 추적 길을 조성하여 총 3회 반복 훈련을 진행한다.

▲ 추적 시작 전 조건화

▲ 추적 핸들링

(8) 일직선 훈련의 단계적 확장

1. 10m 거리에서 시작하여 점진적으로 30m까지 확장한다.
2. 소시지 간격도 초기 15cm에서 점차 150cm까지 늘린다.
3. 하루에 1회 3번 진행하며, 하루에 하나의 요소만 변화시킨다.
4. 추적 길이 또는 소시지 간격 중 하나만 변경해야 한다.
5. 복합적인 변화는 견의 혼란을 유발할 수 있으므로 피해야 한다.
6. 소시지 간격을 무리하게 넓히면 견이 너무 빠르게 가거나 고개를 들고 추적할 가능성이 있다.
7. 핸들러는 견의 반응을 면밀히 관찰하며, 소시지 간격을 점진적으로 조정해야 한다.

(9) 추적 꼬리

일직선 훈련이 완료되면 견은 어느 정도 추적의 방법을 이해한 상태가 된다. 이제부터는 견이 스스로 추적의 시작점을 찾아가는 능력을 기르는 과정이 필요하다. 이를 위해 훈련에서는 '추적 꼬리'라는 개념을 도입한다.

'추적 꼬리'란 추적의 시작점을 표현하는 훈련 용어로, 실제 상황에서는 견이 목표물의 시작점을 스스로 찾아야 한다. 따라서 추적 꼬리를 활용하여 견이 추적의 출발점을 인식하고, 후각을 이용해 추적을 시작하는 능력을 키우는 훈련을 진행한다.

예를 들어, 일직선 훈련을 진행할 때 출발 지점에서 직각 방향으로 1m 정도 추가로 증류수 길을 만들어 준다. 이 추가된 냄새 경로를 '추적 꼬리'라고 하며, 꼬리 부분에는 소시지를 두지 않고 증류수만 뿌린다. 이후, 직각으로 연결되는 지점부터 소시지를 배치하는 방식으로 훈련을 진행한다.

이러한 훈련 방식은 견이 먼저 추적 꼬리의 냄새를 맡고, 그 냄새를 따라가야 보상이 나온다는 개념을 학습하도록 유도하는 과정이다. 또한, 소시지를 직각 지점부터 배치하기 때문에, 견이 자연스럽게 직각 경로에도 적응하는 효과가 있다. 초기 훈련에서는 견을 추적 꼬리의 일직선상 바로 앞에서 출발시키고, 점차 거리를 3m까지 늘려간다. 이후, 견이 출발하는 방향을 점점 부채꼴 형태로 넓혀 여러 방향에서 출발하도록 유도한다. 이를 통해 견은 단순한 직선 추적이 아니라 여러 방향에서 냄새를 탐색하며 스스로 시작점을 찾는 능력을 키울 수 있다.

추적 꼬리는 단순한 보조 훈련이 아니라, 추적 훈련의 핵심이자 견이 독립적으로 목표를 찾을 수 있도록 만드는 열쇠 같은 역할을 한다. 따라서 핸들러는 견이 이 개념을 완전히 이해할 수 있도록 단계적으로 접근해야 하며, 충분한 반복 학습을 통해 견이 스스로 냄새의 출발점을 찾아낼 수 있도록 도와야 한다.

▲ 추적 꼬리

▲ 추적 꼬리에서의 출발

▲ 거리를 점차 늘려 출발한다.

▲ 다양한 방향에서 출발한다.

③ 곡선 길

실제로 사람이 걷는 방식은 대부분 일직선 이동이 아니라 자연스러운 곡선을 포함하며, 방향을 바꿀 때도 급격한 직각 전환보다는 점진적인 곡선을 그리며 움직인다. 따라서 견이 곡선 추적 훈련을 완전히 습득하면 사람의 동선을 보다 자연스럽고 정확하게 따라갈 수 있게 된다.

곡선 훈련부터는 기존과 달리 추적 길을 핸들러가 아닌 제3자(헬퍼)가 만들어야 한다. 핸들러가 지속적으로 같은 냄새의 추적 길을 만들면, 견이 특정한 사람의 냄새만

▲ 곡선 추적 길

▲ 추적 핸들링

을 인식하는 경향이 생길 수 있기 때문이다. 따라서 훈련의 효과를 극대화하기 위해 도움을 주는 헬퍼(훈련 보조자)를 수시로 바꿔 다양한 사람의 냄새에 적응할 수 있도록 해야 한다.

이러한 방식으로 견은 특정 개인의 냄새가 아닌, 일반적인 사람 냄새 자체를 추적하는 능력을 키울 수 있으며, 실제 상황에서도 더욱 효과적으로 목표를 따라갈 수 있는 추적견으로 성장할 수 있다.

(1) 추적 길 조성

❶ 헬퍼는 분무기를 이용해 '추적 꼬리'를 만들고, S 자 형태로 60m 길이의 추적 경로를 조성한다.

❷ 초기에는 완만한 S 자 곡선으로 시작하고, 숙련도에 따라 점차 굴곡이 많은 S 자로 난이도를 증가시킨다.

(2) 먹이 배치

❶ 소시지는 견이 고개를 들지 않고 후각만을 사용해 추적할 수 있도록 배치한다.

❷ 처음에는 150cm 간격으로 배치하며, 견의 숙련도가 높아짐에 따라 점차 간격을 늘려 최대 6m까지 조정한다.

❸ 무리하게 간격을 넓히면 견이 고개를 들거나 추적 속도가 빨라질 수 있으므로 점진적으로 변경해야 한다.

(3) 추적 시작

추적 길이 완성되면, 핸들러는 견을 대동하여 추적 꼬리의 일직선상 1m 뒤에서 출발을 준비한다.

(4) 훈련 종료 및 반복 진행

❶ 견이 추적을 완료하면 핸들러는 가볍게 등을 두드리며 칭찬한다.

❷ 훈련은 총 3회 반복하여 진행한다.

④ 다양한 지면

곡선 추적 훈련을 통해 견이 추적 경로의 동선 변화에 적응했다면, 이제 다양한 지면 환경에서도 안정적으로 추적할 수 있도록 훈련을 진행해야 한다. 추적 훈련 초기에는 대부분 균일한 경질 지면(콘크리트, 아스팔트 등)에서 시작하지만, 실제 상황에서는 다양한 유형의 지면을 만나게 된다. 따라서 견이 지면의 차이에 영향을 받지 않고 안정적으로 냄새를 추적할 수 있도록 환경을 확장하는 과정이 필요하다. 훈련은 경질 표면(아스팔트, 콘크리트)에서 시작하여 점진적으로 부드러운 지면(자갈, 모래, 잔디)으로 확대하는 방식으로 진행된다.

▲ 부드러운 지면

▲ 다양한 지면

(1) 추적 길 조성

① 헬퍼는 총 60m의 추적 경로를 조성하며, 50m는 경질 지면(아스팔트, 콘크리트 등)에서, 10m는 부드러운 지면(자갈, 모래, 잔디 등)에서 진행한다.

② 처음에는 단단한 지면에서 시작하여 중간이나 마지막 구간에 10m 길이의 부드러운 지면을 포함하도록 한다.

③ 처음에는 단단한 지면(50m)과 부드러운 지면(10m)의 비율을 80:20으로 시작한다.

④ 훈련이 진행될수록 70:30 → 60:40 → 50:50으로 점진적으로 비율 조정한다.

⑤ 부드러운 지면 구간을 한 번에 길게 추가하는 것보다 중간중간 분산 배치하는 것이 견이 적응하는 데 도움이 된다

(2) 먹이 배치

❶ 소시지는 6m 간격으로 배치하되, 단단한 지면에서 부드러운 지면으로 바뀌는 구간의 시작점에는 소시지를 배치하거나 간격을 좁혀 견이 쉽게 적응할 수 있도록 한다.

❷ 훈련 진행 상황에 따라 견의 반응을 보면서 간격 조정이 가능하다.

(3) 추적 시작 및 핸들링

핸들러는 견을 대동하여 추적을 시작하고, 지면이 바뀌는 구간에서 견이 적응하는지를 확인하며 핸들링을 조정한다.

(4) 훈련 종료 및 반복 진행

❶ 훈련은 총 3회 반복하여 진행한다.

❷ 견이 부드러운 지면에서도 안정적으로 추적할 수 있도록 반복 학습을 통해 적응을 돕는다.

5 추적 길이, 추적 폭, 시간차

추적 훈련이 다양한 지면에서 이루어지면, 이제 추적 길의 길이를 점차 늘려가야 한다. 동시에, 추적 길의 폭도 확장하여 견이 더욱 넓은 범위에서 냄새를 감지하는 능력을 키우도록 한다. 그러나 두 가지 요소를 한꺼번에 변경하면 견이 혼란을 느낄 수 있으므로 한 번에 하나의 요소만 변화시키는 것이 중요하다.

우선, 추적 길의 길이를 늘리는 것부터 시작해야 한다. 견이 긴 거리에서도 냄새를 따라갈 수 있도록 천천히 거리를 증가시키고, 이후 추적 폭을 점진적으로 넓혀서 더욱 정교한 후각 추적 능력을 기를 수 있도록 한다.

훈련 초기에는 견이 쉽게 냄새를 따라갈 수 있도록 증류수 폭을 좁고 진하게 뿌려 냄새를 강하게 만든다. 그러나 실제로는 목적물(사람)에는 증류수를 뿌리지 않기 때문에, 견이 현실적인 환경에 적응할 수 있도록 점차 증류수를 줄여야 한다. 이를 위해,

좁았던 증류수 폭을 점점 넓고 얇게 뿌려 냄새가 자연스럽게 퍼지도록 한다.

냄새가 강하게 집중되었던 환경에서 점점 냄새가 넓게 퍼지고 희미해지는 방식으로 바뀌면 견에게는 더 어려운 작업이 될 수 있다. 따라서 견이 무리 없이 적응할 수 있도록 조금씩 단계를 조절하여 진행해야 한다.

추적 폭을 넓히는 방법은 분무기를 지면에서 조금씩 높여서 뿌리는 방식으로 조절할 수 있다. 분무기의 높이가 올라가면 증류수가 넓은 범위로 퍼지고 냄새도 얕아지게 된다. 훈련이 진행됨에 따라 최종적으로는 허리춤 높이에서 증류수를 뿌려 실제 사람에게 자연스럽게 떨어지는 냄새와 유사한 환경을 조성해야 한다.

▲ 좁고 두꺼운 추적 길

▲ 분무기가 지면에 닿을 듯이 뿌려준다.

▲ 넓고 얕은 추적 길

▲ 허리에서 분사하여 흐트러지도록 한다.

훈련이 고도화되면 추적의 시간차를 적용하여 견이 시간이 지난 냄새도 추적할 수 있도록 해야 한다. 기존 훈련에서는 헬퍼가 추적 길을 만든 직후 핸들러가 견을 대동하여 즉시 추적을 시작했다. 그러나 현실에서는 견이 바로 추적을 시작할 수 있는 경우보다 이미 지나간 흔적을 추적해야 하는 경우가 더 많다. 이를 위해, 훈련 과정에서 점진적으로 시간이 지난 냄새를 추적하는 연습을 추가해야 한다.

초기에는 1분 정도 대기한 후 추적을 시작하고, 점차 3분, 5분으로 시간을 늘려 견이 오래된 냄새도 추적할 수 있도록 훈련한다. 특히, 경질 지면(콘크리트, 아스팔트)에서는 시간이 지난 냄새를 추적하는 것이 매우 어렵기 때문에 더욱 신중하게 진행해야 한다. 이 훈련은 몇 달이 걸릴 수도 있다. 핸들러가 견의 반응을 면밀히 분석하며 훈련 강도를 조절해야 한다.

견의 적응 속도에 따라 시간이 늘어날 수 있으며, 충분한 연습이 이루어진다면 최종적으로 1km 이상의 거리, 1시긴이 지난 냄새도 추적할 수 있는 수준까지 도달할 수 있다. 명심할 부분은 항상 성공적인 시나리오를 토대로 훈련을 진행해야 하고, 무리한 훈련을 진행하여 견이 실패한다면 견은 상실감에 빠져 의욕을 잃을 것이다.

핸들러가 견에게 꾸준한 시간과 열정을 쏟는다면 견은 후각을 활용하여 더욱 넓고 복잡한 한경에서도 효과적으로 추적할 수 있는 능력을 갖추게 될 것이다

6 유류품

추적견은 단순히 냄새를 따라 목적물을 찾는 것뿐만 아니라 추적 과정에서 유류품을 탐색하고 발견하는 능력도 갖춰야 한다. 유류품은 실제 현장에서 중요한 증거물이 될 수 있으며, 견이 올바른 길을 가고 있는지 확인하는 지표가 되기도 한다. 훈련 과정에서 유류품을 활용하면 견에게 새로운 자극이 되어 더욱 적극적으로 추적하도록 유도할 수 있다.

유류품은 단순한 보상이 아니라 추적 과정의 중요한 요소로 작용하며, 견의 동기를 강화하는 역할을 한다. 기존 훈련에서는 견이 냄새를 따라가면서 소시지를 보상으로 받았다면, 이제부터는 유류품을 발견하는 것이 보상이 되는 방식으로 전환할 수 있다. 유류품을 찾고 핸들러에게 알리면 소시지와 같은 먹이 보상이 주어지거나 놀이

보상이 제공된다. 이를 통해 견은 유류품을 발견하는 것이 곧 보상을 받는 행동이라는 개념을 학습하게 된다.

유류품 탐색 훈련은 추적 훈련과 병행하여 진행되며, 견이 목적물을 단순히 따라가는 것이 아니라 중간중간 유류품을 인식하고 멈춰서 핸들러에게 신호를 보내는 방식으로 진행된다. 이러한 훈련을 통해 견은 단순 추적 능력을 넘어, 실제 현장에서 실질적인 단서와 증거를 확보하는 역할까지 수행할 수 있는 전문적인 추적견으로 성장할 수 있다.

훈련의 시작은 부피가 작고 얇고 넓은 물체인 '링'으로 진행한다. 링은 지면과 밀착되어 있어 견의 시선에서는 쉽게 보이지 않기 때문에 견이 시각적인 단서가 아닌 후각을 통해 유류품을 찾아야 하는 환경을 조성할 수 있다. 이 훈련은 기존의 추적 길 훈련과는 별도로 진행되며, 견이 유류품을 인식하고 반응하는 방법을 충분히 익힌 후 추적 길 훈련과 병행하여 진행한다.

먼저 유류품만을 탐색하는 훈련을 진행하여 견이 물건을 찾고 핸들러에게 신호를 보내는 행동을 학습하도록 한다.

(1) 링 보상

1 유류품(링) 준비

- 링 4개를 준비한 후, 손이나 자극적인 냄새가 나는 겨드랑이 등에 문질러 사람의 냄새를 충분히 묻힌다. 견이 후각을 통해 유류품을 탐지할 수 있도록 냄새를 강화하는 과정이다.

2 유류품 배치

- 지면에 링 4개를 일정한 간격으로 놓고 링 위에 소시지를 충분히 올려둔다.
- 소시지는 넘치지 않도록 조절하여 링과 함께 인식될 수 있도록 한다.
- 링을 너무 가까이 두면 견이 쉽게 시각적으로 찾을 수 있으므로 일정한 간격을 유지한다.
- 견이 후각을 사용하도록 유도하는 환경을 조성한다.

3 추적 시작

- 핸들러는 견을 대동하여 링과 일정 거리에서 출발 지점에 세운 후 '추적' 명령을 내리고 출발시킨다.
- 견이 링을 찾고, 링 위의 소시지를 먹도록 유도한다.

▲ 링

▲ 링 보상

4 유류품 빌견 시 추가 보상 제공

- 견이 링을 찾아 소시지를 먹으면 핸들러는 즉시 견 옆으로 다가가 링 위에 소시지를 2~3회 추가로 올려준다.
- 이 과정에서 견의 시선과 코가 링을 향해 있도록 유도해야 한다.
- 견이 링을 충분히 인식하고 집중할 수 있도록 보상 타이밍을 조절해야 한다.
- 만약 견이 링에 집중하지 않으면 핸들러는 링을 지면에 붙인 상태에서 움직여 견의 시선을 유도하고, 즉시 보상을 제공한다.
- '링의 냄새를 맡고 주시하면 소시지가 나온다'는 개념을 학습시키는 것이 핵심이다.

5 반복 훈련

- 견이 첫 번째 링에서 소시지를 다 먹으면 다시 '추적' 명령을 내려 두 번째 링을 찾도록 유도한다.

- 견이 링을 찾을 때마다 같은 방식으로 추가적인 소시지를 제공하여 링에 대한 집중력을 높인다.
- 남은 링 2개도 동일한 방식으로 훈련을 진행한다.

6 훈련 종료 및 긍정적 피드백

- 모든 링을 찾고 훈련이 끝나면 견을 가볍게 칭찬한 후 켄넬(이동장)로 이동시켜 휴식을 취하도록 한다.
- 견이 훈련을 즐겁게 받아들이고, 유류품 탐색이 보상과 연결된 긍정적인 경험이 될 수 있도록 한다.

(2) 링 '엎드려'

1 엎드리기 조건화 훈련 시작

- 견이 사람 냄새가 나는 링에서 소시지가 나온다는 개념을 학습한 후, 다음 단계로 넘어간다.
- 견이 링 위에서 소시지를 먹은 후, 핸들러는 즉시 '엎드려' 명령을 내린다.

2 엎드리면 추가 보상 제공

- 견이 엎드리면 핸들러는 즉시 링 위에 소시지를 추가로 올려놓는다.
- 견이 링에 집중하고, 시선과 코가 링을 향하고 있다면 소시지를 2~3회 더 제공하여 보상을 강화한다.
- 견이 링에 집중하도록 유도하고 '엎드려' 행동과 보상을 연계할 수 있도록 한다.
- 견이 엎드리기 전, 다른 곳으로 관심이 가지 않게 핸들러가 적절한 타이밍에 보상을 제공해야 한다.

3 동일한 방식으로 반복 진행

- 남은 3개의 링에서도 동일한 방법으로 훈련을 진행한다.
- 견이 유류품을 발견하면 즉시 '엎드려' 명령을 내리고, 성공하면 보상을 추가로 제공한다.

4 난이도 증가 - 보상 없는 탐색 유도

- 견이 일정 수준의 훈련을 마치면 처음부터 링 위에 소시지를 올려두지 않고 견을 출발시킨다.
- 견이 스스로 유류품을 찾고 엎드리면 핸들러가 소시지를 링 위에 올려 보상을 제공한다.

5 최종 목표

- 견이 사람 냄새가 나는 유류품을 발견하면 냄새를 맡고 자발적으로 엎드리는 행동을 보일 수 있도록 한다.
- 핸들러가 보상을 미리 배치하지 않아도 견이 유류품을 찾아 엎드리는 것 자체를 학습하도록 한다.
- 이 과정이 성공적으로 이루어지면 추적 훈련과 결합하여 유류품 탐색 능력을 강화할 수 있다.

▲ 링 엎드려

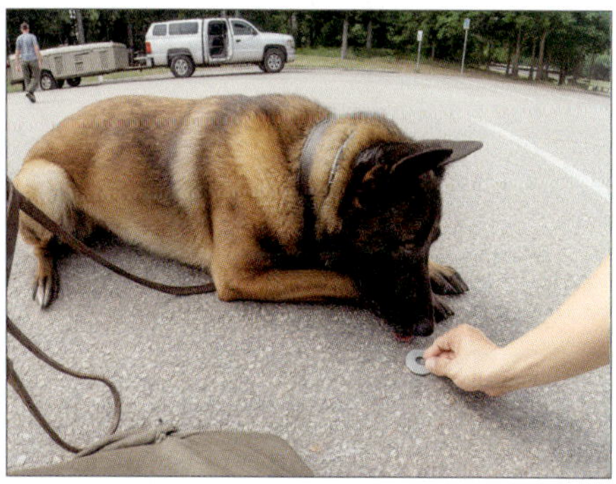

▲ 스스로 엎드리면 소시지를 준다.

7 물건으로 전환

링 훈련이 완성되었더라도 견이 실제 유류품을 탐색해야 하는 상황이 되면 혼란을 겪을 수 있다. 링과 실제 유류품은 모양과 질감이 다르기 때문에 견은 기존에 학습한 개념을 새로운 물건에 적용하는 데 어려움을 느낄 수 있다. 따라서 유류품 탐색 훈련을 실제 물건으로 전환할 때는 견이 자연스럽게 적응할 수 있도록 점진적인 과정이 필요하다. 전환 과정에서는 링과 유사한 질감과 형태를 가진 물건부터 사용하여 견이 자연스럽게 적응할 수 있도록 유도해야 한다.

기존에 학습한 링과 완전히 다른 물건을 갑자기 도입하면 견은 혼란을 느끼고, 후각보다 시각적 단서에 의존하려 할 수 있다. 따라서 처음에는 링과 유사한 물건을 사용하여 탐색을 유도한 후, 점진적으로 다양한 형태의 실제 유류품으로 변경해 나가는 방식으로 진행한다. 또한, 보상 방식도 기존의 소시지에서 장난감으로 전환하여 견의 동기를 더욱 높이는 것이 효과적이다.

장난감 보상은 소시지보다 견의 흥미를 더욱 지속적으로 유지할 수 있으며, 후각을 활용한 탐색 자체를 놀이로 인식하도록 유도할 수 있다. 이 과정을 통해 견은 새로운 물건에서도 후각을 활용하여 탐색하고, 유류품 발견 시 올바른 행동을 유지하는 능력을 기르게 된다.

(1) 고정 후 대기

1. 핸들러는 견을 대동하고 견줄을 잡아 고정하여 움직이지 못하도록 한다.
2. 견이 훈련에 집중할 수 있도록 준비 단계에서 안정적인 자세를 유지하게 한다.

(2) 링 탐색 훈련 진행

1. 헬퍼는 링에 사람 냄새를 충분히 묻힌 후, 견의 시선을 유혹하는 동작을 한다.
2. 링을 위로 던지고 좌우로 흔들며 견의 시선을 끈 후, 잔디가 있는 지면에 던진다.
3. 견이 시각적으로 링을 찾는 것을 방지하고 후각으로 탐색하도록 유도한다.
4. 잔디와 같은 자연환경을 이용하여 견이 냄새에 집중하게 한다.

(3) 추적 시작

1. 링이 잔디에 떨어지는 동시에, 핸들러는 '추적' 명령을 내려 견을 출발시킨다.
2. 견이 후각을 이용하여 링을 찾고 주시하면서 엎드리면, 핸들러는 장난감을 던져 보상한다.
3. 기존 소시지에서 장난감(공 등)으로 보상이 전환됨으로써 흥미와 동기가 증가한다.

▲ 헬퍼는 견의 시선을 유혹한다.

▲ 링을 잔디에 던진다.

▲ 핸들러는 견을 출발시킨다.

▲ 물건을 찾고 엎드리면 보상을 준다.

(4) 반복 훈련

1. 핸들러는 보상물을 수거한 후 다시 출발지로 돌아온다.
2. 반복적으로 훈련하여 견이 링 탐색에 대한 확신을 가지도록 한다.

(5) 실제 물건으로 전환

1. 헬퍼는 링 대신 실제 유류품(열쇠, 배지 등)을 들고 견의 시선을 유혹한 후, 잔디가 있는 지면에 던진다.
2. 처음에는 링과 비슷한 질감과 크기를 가진 물건을 사용하여 견이 자연스럽게 적응할 수 있도록 한다.
3. 견이 익숙해지면 더 다양한 형태의 실제 유류품으로 확장한다.(핸드폰, 장갑 등)

(6) 유류품 탐색 및 보상 제공

1. 견이 물건을 찾고 엎드리면 장난감 보상을 제공한다.
2. 보상이 공으로 바뀌면서 견은 더욱 적극적으로 탐색하려 하지만, 링이 아닌 다른 물건이 나오면 혼란스러워할 수 있다.
3. 견이 새로운 물건을 탐색할 때 냄새를 맡으면 즉시 '엎드려' 명령을 내려 보상을 제공한다.
4. 이를 반복함으로써 견이 다양한 유류품에서도 후각을 활용하여 탐색할 수 있도록 유도한다.
5. 견이 성공적으로 탐색을 마칠 때마다 보상을 제공하여 성취감을 느낄 수 있도록 한다.

8 추적 길 유류품 추가

유류품 탐색 훈련이 완성되면 이제 유류품을 추적 길에 추가하여 보강재로 활용하는 과정이 필요하다. 기존 추적 훈련에서는 6m 간격으로 소시지를 배치하여 견이 냄새를 따라가도록 유도했지만, 이제 일정 간격마다 일부 소시지를 유류품으로 대체한다.

예를 들어, 추적 길에 6m 간격으로 소시지가 배치되어 있다면 그중 2~3개를 소시지 대신 유류품으로 변경하는 방식으로 진행한다. 이 훈련의 핵심은 유류품 발견이 개에게 더욱 높은 동기 부여를 할 수 있도록 하는 것이다. 유류품을 찾았을 때 소시지가 아닌 장난감 보상이 제공되므로 견은 더욱 적극적으로 유류품 탐색을 수행하게 된다.

개에 따라 유류품 탐색 능력이 완성되는 기간은 다르지만, 빠른 견은 추적 길 곡선 훈련 단계부터 유류품을 포함할 수 있으며, 늦어도 다양한 지면 훈련을 진행하는 시점에서는 유류품을 추가하여 훈련해야 한다. 추적 길에 처음 유류품을 포함할 때는 견이 혼란을 겪지 않도록 링을 사용하여 점진적으로 적응할 수 있도록 돕는다.

견이 유류품을 찾고 보상을 받으면 핸들러는 해당 유류품을 수거하여 견이 다시 추적할 때 이미 찾았던 유류품으로 돌아가지 않도록 한다. 견이 유류품을 발견한 지점에서 다시 냄새를 추적할 수 있도록 유도하는 것이 중요하다.

실제 물건을 유류품으로 사용할 때는 몇 가지 주의할 점이 있다. 첫째, 견이 시각을 이용하여 유류품을 찾지 않도록 해야 한다. 예를 들어, 200m의 추적 길에 3개의 유류품을 배치한다면 물건의 크기에 따라 처음, 중간, 마지막 지점에 유류품을 배치해야 한다. 만약 초반부터 크고 눈에 띄는 물건이 있으면 견은 이를 시각적으로 인지하고 찾으려 할 가능성이 높아지는데, 이 경우, 두 번째와 세 번째 유류품도 후각이 아닌 시각으로 찾으려 할 위험이 커진다. 따라서 처음에는 작은 물건을 배치하고 점진적으로 크기를 조절하는 방식으로 진행해야 한다.

두 번째로, 보강재가 소시지에서 장난감으로 바뀌면서 견이 더욱 적극적으로 유류품을 찾으려는 행동을 보일 수 있다. 동기 부여가 강해지면 견은 추적 속도가 지나치게 빨라지거나 유류품 주변에 도착했을 때 추적 경로를 따라가지 않고 곧바로 유류품으로 향하는 문제가 발생할 수 있다. 이러한 경우에는 유류품을 찾았을 때의 보상을 소시지로 바꾸거나 유류품을 제거한 후 소시지 간격을 줄여 견이 다시 섬세하게 냄새를 따라가도록 유도해야 한다.

유류품을 추가하면 견의 관심이 기존의 소시지에서 유류품으로 옮겨가기 때문에, 결국에는 소시지 없이도 유류품만으로 견이 추적을 수행할 수 있는 상태로 발전하게 된다. 하지만, 동기 부여가 강한 만큼 견이 섬세하게 냄새를 따라가도록 핸들러가 세심하게 조절하며 훈련을 진행해야 한다. 훈련 방향을 적절히 설정하지 않으면, 견이 냄새를 심세하세 분석하는 대신, 단순히 유류품을 향해 달려가는 방식으로 학습될 수 있기 때문이다.

마지막으로, 유류품 자체의 냄새 관리도 중요한 요소다. 추적 길을 만드는 헬퍼나 핸들러가 유류품에 동일한 사람 냄새를 충분히 묻혀야 한다. 유류품을 단순히 바닥에 배치하는 것이 아니라 사람의 체취를 묻히기 위해 손으로 만지거나 1~2시간 정도 직접 소지한 후에 배치해야 한다. 이렇게 하면 견은 유류품이 단순한 물체가 아니라 사람의 흔적이 남은 단서라는 개념을 학습하게 된다. 반면, 사람 냄새가 묻지 않은 일반 물건에는 견이 반응하지 않도록 훈련해야 한다.

이러한 과정을 거치면서 견은 유류품을 탐색하는 능력을 키우고, 이를 추적 과정에 자연스럽게 적용할 수 있도록 발전해 나가게 된다.

▲ 추적 길에 링 추가

▲ 링 보상

▲ 추적 길에 유류품 라이터 추가

▲ 유류품 라이터 회수

▲ 추적 길에 유류품 볼펜 추가

▲ 유류품 볼펜 회수

9 주차별 훈련 계획표 및 주요 내용

<table>
<tr><td rowspan="3">1
주
차</td><td>지면</td><td>단단한 표면</td><td>모양</td><td>직선</td><td>추적 길이</td><td>15~30m</td></tr>
<tr><td>보강재</td><td colspan="3">소시지 간격 15~150cm</td><td>추적 폭</td><td>10~15cm</td></tr>
<tr><td colspan="6">• 소시지 간격은 견이 코를 들지 않는 정도로 점차 증가한다.
• 핸들러의 개입이 최대한 적게 하여 견에게 즐거움을 느끼게 한다.
• 추적 길을 만든 직후 바로 추적을 시작한다.
※ 냄새를 가장 많이 잡아 두는 순간이다.
• 처음엔 공통된 사람의 냄새를 추적한다.
※ 핸들러가 직접 추적 길을 만들 수 있다.</td></tr>
<tr><td rowspan="3">2
주
차</td><td>지면</td><td>단단한 표면</td><td>모양</td><td>곡선</td><td>추적 길이</td><td>30m</td></tr>
<tr><td>보강재</td><td colspan="3">소시지 간격 150~300cm</td><td>추적 폭</td><td>10~15cm</td></tr>
<tr><td colspan="6">• 추적꼬리를 만들고 출발점 뒤에서 시작하여 스스로 출발점을 찾고 나아갈 수 있도록 훈련한다</td></tr>
<tr><td rowspan="3">3
주
차</td><td>지면</td><td>단단한 표면</td><td>모양</td><td>곡선</td><td>추적 길이</td><td>60m</td></tr>
<tr><td>보강재</td><td colspan="3">소시지 간격 300~600cm</td><td>추적 폭</td><td>10~15cm</td></tr>
<tr><td colspan="6">• 추적 길이는 무리하게 늘리지 않는다. 너무 많이 늘리면 견이 흥미를 잃는다. 초기에는 견이 사람 냄새를 이해하는 데 중점을 둔다.</td></tr>
<tr><td rowspan="3">4
주
차</td><td>지면</td><td>단단한 표면</td><td>모양</td><td>곡선</td><td>추적 길이</td><td>60m</td></tr>
<tr><td>보강재</td><td colspan="3">소시지 간격 6m, 유류품 추가</td><td>추적 폭</td><td>10~15cm</td></tr>
<tr><td colspan="6">• 보강재의 간격은 6m이고 다음과 같이 소시지, 소시지, 증거물, 소시지 … 중간에 유류품 2~3개 추가한다. 점점 보강재 소시지는 줄이고 증거물로 대체한다.
• 핸들러의 판단에 따라 유류품에 대한 반응 보상은 소시지가 될 수도 있고 시간이 지남에 따라 장난감으로 줄 수 있다.
• 더 강한 보강재는 새로운 동기 부여가 되므로 보강재의 간격을 쉽게 늘릴 수 있다.</td></tr>
</table>

5주차	지면	단단한 표면 + 부드러운 표면	모양	곡선	추적 길이	60m
	보강재	소시지 간격 6m, 유류품 추가			추적 폭	10~15cm

- 기본적으로 견이 사람의 냄새를 맡고 추적이 가능하다면 쉽게 표면을 바꿀 수 있다.
- 표면이 바뀌는 시점에서 보강재를 놓거나 간격을 좁게 하여 환경에 잘 적응토록 도와준다.
- 80% 경질 표면, 20% 부드러운 표면으로 시작한다.

6주차	지면	다양한 표면	모양	직선	추적 길이	60m에서 증가
	보강재	무작위로 소시지, 증거물 2~3개			추적 폭	10~15cm

- 견이 인간의 냄새를 추적하는 데 충분한 이해를 하고 길이도 길게 늘릴 수 있다.
- 혹시나 견이 관심과 흥미가 떨어진다면 횟수를 줄이고 길이를 바꿔 준다. 120m 3회, 180m 2회, 300m 1회 등으로 변화를 준다

7주차	지면	다양한 표면	모양	곡선	추적 길이	점점 길이 증가
	보강재	무작위로 소시지, 증거물 3~4개			추적 폭	추적 폭 변화

- 마지막 변수는 추적 폭이다. 10~15cm에서 점점 15~25cm, 25~45cm로 폭을 넓히고 분무량을 줄인다. 뿌리는 위치를 발목에서 무릎으로, 무릎에서 허리로 점점 높여준다.

8~10주차	지면	다양한 표면	모양	다양한 모양	추적 길이	점점 길이 증가
	보강재	증거물			추적 폭	안개로 분사

- 총 트랙의 50%는 단단한 표면에서 훈련해야 한다. 단단한 표면 추적은 견들이 가장 어려워하므로 연습을 하지 않으며 쉽게 추적 능력이 저하된다.
- 분무량이 줄어 추적 길이 잘 안 보일 수 있다. 핸들러는 궤도를 알고 출발해야 한다.
- 10주 차 이후는 시간차 출발 훈련을 점진적으로 늘려 훈련을 진행한다.

4 심화 과정

1 목적물 지정 추적

기존의 추적 훈련은 가장 신선한 사람의 냄새를 맡고 바닥에 남겨진 흔적을 따라 이동하는 방식이다. 이는 견이 사람의 흔적을 감지하고, 이동 경로를 따라가며 냄새를 추적하는 능력을 기르는 과정이다. 반면, 목적물 지정 추적은 특정한 사람의 냄새를 맡게 하고 그 냄새가 남아 있는 바닥을 찾아 따라가는 방식으로 진행된다. 이 훈련에서는 핸들러가 특정 인물의 냄새가 묻은 물건을 가지고 있으며, 견은 여러 사람의 흔적이 섞여 있는 환경에서도 오직 지정된 목적물의 냄새를 추적해야 한다. 이는 단순히 가장 신선한 흔적을 따라가는 것이 아니라 여러 유동적인 냄새 속에서 특정 인물의 동선을 구별하고 정확하게 추적하는 것이 목표다.

특정 인물을 찾는 목적물 지정 추적은 매우 어려운 작업이다. 견이 다른 사람의 냄새를 무시하고, 지정된 목적물의 냄새만을 선별적으로 따라가는 능력을 기르는 과정이기 때문이다. 따라서 꾸준한 반복 훈련과 오랜 시간이 필요하며, 높은 집중력과 정확성이 요구된다.

이와 같은 선별 추적 훈련은 기존의 추적 훈련이 충분히 완성된 후, 핸들러의 판단하에 필요에 따라 별도로 진행된다. 이는 견의 숙련도와 활용 목적에 따라 추가적으로 훈련될 수 있으며, 특수한 환경에서 특정 인물을 추적해야 하는 경우에 적용된다.

(1) 시작 전 조건화

목적물 지정 추적에서는 견이 단순히 가장 신선한 인간의 흔적을 따라가는 것이 아니라 특정한 사람의 냄새를 인식하고 그 냄새가 남아 있는 경로를 찾아가는 과정이 필요하다. 이를 위해 기존의 추적 조건화 과정에 추가적인 냄새 인식 절차가 포함된다.

훈련을 시작하기 전, 견은 기존 추적 훈련과 마찬가지로 엎드린 상태에서 견줄을 앞다리 사이로 넣어 조건화를 진행한다. 이 과정은 견이 추적 시작 전에 집중할 수 있도록 유도하고, 훈련의 시작을 인식하게 하는 역할을 한다.

목적물 지정 추적에서는 이 조건화 과정에 추가적으로 특정 인물의 냄새를 맡는 절차가 포함된다. 핸들러는 추적할 대상의 냄새가 묻어 있는 물건을 견의 코앞에 가져다 대고 충분히 냄새를 맡도록 유도한다. 견이 냄새를 충분히 인식할 수 있도록 시간을 주고, 확실히 기억하도록 집중력을 유지하는 것이 중요하다.

냄새를 맡게 한 후, 핸들러는 목적물의 냄새가 묻은 물건을 주머니에 넣고 '찾아' 명령을 내려 견을 출발시킨다. 이 과정에서 견은 여러 사람의 흔적이 섞여 있는 환경에서도 다른 냄새를 무시하고, 오직 특정한 냄새만을 따라가는 능력을 길러야 한다. 이 훈련을 반복하면서 견은 다양한 냄새가 혼재된 환경에서도 특정 목적물의 동선을 정확하게 추적하는 능력을 발전시켜 나가게 된다.

(2) 시작점 후 제3자 유혹취 1개 추가

목적물 지정 추적에서는 견이 특정한 사람의 냄새만을 따라갈 수 있도록 훈련하는 과정이 중요하다. 그러나 실제 환경에서는 다른 사람의 흔적이 남아 있는 경우가 많기 때문에 견이 혼란을 겪지 않고 목표 인물의 냄새를 선택적으로 추적할 수 있도록 유혹 요소를 포함한 훈련을 진행해야 한다.

훈련은 헬퍼가 목적물의 냄새를 포함한 추적 길을 만든 후, 중간 지점에서 또 다른 헬퍼가 유혹 역할을 수행하는 방식으로 진행된다. 유혹 역할을 하는 헬퍼는 목적물의 추적 길을 가로질러 지나가며 증류수를 뿌리지만, 이때 증류수 양은 원래의 추적 길보다 약하게 하거나 아예 뿌리지 않는다. 이를 통해 견이 목적물의 냄새와 유혹 길에서 발생한 냄새를 구별할 수 있도록 유도한다.

훈련을 시작하기 전, 견에게 목적물의 냄새를 맡게 한 후 출발시킨다. 견이 추적을 시작하여 유혹 길과 목적물의 추적 길이 교차하는 지점에 도달했을 때, 만약 견이 목적물의 냄새를 유지하며 올바른 길을 따라간다면 핸들러는 즉시 견의 진행 방향 앞으로 보상물을 투척하여 칭찬한다. 이 방식은 견이 정확한 선택을 했을 때 즉각적인 보상을 받도록 하여, 목적물의 냄새만을 따라가도록 강화하는 역할을 한다. 훈련이 반복될수록 유혹 길에 뿌리는 증류수의 양을 점차 늘려 목적물의 추적 길과 비슷한 수준까지 조정하면서 난이도를 높여간다. 이를 통해 견은 점점 더 어려운 환경에서도 정확한 선택을 할 수 있도록 훈련된다.

만약 견이 유혹 길을 따라가면 핸들러는 즉시 견을 다시 불러 교차 지점에서 3m 정도 뒤로 돌아가 다시 시작하도록 한다. 견이 반복적으로 유혹 길을 선택하는 경우,

유혹이 끝나는 교차 지점 직후에 소시지를 배치하여 견이 자연스럽게 올바른 길을 따라가도록 유도할 수 있다.

(3) 시작점 후 제3자 유혹취 개수 추가

목적물 지정 추적 훈련이 진행됨에 따라 견은 단순한 유혹 요소를 극복하는 수준에서 더 높은 난이도의 유혹 환경에서도 정확한 추적을 수행할 수 있게 된다. 이를 위해 훈련 과정에서 유혹 길의 개수를 점진적으로 늘려 견이 더욱 정교한 후각 추적 능력을 기를 수 있도록 한다.

훈련 초기에는 중간 지점에서 한 개의 유혹 길을 만들어 견이 목적물의 냄새를 선택적으로 따라가도록 유도했지만, 이제는 유혹 길의 개수를 2~3개로 늘려 더욱 복잡한 환경을 조성한다. 그러나 이 단계에서는 견이 여러 사람의 냄새에 혼란을 느끼지 않도록, 모든 유혹 길은 한 명의 헬퍼가 만들어야 한다. 만약 여러 명의 헬퍼가 각각 다른 방향으로 유혹 길을 만든다면 견은 후각적으로 너무 많은 변수를 마주하게 되어 훈련 과정에서 불필요한 혼란을 경험할 수 있다. 훈련 과정에서는 유혹 길을 극복할 때마다 즉시 보상물을 투척하여 견의 동기 부여를 강화한다.

견이 정확한 선택을 할수록 즉각적인 보상을 제공함으로써 목적물의 냄새만을 선택적으로 따라가는 행동을 강화하고 유혹에 대한 저항력을 키울 수 있다.

(4) 시작점 전 제3자 유혹취 추가

선별 훈련에서 가장 어려운 단계는 목적물의 추적 길이 시작되기 전에 유혹 길을 배치하여 견이 유혹을 극복하고 올바른 시작점을 찾아가는 과정이다. 이 단계는 견이 후각적으로 더욱 정교한 판단을 내려야 하며, 훈련 초기부터 점진적으로 난이도를 높이는 방식으로 진행해야 한다.

훈련의 핵심은 견이 헬퍼의 유혹 길을 무시하고, 출발 전에 맡았던 특정 목적물의 냄새를 기억한 채, 그 냄새가 남아 있는 정확한 추적 길을 찾아가는 능력을 기르는 것이다. 이를 위해 유혹 길의 강도를 조절하며 점진적으로 훈련을 진행하는 것이 필수적이다.

훈련을 시작할 때, 헬퍼는 목적물의 추적 길이 시작되기 직전에 유혹 길을 만든다.

이때 유혹 길의 냄새가 너무 강하면 견이 혼란을 겪을 수 있으므로, 처음에는 유혹 길을 약하게 조성하여 견이 쉽게 목적물의 추적 길을 찾을 수 있도록 한다.

훈련을 시작하기 전, 핸들러는 기존과 동일하게 견을 추적 조건화 상태로 만든 후, 목적물의 냄새를 맡게 하고 견을 출발시킨다. 견이 유혹 길을 지나치고 올바르게 목적물의 추적 길을 찾으면 즉시 보상물을 투척하여 즉각적인 긍정 강화가 이루어지도록 한다. 이를 통해 견은 출발 전에 맡았던 냄새와 동일한 냄새가 있는 길을 찾아야 한다는 개념을 명확하게 이해할 수 있다.

훈련이 반복될수록 유혹 길의 강도를 점차 높여 견이 더욱 높은 난이도의 후각 구별 능력을 발휘할 수 있도록 유도한다. 처음에는 유혹 길의 냄새 양을 약하게 설정하고, 견이 익숙해지면 점차 목적물의 추적 길과 유사한 수준까지 증류수를 뿌려 유혹을 강화하는 방식으로 난이도를 조절한다.

(5) 시작점 후 다양한 제3자 유혹취 추가

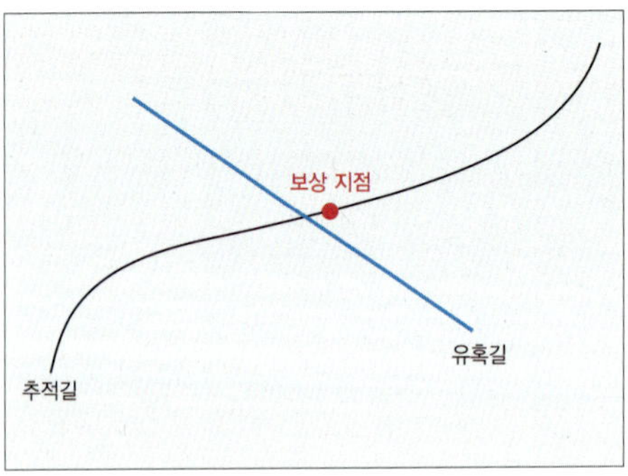

▲ 유혹 길 1개 추가

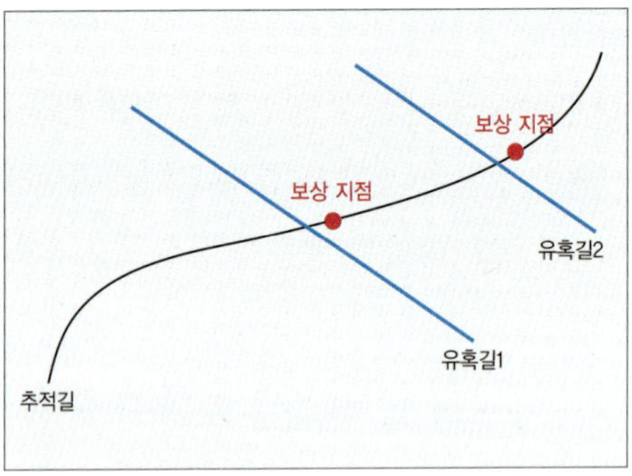

▲ 유혹 길 개수 증가

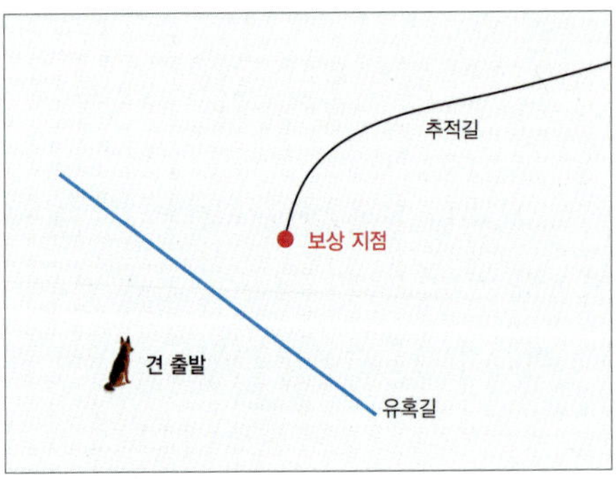

▲ 시작 전 유혹 길 극복

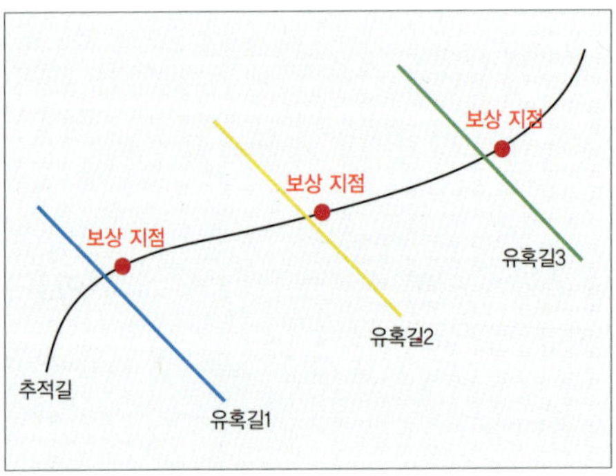

▲ 다양한 유혹 길 추가

목적물 지정 추적 훈련의 마지막 단계는 한 사람이 아닌 여러 사람이 유혹 길을 만들어, 견이 다양한 인간의 냄새가 혼재된 환경에서도 특정 목적물의 냄새만을 추적할 수 있도록 하는 과정이다.

앞선 훈련들이 충분히 진행되었다면 견은 이미 유혹을 극복하고 올바른 추적 경로를 선택하는 능력을 갖추고 있어야 하며, 따라서 이 단계 또한 무리 없이 수행할 수 있다.

이 단계에서는 여러 명의 헬퍼가 의도적으로 목적물의 추적 길을 가로질러 지나가면서 다양한 냄새를 남긴다. 실제 환경에서는 견이 특정한 한 사람의 냄새만을 추적해야 하는 경우가 많지만, 현실적으로 여러 사람이 동일한 공간을 지나가면서 냄새가 섞일 가능성이 높다. 이에 따라, 견은 사람마다 나는 냄새의 차이를 구별하고, 비슷한 냄새가 섞여 있더라도 올바른 냄새를 선택적으로 추적하는 능력을 갖춰야 한다.

훈련을 진행할 때 핸들러는 기존과 동일하게 견을 조건화한 후, 목적물의 냄새를 맡게 한 뒤 출발시킨다. 견이 유혹취를 무시하고 올바른 추적 길을 따라갈 때마다 즉시 보상물을 투척하여 긍정 강화를 제공하고 칭찬을 한다. 이를 통해 개는 유혹 냄새를 극복할수록 보상을 받는다는 개념을 명확히 인식하게 된다.

이 훈련이 성공적으로 진행되면 견은 다양한 사람의 냄새가 혼재된 환경에서도 특정 인물의 냄새만을 따라갈 수 있는 고도의 후각 구별 능력을 갖추게 된다. 이는 실전에서 신뢰할 수 있는 추적견으로서의 역할을 수행하는 데 필수적인 과정이며, 핸들러는 견의 반응을 지속적으로 관찰하며 훈련 강도를 조절해 나가야 한다.

5 운 용

추적견은 핸들러의 목적에 따라 다양한 방식으로 활용될 수 있으며, 추적 과정 자체는 동일하지만, 목적물을 발견했을 때 견이 보이는 반응에 따라 각기 다른 역할을 수행할 수 있다. 핸들러가 견을 훈련시키는 방식에 따라 추적견은 실종자 수색견, 공격견, 증거물 채취견 등으로 운용될 수 있다.

실종자 수색견은 실종된 사람을 찾는 데 사용되며, 목적물을 발견하면 짖어서 핸들러에게 위치를 알리는 방식으로 훈련된다. 광범위한 지역에서 실종자를 탐색하는 경우에 유용하며, 사람의 냄새를 추적하여 실종자를 찾아 신속하게 구조될 수 있도록 돕는다.

공격견은 도주 중인 범죄자나 특정 목적물을 추적하여 발견한 후 공격하는 역할을 한다. 추적 과정에서 냄새를 따라 도주로를 추적하고, 목적물을 발견하면 공격 명령에 따라 제압하는 훈련이 추가된다.

증거물 채취견은 목적물이 이동 중에 떨어뜨린 유류품(증거물)을 탐색하고 발견하는 역할을 한다. 목적물의 냄새를 따라가면서 유류품을 발견하면 핸들러에게 특정 행동(엎드리기 등)으로 신호를 보내도록 훈련된다.

각 추적견의 활용 방식은 핸들러가 원하는 목적에 따라 결정되며, 견의 훈련 방식과 반응을 조정하여 다양한 환경에서 운용할 수 있다.

① 추적견 활용을 위한 필수 조건

추적견을 효과적으로 운용하기 위해서는 몇 가지 필수적인 조건이 충족되어야 한다. 아무리 훈련된 개라도 상황에 따라 추적의 성공 여부가 달라지며, 핸들러는 이를 충분히 고려해야 한다.

1 목적물의 시작점을 알고 있어야 한다

추적을 성공적으로 수행하려면 목적물이 마지막으로 확인된 위치(시작점)를 알고 있어야 한다. 대략적인 동선을 파악하고 있으면, 견이 냄새를 찾아 출발점을 식별할 수 있기 때문에 추적이 가능하다. 하지만 목적물의 위치나 방향에 대한 정보가 전혀 없는 경우, 추적견을 활용하기가 어렵다.

2 현장 보존의 중요성

추적견이 도착하기 전, 현장이 보존되지 않으면 냄새가 오염될 가능성이 크다. 견은 기본적으로 신선한 냄새를 따라가는 습성이 있기 때문에 만약 현장에 다른 사람의 흔적이 많이 남거나 발자국이 겹치면 목적물의 냄새를 추적하는 것이 어려워진다. 따라서 핸들러와 추적견이 도착하기 전에 다른 사람의 출입을 최대한 통제하여 냄새가 오염되지 않도록 해야 한다.

3 현장 환경의 영향

유동 인구가 많은 지역(도심지, 놀이공원, 등산객이 많은 산 등)에서는 사람들의 냄새가 복잡하게 뒤섞이기 때문에 견이 특정 목적물의 냄새를 정확히 추적하기 어려워진다. 반대로, 유동 인구가 적고 냄새 오염이 적은 환경에서는 훨씬 높은 정확도로 추적을 수행할 수 있다.

4 견의 능력과 환경에 대한 핸들러의 판단

결국 추적견이 수행할 수 있는 범위는 견의 능력에 따라 달라진다. 일부 견은 복잡한 냄새 환경에서도 특정 목적물을 추적할 수 있는 고도의 능력을 가질 수 있지만, 그렇지 않은 경우도 많다. 따라서 핸들러는 항상 견의 능력을 정확히 파악하고, 현장의 상황을 고려하여 추적견을 운용해야 한다.

골든 리트리버(Golden Retriever)

9

전술견 양성 및 심화 훈련 (대상자 수색에 따른)

대상자 수색
현장을 누비는 후각의 전략

이 장에서는 전술 수색견의 개념과 운용 목적을 이해하고, 수색견으로 적합한 개체를 선별하는 기준부터 통보 훈련, 건물 수색, 소음 적응, 어둠 환경 훈련 등 실전 상황을 반영한 양성 및 심화 훈련 과정을 다룹니다. 사람을 물지 않고 짖음으로써 위치를 알리는 전술 수색견의 특성을 기반으로, 안전하고 효율적인 작전을 위한 체계적 훈련 기법을 익힐 수 있습니다.

1 전술 수색견 의의

전술 수색견은 경찰견 분야에서 아직 운용하지 않는 파트이다. 현재는 저자가 약 5년가량 훈련을 통해 양성 중이며, 경찰견 최초로 현장에 도입하기 위해 기획 준비 중이다. 이 책에는 그동안 필자가 개인적으로 쌓아온 특수목적견 핸들링 경험과 노하우를 토대로 미국 등 여러 곳에서 습득한 훈련법, K9 Olympic 경험, 실전 경험이 많은 국내외 전문가들과 공유한 훈련법을 담았다.

해외를 통틀어 대테러 특수 부대 K9 팀에서 공격견을 활용하지 않는 나라는 우리 대한민국이 유일하다고 볼 수 있다. 세계적으로 경찰견은 폭발물 탐지견, 마약 탐지견, 용의자 추적·수색견, 공격견 등 실제 현장에서 다양하게 활용되고 있지만, 대한민국 경찰견 분야는 폭발물 탐지 분야를 중점적으로 국한되게 활용하고 있다. 그렇게 된 이유는 안전한 대한민국 치안 상황과 총기 소지가 안 되는 부분이 크고, 실질적인 테러가 발생하지 않아 테러범 제압과 용의자 추적 같은 부분보다는 예방 차원의 폭발물 검측 등이 주업무로 국한되어 있기 때문이다.

전술 수색견과 공격견을 간단히 비교하자면 공격견을 활용하기 위해서는 사람을 물거나 공격할 수 있는 적법한 법적 근거가 있어야 하는데, 현재 우리나라에는 경찰견을 활용한 공격견에 대한 법적 근거가 없으며, 이러한 법적 근거를 마련하는 데 있어 많은 절차가 필요하다. 또한 경찰견이 사람을 물거나 공격한다는 부분에 대해 우리나라 국민들이 문화적으로 받아들일 수 있을지도 큰 의문이 든다. 미국이나 유럽은 특수목적견을 활용한 역사가 깊고 전쟁터나 테러 등 실제 현장에서 많은 성과를 이루었으며, 언론이나 매체를 통한 노출과 많은 실전 배치로 인해 자국민들에게 익숙한 부분이 크다.

우리나라도 긴 세월 동안 일상의 동반자로 함께 살아오면서 탄탄하고 안전한 애견 문화가 정착되어 있기 때문에 특수목적견을 활용하는 부분에 있어서도 이해하고 받아들이는 것이 자연스럽다고 생각한다. 그러나 특수목적견에 대해 익숙하지 않은 부분이 당연히 있을 것이고, 특히 견이 사람을 물거나 공격한다는 부분을 받아들이기 매우 힘들 것이라는 것이 필자의 입장이다. 그러므로 앞으로 많은 부분이 변화해야 하며 부족한 부분, 특히 법적 조치나 변경해야 될 사항 등을 잘 만들어 나가야 한다고 생각한다.

공격견은 무력 사용 수단에 해당하므로 현장 배치 또는 활용이 합리적이었는지 여부를 판단하는 데 있어 여러 가지 까다로운 절차가 있다. 즉 객관적이고 합리적인 근거 없이 일상적이거나 평범한 상황에 공격견을 활용해서는 절대 안 된다.

K9 분야 선두주자인 미국에서는 최근 공격견으로 인한 이슈가 많다. 보상을 노린 시민들이나 노숙자들이 K9 핸들러들을 자극해 일부러 공격견에게 물려 소송 사건이 많아지고 있고, 이러한 소송으로 치료비, 보상비 등을 요구하고 있는 이슈를 만들고 있다. 물론 미국의 주마다 다르지만 경찰견을 운용하는 부서들 대부분이 공격견을 조심스럽게 운용하고 있는 것이 사실이다.

실제 현장에서는 무조건 용의자를 공격하기보다는 1차적으로 용의자를 발견한 후 짖어서 투항시키고, 도망가거나 저항하는 모습을 보일 경우 2차적으로 공격을 가하는 등 훈련 방법을 변경하여 실전에 사용하면서 소송이 줄게 되었다. 전체적으로는 공격견에 대해 조심스러운 모습을 보이고 있다. 또한 미국 경찰의 K9 팀은 패트롤(순찰, 공격)을 기본적으로 운용하고 있는데, 실제 상황에서 항상 새로운 사람을 물어야만 하기 때문에 애초에 선별 과정에서 사람을 좋아하지 않는 견을 선별한다. 사람의 손을 타고 많은 사람과 친화적이 되면 자연스럽게 사람과 서열이 정리되고 실제 상황에서 사람을 물지 못하는 사례가 많이 발생하고 있기 때문이다.

비슷한 폭발물 탐지 분야도 애로 사항이 있다. 미국 경찰의 K9 팀은 핸들러의 집에서 견과 함께 출퇴근을 하는데, 더우면 시원한 곳에서 추우면 따뜻한 곳에서 사람과 함께 생활하다 보니 실제 현장에서 더위와 추위에 약해져 상황을 극복하려 하지 않고 회피하려는 사례가 많아지고 있다.(물론 핸들러의 경력에 따라 차이는 있다.) 이렇듯 사람을 좋아하지 않는 견을 선별해야 하기 때문에 자연스럽게 평소 관리하기가 까다롭고 힘들어졌다.

그렇기 때문에 평소 관리 시에 항상 긴장해야 한다. 현장에서는 꼭 손이 아니라 머리나 다른 곳을 무는 경우가 발생하는데, 특히 범죄자는 숨어 있기 때문에 항상 다른 자세를 취하고 있고, 특히 차량 밑에 숨는 경우 머리를 물리는 경우가 많아 보상 및 운용에 있어서 매우 큰 문제가 되고 있다. 또한 인권이 우선시되는 사회에서 폰 문화와 SNS 활성화로 K9 경찰견이 사람을 공격하고 물고 뜯는 것이 자극적으로 편집되고 라이브로 송출되다 보니 시민들이 부정적으로 바라보는 모습이 많아졌다.

참고로, 최근 미국에서는 경찰견으로 큰 사이즈의 마리노이즈와 세퍼트를 선호하는데, 이유는 미국인들은 대체적으로 덩치가 커서 작은 사이즈의 공격견들에게 위협을 느끼지 못하고 피의자들이 견을 공격하는 등 강하게 저항하는 비율이 많아졌기 때문이다.

이와 다르게 현재 양성 및 운용 계획에 있는 전술 수색견은 건물 내외부 등을 수색하며 신속하게 테러범을 발견하고 통보(짖음)하여 테러범에게 압박과 기만을 가하고 작전 요원들의 안전을 확보하는 것이 주요 목적이다. 또한 공격견과 다르게 사람을 물거나 공격하지 않는 것이 가장 큰 차이점이다. 대한민국 경찰견 분야도 현실에 맞는 전술 수색견을 양성하여 현장에 도입해야 한다.

2 전술 수색견 소개

1 전술 수색견

우리나라의 전술 수색견은 현재 시점으로 외국처럼 공격하는 견과 다르게 사람을 물거나 해치지 않는다.(용의자 수색을 통한 통보 수색 개념으로 활용 중) 전술 수색견은 사람보다 10만 배 이상 뛰어난 후각을 이용하여 빌딩, 격실, 건물, 창고 등 내외부에 숨어 있는 테러범, 용의자, 인질을 견의 후각과 오감을 이용하여 발견하고 짖으며 위치를 통보해 준다. 따라서 작전 요원의 격실 진입 전 전술견을 활용하여 숨어 있는 테러범의 위치를 미리 파악할 수 있는 장점이 있다. 또한 사람에게서 나오는 고유의 채취뿐만이 아니라 사람이 흥분 또는 긴장하거나 도망치며 숨어 있을 때 나타나는 특유의 호르몬을 감지하여 찾기도 한다.

전술견은 기본적으로 폭발물 탐지 능력도 갖추고 있어 두 가지 임무가 동시에 가능하다는 장점이 있다.[멀티 독(Multi Dog)] 외국의 경우 2가지 임무를 수행하는 멀티 독을 운용하지만, 우리나라는 대부분 한 가지 임무를 하는 싱글 독(Single Dog)을 운용한다.)

② 견 활용의 기대 효과

❶ 작전 요원이 테러범에게 노출되어 피해를 볼 수 있는 장소나 상황에서, 전술 수색견에게 실시간 영상 전송 시스템을 착용시켜 격실 내부 상황을 미리 확인함으로써 전술 요원의 피해를 최소화하고, 테러범을 신속하게 발견하여 통보할 수 있다. 이를 통해 보다 안전하고 빠른 작전이 가능해진다.

❷ 테러범이 격실에 숨어 있거나 격실 안에 있는 옷장, 창고, 높은 천장, 깊숙한 곳, 좁은 곳 등에 숨어 있을 때, 작전 요원이 물체와 접촉할 수 없는 상황 또는 육안으로 확인이 불가능한 경우(불이 꺼져 있는 상황에서도 가능)에도 전술 수색견이 체취를 맡고 위치를 통보한다.

❸ 전술 수색견은 사람보다 용의자나 폭발물을 더 빠르고 성공적으로 수색·탐지하여 수색에 소요되는 시간을 줄이고, 다양한 유형의 상황에서 성공률을 높인다. 특히 건물 수색 시 경찰 인력으로 구성된 팀보다(보통 4명 단위) 한 마리의 수색견이 7배 더 빨리 수색을 완료했고, 44% 더 성공적인 결과가 있었다.(성공률: 수색견 93%, 사람 59%)

3 전술 수색견 양성 및 심화 훈련

① 전술 수색견 선발

어떠한 견을 선택할 것인가?

전술 수색견 선별 과정에서 견의 성품과 견종, 개체의 성격은 아주 중요한 부분이다. 견의 성품은 타고나는 부분이 크며 다양한 훈련을 통하여 개선 및 성장 가능하지만, 한계가 있을 수 있다. 그러므로 애초에 좋은 성품과 훈련성을 갖고 태어나는 견을 활용하는 것이 더 좋다.(혈통에 따른 DNA가 중요한데, 건강적인 측면과 특수목적견에 맞는 적합한 훈련성은 핸들러와 양성 팀의 에너지 소모를 줄이고 양성 훈련 시간을 단축한다.)

여기서 우리가 염두해야 할 것은, 사람과 마찬가지로 견 또한 종별로 성품과 행동에 개인차가 있으므로 견종을 과하게 보수적으로 생각하지 말고 각 개체의 성격을 잘 이해하고 선별하여 그에 맞는 적절한 훈련을 진행하는 것이 필요하다.

(1) 성품

1 용기와 결단력

전술 수색견은 직면한 상황에 대해 빠르고 정확하게 반응할 수 있는 용감함이 필요하며 어떠한 상황에서도 두려움을 느끼기보다 도전할 수 있는 성향이 중요하다.

2 지능과 학습 능력

훈련을 빠르게 이해하고 기억할 수 있어야 하며 복잡한 명령이나 상황에 대한 적응력이 필요하다.

3 사회성

일반 생활에서도 사람이나 다른 견들과 잘 어울릴 수 있어야 한다. 특히 전술 수색견은 작전 요원과 함께 작전하고 테러범 등 용의자를 공격하지 않아야 하기 때문에 사회성이 더욱더 중요하다.

4 신뢰

핸들러와의 신뢰 관계가 잘구축 되어야 한다. 신뢰는 훈련과 실제 상황에서 중요한 요소로 안정적인 행동을 유도한다.

5 적극성

적극적이고 에너지가 넘치는 성격은 전술 수색견의 행동 훈련에서 긍정적인 요소로 작용하며 활발하고 좋은 체력과 스테미너를 가지고 있어야 한다.

(2) 종합 의견

전술 수색견은 대테러 상황에 사용하는 견으로 현장에서 팀 단위로 움직이기에 사회성이 좋아야 하며 복종을 통한 통제도 확실해야 한다.

전술 수색견은 쉽게 흥분하지 않는 견이 좋다. 훈련할 때는 집중력 있는 모습을 보이고 훈련이 끝난 후에는 견사나 차량에서 흥분하여 짖거나 뛰지 않고 잘 쉬는 견이 좋다. 이러한 견은 훈련 전에 에너지 소비를 하지 않고 비축해두기 때문에 본 훈련에 집중할 수 있고, 훈련 과정에서 필요한 부분을 연속적으로 훈련할 수 있다.

또한 공격적인 행동을 통제할 수 있는 능력이 필요하며 감정을 잘 이해하고 조절할 수 있는 성격이 이상적이다. 실제 작전에서는 은밀하게 침투해야 할 경우가 있는데, 목적물을 찾고 보상을 받고 싶은 마음에 작전 중에 흥분하여 짖거나 끙끙거리는 등의 소음은 작전에 방해가 될 수 있다.

테러범이나 용의자가 전술 수색견을 공격하거나 도망가는 경우에도 전술 수색견은 사람을 물거나 공격하지 않고 끝까지 쫓아가서 짖어야만 하기 때문에 과한 공격성이 있으면 안 된다. 그렇기 때문에 감정을 조절하고 행동을 통제할 수 있는 능력이 있는 전술 수색견이 이상적이다.

전술 수색견은 애초에 선발할 때 과하게 짖거나 감정 조절을 못 하는 견은 제외한다. 이러한 성격은 처음에는 잘 나타나지 않을 수 있다. 전술 견 양성 후 다양한 훈련과 실제 작전에 투입되어 여러 상황과 경험이 패턴화되어 후천적으로 본 습성이 나오기도 하는데, 이럴 때는 지속적인 적합성 여부 테스트를 거쳐 현장 투입 유무를 결정해야 한다.

대부분의 핸들러는 알파 기질의 성향을 갖고 있는 견을 선호한다. 이러한 기질의 견들은 훈련하는 데 있어서 핸들러에게 의지하지 않고 스스로 훈련된 목적물을 찾는 등 높은 훈련성과 집중력을 보여준다. 양성 초반 또는 기초견은 간혹 핸들러의 말을 듣지 않거나 고집을 부리는데, 핸들러는 이러한 고집을 꺾어줄 필요가 있다. 다만, 알파 기질의 성향을 강제로 없애거나 과하게 꺾기보다는 핸들러가 견에게 습성을 정확히 인지시켜주고 상황에 맞게 표현해주는 것이 좋다.

핸들러는 알파 기질의 성향을 가진 견을 적절하게 훈련시키면 실제 현장에서 유능한 전술 수색견으로 운용할 수 있을 것이라 믿어 의심치 않는다. 이때는 핸들러 외에는 과한 스킨십은 피하고 훈련 전후 흥분한 상태에서는 만지거나 접촉하지 않는 것이 좋다.(알파는 핸들러 한 명이다.)

전술 수색견은 소음에 민감하지 않으며 새로운 환경에 적응력이 좋아야 한다.(스턴탄, 총소리, 어두운 곳, 높은 곳, 미끄러운 곳 등에 예민하지 않아야 한다.) 기존에 활용하던 산악 수색견을 전술 수색견으로 응용 훈련하여 현장에서 활용할 수 있겠지만, 동시에 두 가지 임무에 활용할 경우 견이 혼란스러울 수 있다. 산악 수색견은 움직이는 사람에게는 반응하지 않고 멈추어 있는 사람을 찾아 통보하게 훈련되어 있는 반면, 전술 수색견은 도망가거나 저항하는 사람을 쫓아가서 지속적으로 짖어야 한다. 그렇기 때문에 동시에 두 가지 임무로 활용하게 되면 일반적인 수색견은 야산에서 움직이는 등산객들을 쫓아가거나 예민하게 반응하게 될 것이고, 견은 결국 매우 혼란스럽게 된다. 물론 견의 훈련성이나 핸들러의 현장 대응 능력, 장소에 대한 패턴과 인식을 통해 어느 정도 동시 운용이 가능할 수도 있다. 하지만 필자는 한 가지의 명확함을 인지시켜주어야 하며, 전술 수색견으로 활용하기 위해서는 폭발물 탐지견으로의 기본 인증이 필수라고 생각한다.

훈련은 우선적으로 사냥 본능을 이용하여 헬퍼가 놀아주는 방식으로 시작하며, 이후 견이 갖고 있는 알파(Alpha) 기질 그리고 Hunting(사냥) 능력을 훈련에 접목시킨다.

② 전술 수색견 양성

❶ 통보(1차적 훈련): 테러범 또는 용의자를(헬퍼) 발견하여 통보(짖어)하는 훈련이다.

전술 수색견이 되기 위해서는 먼저 짖음(통보)이 선행되어야 한다. 또한 전술 수색견은 물지 않고 짖는 행동을 확실히 강화시켜야 한다.(심화: 움직이거나 저항하는 헬퍼에 대한 통보 훈련)

② 처음에는 견이 견사 또는 켄넬 안에 있을 때 식욕을 이용하여 짖음을 유도한다. 이때 견은 먹이를 들고 있는 핸들러를 보고 배고픔에 자연스럽게 짖게 되는데, 특히 통조림을 섞어주면 냄새에 더 자극적이라 잘 짖는다. 핸들러는 견이 짖으면 문을 열고 먹이를 준다. 이때 갖고 있는 모든 먹이를 전부 다 주면 안 되고 조금씩 주면서 다시 문을 닫고 나간다. 짖을 때마다 먹이를 주면서 반복 훈련한다.

③ 사료 식기를 보고 냄새를 맡으면서 점차 시각적 정보와 상황을 인지하게 되고, 자연스럽게 짖으며 반응하게 된다. 이때 핸들러는 검지손가락을 입 앞에 두고 '짖어'를 외쳐 자연스럽게 '짖어' 명령어를 익히도록 유도한다.

▲ 통보

▲ 통보

④ '짖어' 명령어가 입혀지면 견사나 켄넬이 아닌 다른 공간에서도 반복적으로 '짖어' 훈련을 실시한다. 지금부터는 견사나 켄넬에서는 가급적 '짖어' 훈련을 시키지 않는다. 견사나 켄넬에서 오랜 기간 반복되게 '짖어' 훈련을 하면 그 공간에서 짖으면 먹이가 나오는 것으로 인식되어 쉬는 공간인 견사나 켄넬 안에서 흥분하여 쉬지 못할 수 있다. '짖어' 훈련이 잘 되지 않는 견들은 잘 짖는 견 옆에 묶어두고 먹이(Food) 또는 보상물(Toy)로 유혹하며 유도할 수 있다. 짖을 때마다 잘 짖는 견에게 먹이 또는 보상물을 주며 시각적 자극을 통한 모방 학습을 유도하여 집중력을 향상시키고 긍정적인 효과를 얻는다.

▲ 통보

▲ 통보

▲ '짖어' 훈련이 잘 되는 견을 옆에 두고 시기 훈련을 하는 모습

⑤ 이제부터 견이 짖으면 자연스럽게 보상을 공으로 교체해준다. 이때 자유로운 공 회수가 가능해야 스위치가 꺼지지 않고 집중적으로 반복된 훈련이 가능하기 때문에 '놔(아우스)' 훈련이 선행적으로 잘 되어 있어야 한다. 훈련 초기 견은 보상물을 쉽게 놓지 않거나 드라이브를 높이기 위해, 또는 빠른 훈련 진행을 위해 초크 오프(Choke off) 기법(일시적으로 물리적 제한을 가해 견이 보상물을 놓도록 하는 방법)을 사용할 수 있다. 이러한 훈련 방식을 견의 성향을 고려하지 않은 채 사용하게 되면 견의 드라이브가 올라가서 물림 사고가 발생할 수 있다.

또한 견이 쉽게 숨이 차고 피로해져 여러 번 반복 훈련이 불가할 수도 있기 때문에 초크 오프(Choke off) 훈련법은 숙련된 핸들러가 견의 성향과 개체에 맞게 잘 확인하여 사용할 것을 추천한다.

⑥ 핸들러가 아우스시킨 보상물을 헬퍼가 주워서 보상물에 긴 줄(보통 가죽 리쉬를 많이 사용함)을 엮어 견을 중심으로 좌우로 바닥에 끌면서 유혹하다가 자연스럽게 견의 정면에서 '짖어' 명령을 내린다. 이때 견이 짖음과 동시에 바로 보상을 던져주고 긴 줄을 활용하여 견과 줄다리기를 하면서 놀아준다. 충분한 놀이와 만족감을 준 후 핸들러는 아우스시키고, 헬퍼는 보상물을 주워서 위의 통보 훈련을 반복한다.(견이 통보하기를 오랫동안 기다리지 말고, 짖는 즉시 보상하는 것이 좋은데, 1~2회 통보 시 보상하는 것이 효과적이다.)

⑦ 견이 헬퍼와 너무 가까운 위치에서 짖으면 안 된다. 또한 너무 멀어서도 안 되기 때문에 헬퍼와 견의 간격은 1~2m가 가장 적당하다. 간격이 너무 가까우면 용의자의 저항에 견이 다칠 수 있기 때문에 처음 훈련을 시작하는 단계부터 적당한 거리를 유지할 수 있게 훈련을 시켜야 한다. 헬퍼에게 과하게 접촉하는 견들은 핀 체인을 이용해 핸들러가 뒤에서 거리를 유지할 수 있게 조절한다. 또는 헬퍼를 발견하여 통보할 때 보상물을 견 머리 위를 지나 뒤쪽으로 던져주면 헬퍼와의 거리를 조절하는 데 도움이 된다.(서서히 통보 횟수를 늘려준다.)

⑧ 견의 통보가 전체적으로 안정적이라면 A형 텐트를 이용하여 집중적으로 훈련을 실시한다. 이 시점에서 핸들러는 견에게 하네스를 입히고 사람을 찾으라는 명령을 하여 사람을 찾는 것에 대한 시그널을 만들어야 한다.

- 헬퍼가 공으로 사냥 본능을 올려주고 텐트 안으로 뛰어들어가 견을 응시하며 서 있는다.
- 이때 핸들러는, 견이 헬퍼에 대한 시선과 통보에 대한 집중력을 유지할 수 있도록 해야 한다. 헬퍼가 자리를 잡는 즉시, 핸들러는 손으로 헬퍼의 위치를 가리키며 '찾아' 명령을 빠르게 내리고 견을 신속하게 출발시키는 것이 핵심이다.
- 처음에는 헬퍼와 핸들러의 시작 지점을 가깝게(3~5m) 하고 자연스럽게 거리를 넓힌다.
- 견이 헬퍼를 보고 통보하면 보상을 견 쪽으로 던져준다. 이때 헬퍼는 보상물이 견에게 보이지 않게 겨드랑이나 잠바 안쪽 등에 잘 숨겨야 하고, 보상이 나아가는 타이밍이 늦지 않게 미리 이미지 트레이닝과 사전 연습을 해야 한다. 짖는 횟수에 맞게 보상을 랜덤으로 주는 것도 필요하다. 또한 A형 텐트로 인하여 환경이 바뀌어 견이 짖지 않을 경우 헬퍼는 자연스럽게 '짖어' 명령어를 해주고 짖음과 동시에 보상을 던져준다.

⑨ 헬퍼와의 거리를 점차 넓혀 10m 이상 멀어진 상태에서 출발시키고, 견이 헬퍼와 안전한 거리를 두고 통보를 막힘없이 수행할 수 있다면 다음 단계로 진행한다.

- 헬퍼는 A형 텐트 안에서 앉거나 누워 있는 다양한 자세를 취한다.
- 견은 항상 헬퍼와 1~2m 거리를 두고 헬퍼를 터치하지 않고 통보해야 한다.

▲ 헬퍼 유혹 후 견 출발

▲ 앉아 있는 헬퍼에게 통보

⑩ 다음으로, 움직이는 헬퍼에 대한 통보 훈련을 실시하며, 이 시점부터는 A형 텐트를 소거해도 된다.

- 헬퍼는 보상물을 견에게 보여주며 사냥 본능을 올려주고 견의 반대 방향으로 뛰어간다.
- 헬퍼는 견과 10미터 정도의 이격 거리에 위치한다.
- 핸들러는 견의 집중력이 떨어지기 전에 헬퍼가 자리를 잡으면 지체없이 '찾아' 명령어와 함께 견을 출발시킨다.
- 헬퍼는 견이 짖을 때 보상을 바로 주지 않고 아주 조금씩 움직이면서 '짖어' 명령어를 해준다.
- 견이 조금씩 쫓아오면서 통보하면 보상을 던져준다.(이때 보상은 눈에 보이지 않게 잘 숨겨놔야 하며 적절한 타이밍에 보상을 줄 수 있도록 이미지 트레이닝을 충분해 해야 한다.)

⑪ 다음으로 응용 훈련을 실시한다. 헬퍼의 걸음 속도를 빠르게 하고, 달리기도 병행한다. 달리는 동안 개가 헬퍼를 쫓아오는 과정에서 헬퍼가 잘못하여 견의 다리를 밟을 수 있는데, 이는 2차 사고로 이어지거나 견에게 트라우마를 유발할 수 있다. 따라서 항상 안전에 유의해야 하며, 훈련 전 많은 이미지트레이닝을 실시해야 한다.

▲ 헬퍼가 달려 도망가고 견은 끝까지 쫓아가서 짖어야 한다.

▲ 헬퍼는 보상물이 보이지 않게 잘 숨겨야 하며 타이밍을 잘 보고 보상을 해야 한다.

③ 건물 수색

건물 수색 훈련의 첫 장소는 내부 소탕 훈련장을 이용할 것을 추천한다. 내부 소탕 훈련장은 사람에 대한 오염이 덜하고 격실의 문을 완전히 닫아도 기본적으로 문에 틈이 있기 때문에 견이 쉽고 재미있게 다가갈 수 있다.(창고 또는 사람의 잔여취가 없는 곳이 적절하다.)

문 사이 틈이 없다면 틈을 만들어서 훈련하는 것을 추천한다. 집기류가 많거나 사람의 냄새가 많은 곳(사무실 등)은 더 높은 훈련 단계에서 진행한다.

(1) 사람 찾기 놀이(Intro warm up) 훈련

❶ 가장 기본적인 단계로, 새로운 환경인 격실에서 숨어 있는 헬퍼에게 보상물이 나온다는 것을 견에게 가르쳐 주는 단계이다. 훈련 초기에는 헬퍼가 건물 입구에서 보상물을 견에게 보여주면서 사냥 본능(Prey Drive)을 유도한다.

❷ 헬퍼는 견의 정면 1m 거리에 서서 보상물을 보여주며 견을 집중시키고 유혹함과 동시에, 견이 통보하면 보상을 물려 준다.

❸ 적당한 포만감을 느끼고 헬퍼와의 놀이가 끝난 후, 핸들러는 견이 물고 있는 보상물을 놓게 하고 목줄이나 하네스를 이용하여 뒤로 2~3보 빠진다.

❹ 헬퍼는 보상물을 들고 견을 유혹한 뒤 건물 안으로 빠르게 들어가 건물 중앙(1번)에 위치한다.

❺ 핸들러는 출입문을 중심으로 옆으로 1m가량의 거리를 두고 위치하며, 견의 집중력이 떨어지기 전에 빠르게 손으로 문을 가리키며 '찾아' 또는 본인의 시그널 명령어를 외치며 견을 출발시킨다.

❻ 견이 격실 중앙에 위치한 헬퍼를 발견하여 통보하면 헬퍼는 지체 없이 보상을 실시한다.(이때 당연히 보상은 옆구리나 옷 속에 보이지 않게 숨겨 놓아야 한다.)

❼ 헬퍼는 충분한 놀이와 포만감을 제공한 후 문밖으로 견과 같이 나와 견이 출발했던 원위치로 돌아온다.(이때 핸들러는 견을 출발시키는 것 이외에는 개입하지 말아야 한다. 현재 훈련의 핵심은 헬퍼를 찾아 즐겁게 놀이하는 것이다. 또한 헨들러와의 보상 놀이가 지나치게 즐거워지는 것은 피해야 한다.)

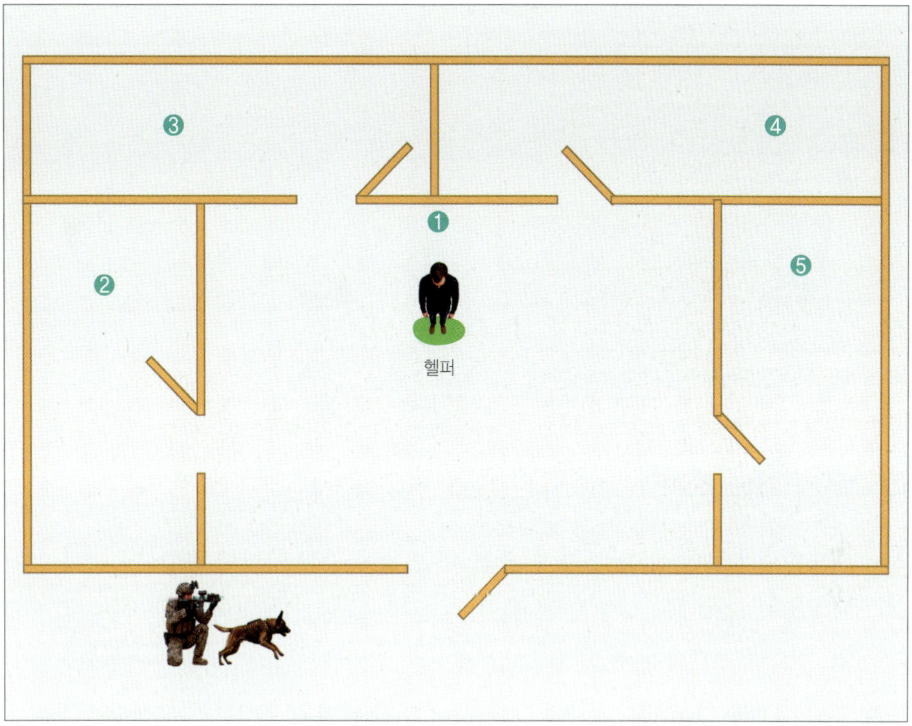

⑧ 핸들러는 아우스를 시키고 헬퍼는 보상물을 든 후 견에게 부상물을 보여주며 집중시킨 후 2번 격실로 뛰어 들어간다.

⑨ 헬퍼는 견이 쉽게 찾을 수 있게 2번 격실 문 입구 근처에 위치해야 하며 격실 안 깊숙이 들어가서는 안 된다.

⑩ 견은 ⑤번 단계와 같이 문밖에서 출발시키며, 헬퍼는 견이 통보하면 즉각 보상을 실시한다.

⑪ 훈련이 끝나면 헬퍼는 견과 함께 출발 지점으로 돌아오고 핸들러는 보상을 회수한다. 이후 헬퍼는 보상물을 들고 견의 집중을 유도한 뒤 다음 3번 격실로 뛰어간다. 이러한 방식으로 당분간은 헬퍼의 유혹을 활용하여 훈련을 진행한다.

⑫ 이어서 헬퍼는 3번 격실 → 2번 격실 → 4번 격실 → 2번 격실 순으로 숨으면서 견이 다양한 격실을 경험하게 하고 헬퍼를 찾는 과정에서 자신감을 갖도록 유도한다.★

★격실의 개수에 맞게 훈련을 진행하려 하지 말고 견의 컨디션이나 집중력 등을 면밀히 관찰하고 헬퍼와 의견을 나누며 훈련을 진행한다. 훈련은 오전, 오후 1세트씩이 적당하다. 1세트는 최대 3회 훈련이다.

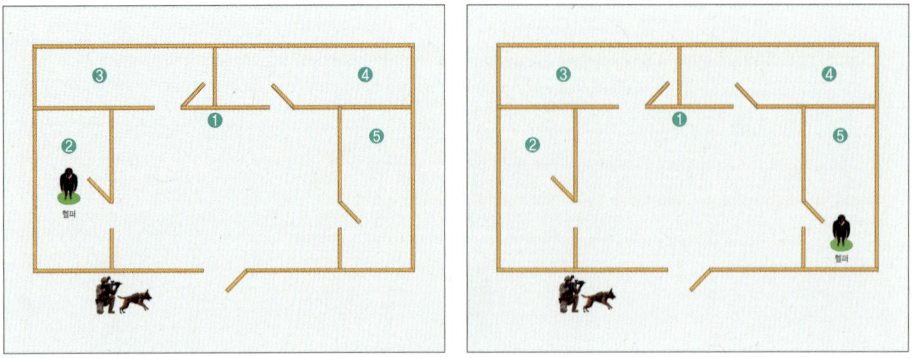

▲ 헬퍼는 격실 안 깊숙한 곳이 아닌 격실 입구나 격실 중앙에 위치

(2) 환경 적응 훈련

① 핸들러와 헬퍼는 훈련 중 또는 훈련 후 의견을 많이 나눠야 한다. 견 냄새 탐지 과정에서 나타나는 행동의 변화(change of behavior)가 어떠했는지, 어느 지점에서 찾기를 힘들어 했으며 짖을 때 헬퍼를 터치했는지, 과하게 공격적이었는지 등의 의견을 나누며 다음 훈련 스케줄에 대한 계획을 조절하여 진행해야 한다.

② 견이 건물 안에 있는 사람을 찾아야 한다는 것을 인지하고, 찾고자 하는 의지가 확실하며 집중력이 유지된다면 헬퍼의 유혹을 자연스럽게 소거한다. 이때 헬퍼는 어려운 위치에 있으면 안 되며, 기존과 마찬가지로 격실 입구 근처 및 격실 중앙에 위치해 있어야 한다.

③ 견이 사람을 찾는 것에 대해 즐거움을 느끼고 격실에 대한 자신감을 가지며 통보에 문제가 없다면 이제부터 헬퍼는 조금 더 격실 안 깊숙한 곳에 위치한다.

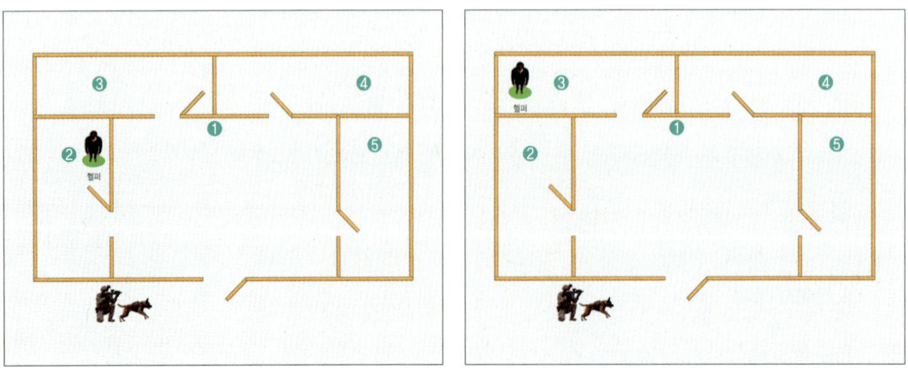

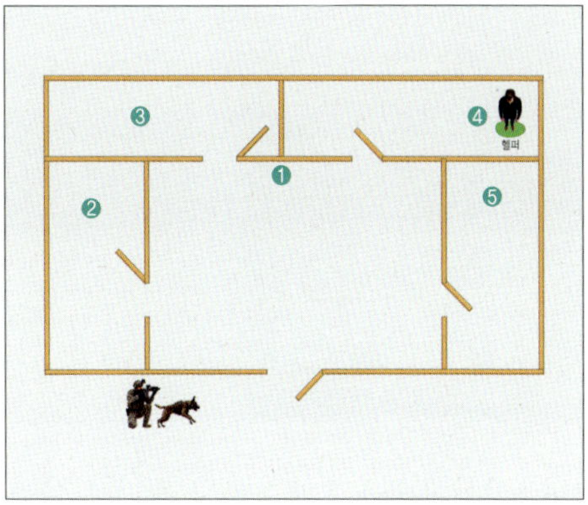

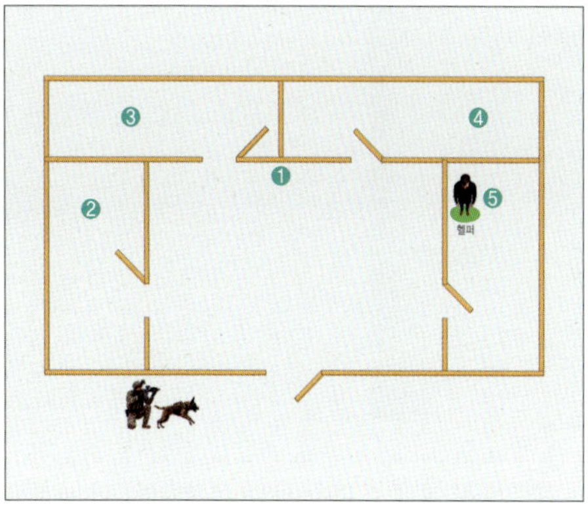

④ 문(바닥 틈) 검색 훈련

헬퍼는 이제부터 견이 문틈 사이로 후각을 더 정밀하게 사용할 수 있도록 문을 닫고 격실 안에 위치한다. 이때 격실의 문은 완전히 닫지 않으며 5cm 미만의 문틈을 만들고 견이 밀거나 발로 긁어서 문이 열리지 않게 몸이나 발로 지지한다.

5cm 이상 문틈을 넓혀주면 견의 코나 주둥이가 문틈 안으로 들어와 헬퍼가 보이기 시작하면 문을 밀고 들어오련느 행동을 보일 수 있다. 그러므로 헬퍼는 문이 열리지 않게 유의해야 한다.

이후에는 견이 발로 긁거나 미는 행동을 핸들러가 개입하여 제한할 필요는 없으며, 실제 현장 상황에 맞게 운용할 수 있다. 그러나 현재 훈련의 목표는 문틈에서 나오는 사람의 냄새를 맡게 하는 것이므로 훈련 초기에서는 통보에 집중할 수 있게 해주는 것이 좋다.

견이 처음 해보는 훈련이므로 헬퍼는 견의 오랜 통보를 기다리지 말고 약간의 짖음에도 즉각 문을 열고 보상을 제공한다. 훈련을 힘들어하는 견은 헬퍼가 문틈으로 더 가까이 와서 견이 냄새를 잘 맡을 수 있게 유도하고 '짖어' 명령어로 도와준다.(훈련 초기 문을 두드리거나 소리로 도와주는 행동은 견이 후각보다 청각에 의존하게 할 수 있으므로 지양한다.)

① 헬퍼는 견이 쉽게 냄새를 맡을 수 있게 5cm 미만의 문틈을 만들고 문틈 사이에 몸을 최대한 가깝게 붙이며 위치한다.

❷ 격실의 입구가 폭발물 탐지 시에 사용하는 인지판이라고 생각하고 훈련에 임하면 조금 더 이해하기 쉬울 것이다.

❸ 핸들러는 견에게 견줄을 채우고 훈련 시작 처음에 헬퍼가 숨어 있는 격실 문앞에 서서 '찾아' 명령어와 함께 견을 보낸다. 이때 사람은 문틈의 역할을 알고 있지만 견의 입장에서는 그냥 하나의 벽으로 느껴질 수 있기 때문에 '찾아' 명령어와 함께 문틈에 탭을 해주며 사람의 냄새가 나오는 곳이라는 것을 가르쳐준다.

 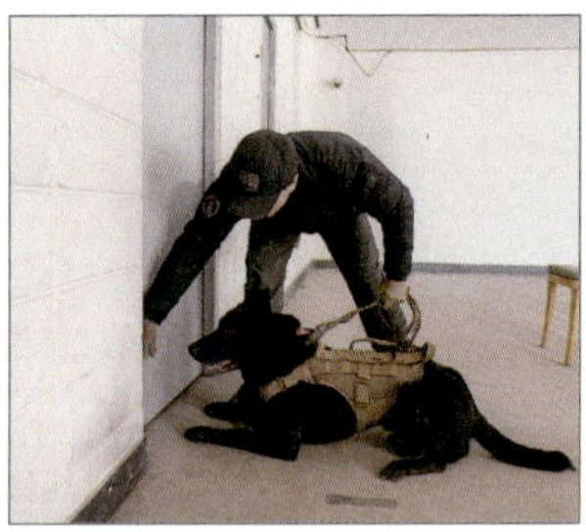 

❹ 견이 통보를 하면 핸들러는 문을 열고 칭찬과 함께 보상물을 주고 놀아 준다.(통보의 횟수는 처음 하는 훈련이기 때문에 오래 기다리지 말고 빠르게 준다.)

 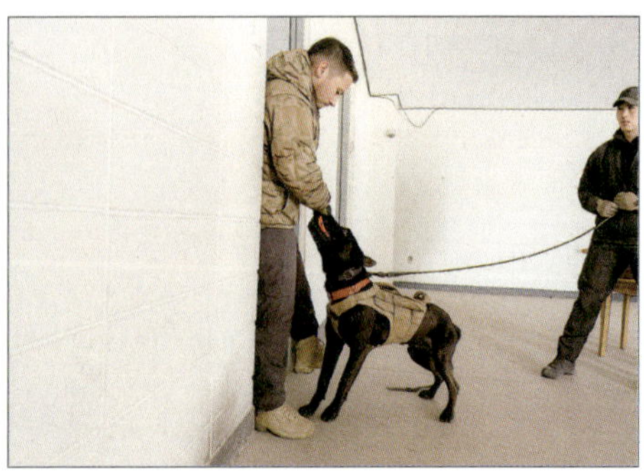

여기서 중요한 부분은 훈련 초기에 견이 첫 번째 방에서 헬퍼를 잘 찾아낸 후 바로 두 번째 방으로 이동했다가 또다시 첫 번째 방으로 이동하는 등 여러 격실을 반복하여 오가게 될 경우 잔여취 때문에 견에게 혼동을 주고 오통보가 빈번하게 발생할 수 있다. 또한 한 격실에서만 훈련하게 되면 문틈의 냄새를 맡고 통보하는 것이 아니라 단순히 문을 바라보고 통보할 수 있기 때문에 첫날에는 한 격실을 사용하되 훈련의 횟수보다는 정확하고 확실한 경험으로 훈련을 진행해야 한다.

⑤ 다음날 헬퍼는 새로운 격실에서 위 ①을 실시한다. 핸들러는 자연스럽게 '찾아' 명령과 함께 견을 출발시키면 견은 자신감 있게 격실 문틈의 냄새를 맡는다. 이때 견이 첫 번째 방에서 반응을 보이며 오통보의 행동을 보일 수 있기 때문에 핸들러는 빠르게 헬퍼가 위치하고 있는 두 번째 격실 문 앞으로 이동하며 견을 부르고 손으로 탭을 해준다.

⑥ 견이 통보하면 핸들러는 문을 열고 신나게 칭찬과 함께 보상물을 입에 물려주고 놀아준다.

⑦ 견이 문틈에서 사람의 냄새가 나온다는 것을 알고 잔여취를 구분하면 격실의 패턴 훈련을 실시한다.

⑧ 헬퍼는 첫 번째 격실과 두 번째 격실을 번갈아 가며 숨되 첫 번째 격실을 절대적으로 바로 지나치지 않게 패턴 훈련을 시켜줘야 한다. 첫 번째 격실에서는 핸들러의 탭으로 지속적으로 도움을 주어 훈련을 시작하고, 훈련의 마무리는 항상 첫 번째 격실에서 헬퍼를 찾고 보상을 주며 끝내는 패턴을 만들어 준다.

⑨ 견이 첫 번째 격실을 지나치지 않고 안정적으로 첫 번째 격실과 두 번째 격실의 문틈을 수색하고 헬퍼를 잘 찾는다면 자연스럽게 세 번째 격실과 네 번째 격실로 넘어간다.

⑩ 이후에는 견줄을 풀고(off leash) 격실에 불규칙적으로 숨어 견에게 후각을 사용하는 재미와 흥미를 더욱 유발하며 훈련을 진행한다. 견에게 첫 번째 격실은 항상 지나치지 않고 냄새 맡는 습관을 만들어준다.

▲ 헬퍼의 냄새를 확인하고 통보하는 모습

▲ 헬퍼가 보상물을 주며 놀아주는 모습

▲ off leash 훈련

▲ 헬퍼를 발견하고 통보

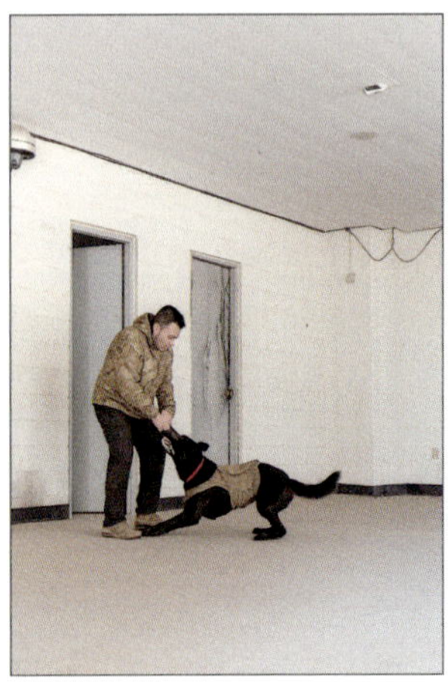

▲ 헬퍼가 놀아주는 모습

⑤ 건물 수색 심화 훈련

① 헬퍼는 문 입구에서 조금씩 거리를 벌리며 격실 출입문 반대편 끝까지 이동하며 훈련의 난이도를 조절한다. 이어서 문틈 사이에서 사람의 냄새가 나오는 것을 전술 수색견에게 더 쉽게 인지시켜 주기 위해 격실 안 창문을 열어 헬퍼의 냄새가 바람을 타고 문틈 사이로 나갈 수 있게 환경을 만들어 준다.

전술 수색견이 격실 밖에서 문틈으로 헬퍼의 냄새를 맡고 통보(door bottom search training)하는 훈련을 진행한다. 격실이나 건물 내부의 창문을 열고 훈련하는 경우 유의해야 할 부분은, 바람으로 인하여 냄새가 문밖으로 강하게 빠져나와 헬퍼가 숨어 있는 위치 반대편에 냄새 웅덩이(Scent Pool)가 형성되어 견이 다른 곳에서 반응하며 통보할 수도 있다는 점이다. 이렇듯 위의 훈련은 견만 훈련하는 것이 아니다. 핸들러도 평소 훈련 중에 견의 행동 변화를 유심히 관찰하고 확인하여 실제 현장에서 유연하게 대처할 수 있는 능력을 길러야 한다. 헬퍼는 문 입구에서 조금씩 거리를 벌리며 난이도를 조절한다.

▲ 문 근처에 있는 헬퍼

▲ 문에서 떨어져 있는 모습

▲ 창문을 열고 격실 끝에 위치

② 헬퍼는 지금부터 격실의 문을 완전히 닫고 냄새가 충분히 퍼질 수 있게 10분 이상 격실 안에 위치한 후 훈련을 실시한다.

③ 격실 안에 헬퍼가 2~3명 이상이 위치하며 한 명의 냄새뿐만이 아니라 여러 명의 냄새에도 전술 수색견이 반응하며 찾을 수 있게 다양한 경험을 하게 해준다. 핸들러를 기준으로 핸들러 앞에 있는 사람에게 통보할 수 있게 패턴을 형성하고 훈련을 시킨다.

④ 헬퍼는 특정된 한 명이 하는 것보다 여러 명이 번갈아서 하는 것을 추천한다. 남자뿐만 아니라 여성, 견 업무에 관련되지 않은 사람 등 견의 입장에서 처음 보거나 다양한 사람들을 헬퍼로 지정하여 견에게 색다른 경험을 준다.

⑤ 헬퍼는 엎드려 있거나 의자에 앉아 있는 등 생각지 못한 다양한 자세로 있는다.

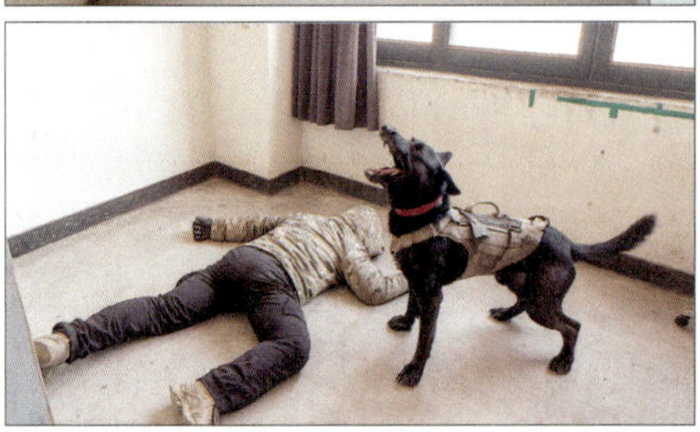

▲ 다양한 자세를 취하고 있는 헬퍼를 발견하여 통보(짖는)하는 전술 수색견의 모습

⑥ 건물 안에 서서히 많은 인원이 들어가서 여러 격실을 움직이고 만지면서 오염시킨다. 특히 문고리나 문틈, 집기류들을 맨손으로 잡으면서 오염시키고 빈 격실에도 들어갔다가 나오며 잔여취와 실제 사람의 냄새를 구분시켜 준다. 추후에도 옷가지 등 사람의 물건을 훈련장 바닥 여러 곳에 흐트려 트리고 냄새를 구분시켜 준다.

⑥ 어둠 적응 훈련

견의 후각을 더욱더 예민하게 만들고 실제 작전 환경에 대비하여 어둠 적응 훈련을 진행한다. 모든 조명을 끄고 커튼이 있다면 커튼을 쳐준다.

1. 처음으로 진행하는 어둠 상황 훈련이기 때문에 훈련 스케줄을 만들 때 헬퍼와 견이 직접적으로 대면하지 않게 해야 한다.(헬퍼는 격실 문 안에 위치하는 등 견과 직접적으로 대면하지 않아야 한다.)
2. 헬퍼는 견에게 보상물을 줄 때 어두운 상황이기 때문에 손이 물리지 않도록 주의해야 한다.
3. 핸들러는 견이 헬퍼를 발견하면 발견 장소로 이동하여 천장을 향해 라이트를 켜고 견이 핸들러의 손을 물지 않고 보상물을 잘 물 수 있게 빛의 밝기를 조절해 준다. 실제 작전 상황은 불이 켜진 상황보다 불이 꺼진 상황이 더 많다. 견에게 조금씩 악조건에서 하는 경험을 늘려준다.(어둠 속 라이트 이용)

▲ 헬퍼를 발견하고 행동이 변화하는 모습

▲ 헬퍼를 발견하고 통보(짖음)하는 모습

7 다양한 장소의 은닉(숨기)

헬퍼는 숨는데, 이때 너무 쉽게 숨거나 이동이 쉬운 곳에만 숨지 말고 은폐할 수 있는 공간이면 어디든 숨는다. 격실 안, 장롱 위, 장롱 속, 비밀 통로(바닥면의 밑), 천장 등 숨을 수 있는 곳이면 어디든 구역을 정해놓고 숨도록 한다. 이때 견은 스스로 후각 능력만으로 사람의 채취를 추적하여 은닉자를 찾게 한다. 찾는 순간 견은 앉기 또는 엎드려 자세에서 짖음(바킹: barkibg)으로써 핸들러에게 통보한다. 이것은 견의 입장에서는 "여기 있어!"라는 표현과 같다.

천장에 폭발물과 같은 은닉물을 숨기거나 은닉자가 숨으면 냄새가 위에서 밑으로 떨어지는 현상으로 인해 냄새는 나지만 정확한 포인트를 찾지 못할 수 있다. 이때 견은 냄새가 떨어지는 포인트 지점에서 계속 냄새 추적을 하면서 빙빙 도는 행동을 보일 수 있다. 이때 핸들러는 위쪽, 혹은 천장을 의심하며 수색을 이어 나간다.

훈련 중 혹은 훈련 상태에서 견이 은닉자를 찾는다면 은닉자는 견에게 보상을 주는데, 점점 견의 통보 능력을 길게 유지하는 방법을 택하도록 한다. 예를 들어, 훈련을 시작한 지 얼마 되지 않은 견은 자세를 취한 후 1~2회 정도 짖으면 칭찬해주면서 모습을 드러내어 보상을 해준다. 보상으로는 공을 주거나 줄다리기를 하며 놀아주는 방법을 사용한다. 이후 적응이 된 견은 1~5회, 1~10회, 20회 등 짖음의 횟수를 점점 늘려가고, 시간 또한 10초, 20초, 30초, 1분, 2분, 3분, 5분 등으로 늘리며 핸들러가 올 때까지 혹은 핸들러가 콜백을 할 때까지 자리를 이탈하지 않고 계속적으로 짖을 수 있게 딜레이 훈련을 한다. 이때 주의할 점은 다음과 같다.

첫째, 드라이브가 낮거나 내성적인 견은 은닉자(헬퍼)가 보상을 주는 과정에서 많이 놀라지 않도록 해야 한다. 둘째, 견이 짖지 않거나 자세를 정확하게 취하지 않은 상태에서는 보상을 해서는 안 되며, 교정 후에 보상해야 한다. 셋째, 견의 키가 닿지 않거나 냄새가 여러 방향으로 새어나가는, 바람의 영향을 많이 받는 장소에서는 견이 정확한 포인트를 찾지 못해 흥미를 잃을 수 있기 때문에 이를 방지하기 위해 적절한 난이도로 훈련을 진행해야 한다. 가령, 기초견 단계에서 높은 위치에 숨거나 바닥 밑면에 숨었는데, 견이 찾지 못했다면 은닉자가 소리를 내어서 힌트를 줄 수 있다. 만약 냄새를 맡지 못하면 문을 조금 연 상태로 냄새를 맡게 유도하는 방식으로 도와준다.

▲ 캐비닛에 숨어 있는 헬퍼를 발견하여 통보하는 모습

▲ 사람이 찾기 힘든 곳에 숨어 있는 헬퍼를 전술 수색견이 발견하는 모습

8 작전 종료 후 숨어 있는 테러범 2차 수색

건물이나 격실 안에서 공포탄과 스턴탄을 사용하여 작전 중 생길 수 있는 잔여취를 충분히 만들어준 상황에서 훈련한다. 스턴탄이나 연막탄, 공포탄으로 격실 내부가 많이 오염되어 있을 경우 수색견은 테러범을 발견하는 데 어려움을 겪을 수 있다. 특히 작전 요원들의 격실 작전이 끝난 직후 전술 수색견을 활용한 2차 수색 시에는 작전 후 남아 있는 여러 화약 잔여취 등에 견이 반응할 수 있는데, 그것은 전술 수색견은 폭발물 탐지와 대인 수색 두 가지가 동시에 가능하기 때문이다. 핸들러는 이러한 부분의 확신과 정확성을 높이기 위해 평소 훈련 중 수색견의 움직임을 유심히 관찰하며 어떠한 반응을 하는지 알아야 한다.

9 소음 극복 훈련

작전 상황 시 발생할 수 있는 소음에 대비하여 사격, 스턴탄의 소음을 적응시키며 수색 훈련을 실시한다. 소음 극복 훈련부터는 전술 수색견이 큰 소음으로 인하여 그동안 받아오던 보상물에 만족하지 못하는 행동을 보일 수 있다. 견 입장에서는 '내가 공 하나 받으려고 이런 큰 소음을 이겨내면서까지 격실에 들어가야 한다고?'라는 행동을 보이며 격실에 들어가려 하지 않거나 자리를 이탈하려고 할 수 있는데, 통상 이때는 작은 소리부터 서서히 적응시켜 주어야 한다.

10 실제 작전 상황이 벌어질 수 있는 다양한 환경에서 실시

지금 단계는 실제 현장(사무실, 대형 창고, 아파트 등)처럼 변수가 많고 특히 사람의 잔여취가 많이 있어 견이 가장 어려워할 수 있는 단계이다. 훈련의 난이도 조절과 스케줄에 있어 신중하고 면밀하게 준비하면서 진행해야 한다.

11 방위 훈련

테러범 또는 용의자가 전술 수색견에게 저항 또는 공격하는 모습을 보였을 때 도망가거나 움츠려들지 않고 끝까지 좇아가며 통보한다.

1. 이 훈련은 전술 수색견에게 자신감을 만들어주기 위한 훈련으로 특히 헬퍼의 역량이 매우 중요하다.
2. 헬퍼는 전술 수색견이 통보하면 가볍게 발이나 몸으로 견을 밀어낸다. 이때 중요한 부분은, 헬퍼가 견에게 타격을 가하여 충격을 주는 것이 아니라 밀어내는 것이 포인트이다.
3. 지금부터 견의 반응을 잘 살펴야 하는데, 견이 밀쳐졌음에도 불구하고 작용 반작용의 반응으로 헬퍼에게 다시 와서 잘 짖는다면 즉각 보상을 실시하고 신나게 놀아주며 자신감을 갖게 해준다.
4. 견이 밀쳐진 후 꼬리가 내려가거나 짖지 않는다면 헬퍼는 즉각 견에게 '짖어'를

시키고 견의 짖음과 동시에 보상을 주며 신나게 소리치며 자신감을 갖게 놀아 준다. 이때 헬퍼는 밀쳐냄의 강도를 조절해주며 견의 눈빛이나 꼬리, 털의 반응 등 행동의 변화를 잘 확인하며 훈련을 조절해주어야 한다.

5. 견이 헬퍼의 저항에 자신감을 갖고 잘 통보한다면 헬퍼는 저항의 강도를 조절하며 몸이나 다른 부위로 밀쳐내는 등 다양한 변화를 준다.
6. 더 나아가 헬퍼는 페트병, 스틱 등을 손에 쥐고 견이 통보 시에 위의 물건들로 저항을 하며 적응 훈련을 하게 해준다. 헬퍼는 강도의 조절을 잘해야 하는데, 특히 유의해야 할 점은 페트병이나 스틱이 보상처럼 보여져 짖지 않고 그 물건들을 물 수 있으니 이 점 유의해야 한다.

저자소개

정성범

실무 경력

(전) • 서울경찰특공대 탐지견운용팀 핸들러 및 탐지견 양성 교관
• 인천경찰특공대 탐지견운용팀 핸들러 및 탐지견, 핸들러 양성 교관

(현) • 부천대학교 반려동물과 겸직 교수
• 경찰인재개발원 경찰견 기초 과정, 수색견 양성 과정 외래 강사
• 경찰견종합훈련센터 견 물림, 현장 자문위원

수상 경력

- 경찰청 주관 전국경찰특공대 전술평가대회
- 2012년 제6회 폭발물탐지견 분야 3위
- 2015년 제9회 인명 구조, 사체 수색 수색견 분야 1위
- 2022년 제16회 폭발물탐지견 분야 1위

이의중

실무 경력

(현) • 서울경찰특공대 탐지견 운용제대 교육총괄
• 서울경찰특공대 핸들러 및 탐지견 양성 교관
• 경찰인재개발원 경찰견종합훈련센터 현장 자문위원

수상 경력

- 美 인디애나주 본니 캔낼 훈련소 주관 경찰견 올림픽 개인전 1위, 3위, 단체전 3위
- 2016년 폭발물 탐지 분야 3위
- 2018년 인명 구조 수색견 분야 3위

박준규

실무 경력

(전) • 서울경찰특공대 탐지견운용팀 핸들러 및 교육 교관

(현) • 세종경찰특공대 탐지견운용팀 핸들러 및 교육 교관
• 경찰인재개발원 경찰견 기초 과정 외래 강사
• 경찰인재개발원 경찰견종합훈련센터 현장 자문위원

수상 경력

- 2015년 제9회 인명 구조, 사체 수색 수색견 분야 3위
- 2016년 제10회 인명 구조, 사체 수색 1위
- 2017년 제11회 인명 구조, 사체 수색 3위

경찰특공대 실무자가 쓴
특수목적견 종합훈련학

초판 1쇄 인쇄 2025년 8월 5일
초판 1쇄 발행 2025년 8월 10일

저 자 정성범·이의중·박준규
펴 낸 이 임순재
펴 낸 곳 (주)한올출판사
등 록 제11-403호
주 소 서울시 마포구 모래내로 83(성산동 한올빌딩 3층)
전 화 (02) 376-4298(대표)
팩 스 (02) 302-8073
홈페이지 www.hanol.co.kr
e-메일 hanol@hanol.co.kr
ISBN 979-11-6647-573-3

특수목적견

종합훈련학